Grundriß

des

Österreichischen Rechts

in systematischer Bearbeitung.

Unter Mitwirkung von

Dr. J. Freiherr von Anders, Professor in Graz, Dr. P. Ritter Beck von Mannagetta, Sektionschef und Vorstand des Patentamtes in Wien, Dr. E. Demelius, Professor in Innsbruck, Dr. A. Finger, Professor in Prag, Dr. O. Frankl, Professor in Prag, Dr. O. Friedmann, Professor in Wien, Dr. C. S. Grünhut, Hofrat und Professor in Wien, Dr. G. Hanausek, Professor in Graz, Dr. J. Hanel, Hofrat und Professor in Prag, Dr. F. Hauke, Professor in Czernowitz, Dr. M. Ritter von Hussarek, Ministerialrat und Professor in Wien, Dr. H. Lammasch, Professor in Wien, Dr. V. Mataja, Ministerialrat und Professor in Wien, Dr. H. M. Schuster, Professor in Prag, Dr. M. Schuster von Bonnott, Hofrat in Wien, Dr. A. Skedl, Professor in Czernowitz, Dr. L. Spiegel, Finanzprokuraturadjunkt und Privatdocent in Prag, Dr. L. Szalay, Sektionsrat im Reichsfinanzministerium in Wien, Dr. J. Ulbrich, Hofrat und Professor in Prag, Dr. D. Ullmann, Hofrat und Professor in Prag, Dr. F. Freiherr von Wieser, Professor in Prag, Dr. R. Zuckerkandl, Professor in Prag

herausgegeben von

Dr. A. Finger, Dr. O. Frankl, Dr. D. Ullmann,

Professoren an der Deutschen Universität in Prag.

In drei Bänden.

Erster Band, sechste Abteilung.

Leipzig,

Verlag von Duncker & Humblot.

1899.

Grundriß

des

Erbrechts.

Von

Dr. Josef Freiherrn von Anders,

Professor der Rechte in Graz.

Leipzig,
Verlag von Duncker & Humblot.
1899.

Pierer'sche Hofbuchdruckerei Stephan Geibel & Co. in Altenburg.

Inhaltsübersicht.

Dritter Teil.

Das Pflichtteilsrecht.

Litteraturnachtrag.

J. Krainz, System des öst. allg. Privatrechts. Herausgeg. u. redig. v. L. Pfaff. 3. Aufl. besorgt v. A. Ehrenzweig. Wien 1899. I. Bd. Vgl. insbef. § 29. (II. Bd. unter der Presse.)

L. Pfaff, Anzeige v. „P. Steinlechner: das schwebende Erbrecht...“, in der „Allg. öst. Gerichts-Ztg.“ 1898 Nr. 1—3.

L. Pfaff, Die Klausel: Rebus sic stantibus in der Doktrin u. der österr. Gesetzgebung. Stuttgart 1898. Vgl. insbef. S. 133, 134.

K. Prazák, Über eine Reform des österr. Erbrechtes, in der „Gerichtshalle“ 1898 Nr. 17.

E. Adler, Das Publizitäts-Princip im österr. Tabularrechte. Wien 1899. Vgl. S. 62 ff.

Das Erbrecht.

Von

Professor Dr. Josef Freiherr **v. Anders.**

———

Litteratur: Füger v. Rechtborn, Das Erbrecht nach d. öst. a. b. G.B. systematisch dargestellt, Hermannstadt 1860, 3 Tle. — Unger, F., Das öst. Erbrecht systematisch dargestellt, 4. Aufl., Leipzig 1894 (= Bd. VI des „System des öst. allg. Privatrechts“). — Krainz, Jos., System d. öst. allg. Privatrechts, hrsg. u. redig. von L. Pfaff, 2. Aufl., Wien 1894; II. Bd. S. 472—627, I. Bd. §§ 29, 114, 115, 195. — Stubenrauch, Kommentar zum öst. a. b. G.B., 7. Aufl. von M. Schuster v. Bonnott u. K. Schreiber, unter Mitwirkung von Aug. Kalus, Wien 1896 ff., ad §§ 531—824, §§ 1248—1258, §§ 1278—1283. — Pfaff, L., u. Fz. Hofmann, Kommentar z. öst. a. b. G.B., Wien 1877 ff.; II. Bd., ad §§ 531—761; hierzu „Exkurse“, II. Bd., 3 Hfte. — Vgl. auch d. Komment. v. Zeiller, Nippel, Winiwarter, Kirchstetter (5. Aufl. 1894) zu §§ 531—824, 1248—1258, 1278—1283. — Vgl. auch die Litt. über die Verlassenschaftsabhandlung unten bei § 47. — Harras v. Harrasowsky, Der Codex Theresianus und seine Umarbeitungen, 5 Bde., 1883—86; vgl. insbes. Cod. Ther. T. I, Kap. 2, 3; T. II, Kap. 10—23; T. III, Kap. 2, Art. 2, § XIV; Kap. 19, § V, VII; Kap. 24, § V, VI; Entwurf Horten: II. T., Kap. 8—20; III. T., Kap. 20, Kap. 1, 3; auch I. T., Kap. 3—6; Entw. Martini: II. T., 10.—18. Hptst.; III. T., 2. u. 11. Hptst. — Ofner, F., Der Urentwurf u. die Beratungs-Protokolle d. öst. allg. b. G.B., Wien 1888—89, 2 Bde.; vgl. insbes.: I. Bd. S. 322—369, 387—495; II. Bd. S. 27—30, 39—43, 125, 159—161, 180, 277—279, 286—294, 382, 384—400, 431—435, 536—541, 544—554, 561, 574, 575, 738, 739. — Deutsches bürgerl. G.B.: Strohal, Das deutsche Erbrecht nach dem bürgerl. G.B., Berlin 1896.

Einleitung.

§ 1. I. Allgemeine Charakteristik. Quellen.

Unger, Erbrecht, Einleitung u. § 4, Anm. 1. — Pfaff=Hofmann, Komm. II. S. 1—6, 677—679; Exkurse II. S. 1—6 u. die Litt. das. —

Das Erbrecht des österr. allg. bürg. Gesetzbuches, eine anerkannt tüchtige legislative Leistung, ist, im Einklange mit dem von seinen Redaktoren festgehaltenen und von ihnen wiederholt betonten Standpunkte, frei von romanisierender Tendenz. Man war mit Erfolg bestrebt, ein vom röm. Recht emancipiertes, modernes Recht zu schaffen. Unverkennbar, und in den Verhandlungsprotokollen nicht selten scharf hervortretend, ist der Einfluß naturrechtlicher Doktrinen. Dieser gelangt schon in der unrichtigen Auffassung der Grundlagen des ganzen Instituts zur Geltung, welches die Naturrechtslehre, von dem Willen des Verstorbenen ihren Ausgang nehmend, nur als eine rein positivrechtliche, aus bloßen Nützlichkeitserwägungen hervorgegangene Institution betrachtete. Der erwähnte, verfehlte Ausgangspunkt führte weiter zu der irrtümlichen Ansicht, die gesetzliche Erbfolge sei auf den wahrscheinlichen („vermuteten“) Willen des Erblassers zurückzuführen. Die Erbfolge finde somit statt auf Grund des ausdrücklich erklärten Willens des Erblassers (gewillkürte Erbfolge), oder des vom Gesetze supplierten, vermuteten Willens des Erblassers (gesetzliche Erbfolge). Aus diesem in seiner Allgemeinheit unrichtigen Gedanken, der den einfachsten Erwägungen nicht Stand zu halten vermag und namentlich

<notestaco A. Finger, Grundr. d. öst. Rechts. I. 6. v. Anders.   1

durch die Thatsache des Eintrittes der gesetzlichen Erbfolge wegen bloßer Formwidrigkeit des Testamentes widerlegt wird, ergab sich von selbst die im Widerspruche mit der geschichtlichen Entwicklung des Erbrechtes und seiner wahren philosophischen Grundlage stehende, auch im a. b. G.B. hervortretende Voranstellung der testamentarischen Erbfolge als der primären, und die Zurückstellung der gesetzlichen Erbfolge als der bloß subsidiären Erbfolge.

Hauptquelle des geltenden öst. Erbrechtes ist das a. b. G.B, welches dasselbe ex professo im II. Teile 8.—15. Hauptst. behandelt. Ins Erbrecht gehören außerdem namentlich die §§ 1248—1255, 1278—1283. Eine umfangreiche Ergänzung dieser erbrechtlichen Normen enthält das Ges. über das Verfahren außer Streitsachen (sog. Verlassenschaftspatent) v. 9. August 1854 R.G.B. 208, §§ 20—180.

§ 2. II. Die Verlassenschaft (Nachlaß) (§ 531).

Unger, Erbr., § 1. — Krainz-Pfaff, System, § 480 u. b. Litt. das. — Pfaff-Hofmann ad § 531. — Stubenrauch ad § 531. — Schuster v Bonnott, Kommentar z. Ges. üb. das Verf. außer Streitf., 4. Aufl. (1894), ad § 104. — Ofner, Prot. I. S 322.

Das Erbrecht nimmt seinen Ausgang von dem Begriffe des Nachlasses, dessen rechtliche Schicksale es bestimmt. Verlassenschaft oder Nachlaß ist das von einem Verstorbenen hinterlassene Vermögen (§ 531). Nicht zum Nachlaß gehören somit öffentlichrechtliche und Verhältnisse des reinen Familienrechts, sodann alle mit dem Tode erlöschenden (die sog. „bloß persönlichen" oder „höchst persönlichen") Rechtsverhältnisse (§§ 531, 1448). („Fremdes" Gut kann als Objekt der hereditatis petitio zum Nachlaß gehören.) Im technischen Sinne ist der Begriff des Nachlasses auf jenes hinterlassene Vermögen zu beschränken, welches Gegenstand der Erbfolge im eigentlichen Sinne ist (sog. freivererblicher Nachlaß). Auszuscheiden ist somit das sog. vinkulierte Vermögen (Fideikommiß-, Lehen-, Stiftungs-Vermögen u. dgl.), welches keinen Gegenstand der Erbfolge bildet.

§ 3. III. Die Universalsuccession von Todeswegen. Erbfolge, Erbrecht, Erbe (§ 532).

Unger, Erbr., § 2. — Krainz-Pfaff, §§ 29, 480. — Pfaff-Hofmann, II. S. 6—10, u. ad § 532 u. b. Litt. das. — Stubenrauch ad § 532. — Ofner, Prot. I. S. 323.

Sehr frühzeitig ist im Erbrechte das Princip der Gesamtnachfolge oder Universalsuccession zum treibenden Elemente der Rechtsentwicklung geworden. Das römische Recht hat dieses Princip rein durchgeführt, indem der ganze Nachlaß als Einheit kraft einheitlichen Rechtstitels auf eine oder mehrere Personen (Erben) übergeht; vom wirtschaftlichen Standpunkte aus die vollendetste Form der Universalsuccession. In diesem Sinne kannte das deutsche Recht eine Universalsuccession nicht. Da aber der Nachlaß in mehrere als Einheiten behandelte Vermögenskomplexe geschieden wurde und die Nachfolge in dieselben kraft einheitlichen Rechtstitels stattfand, so ist der Begriff der Universalsuccession dem deutschen Recht durchaus nicht fremd geblieben. Das österreichische Recht hat sich, wie die moderne Gesetzgebung überhaupt (vgl. auch dtsch. B.G.B. § 1922), dem römischrechtlichen Princip der Universalsuccession angeschlossen. Universalsuccessor von Todeswegen ist der Erbe und in Ermanglung eines solchen der Fiskus. Die Gesamtnachfolge des Erben ist Erbfolge im eigentlichen Sinne. Mit Beziehung auf den Erben wird der Nachlaß „Erbschaft" (§ 532, Erbvermögen, das „Erbe") und der Verstorbene „Erblasser" genannt. Der Erbe erwirbt als Universalsuccessor kraft einheitlichen Rechtstitels das durch die Person des Erblassers zur Einheit verbundene Erbvermögen. Er tritt somit an die Stelle des Erblassers, dessen vermögensrechtliche Herrschaft er fortsetzt. Grundsätzlich ist also die Rechtsstellung des Erben in Bezug auf das Erbvermögen identisch mit jener des Erblassers. In diesem Sinne spricht man von Repräsentation des Erblassers durch den Erben (vgl. §§ 547, 1462). Das statusähnliche, absolute Recht der Universalsuccession von Todeswegen, also das Recht, Erbe zu sein (jus succcessionis), ist Erbrecht im subjektiven und zugleich technischen Sinne (vgl. z. B. § 550) Aber auch der konkrete Inhalt der Rechtsstellung des Erben wird Erbrecht im subjektiven Sinne genannt. Die Legaldefinition des Erbrechtes (§ 532), ein schwacher Nachklang der naturrechtlichen Auffassung des Erbrechtes als eines ausschließlichen Occupationsrechtes, enthält nur eine nicht erschöpfende Beschreibung der dem Erben zustehenden Befugnisse. Die auf die Verwechselung von Dinglichkeit und Absolutheit sich gründende Behauptung, das Erbrecht sei ein dingliches Recht, welche für die Einreihung des ganzen Institutes in das System des Gesetzbuches entscheidend war (vgl. § 308 u. II. T., 8.—15. Hptst.), hat nur dann einige Berechtigung, wenn man das Erbrecht als ein im Wege der Succession von Todeswegen erworbenes Eigentum am Nachlaß (dominium hereditatis) auffaßt (vgl. Pfaff-Hofmann).

Das Erbrecht kann einer einzigen Person (Allein- oder Universalerbe), aber auch mehreren gemeinschaftlich (Miterben, coheredes, Teilerben) zustehen. Im letzteren Falle wird somit der Nachlaß zu gleichen oder ungleichen ideellen Anteilen (Quoten) gemeinschaftliches Vermögen der Miterben. Nach öst. Recht kann ein Erblasser auch von mehreren Personen nacheinander beerbt werden (successive Erbfolge).

§ 4. IV. Die übrigen Nachlaßbeteiligten.

Vgl. insbes. die Litt. zum II. T. u. zu § 71 das., zum III. T. u. zu § 93 das., sodann zu T. I. §§ 23—26.

Dem Erben (bzw. dem Fiskus) als Forderungsberechtigten gegenüberstehende Nachlaßbeteiligte können sein: 1. Die Gläubiger des Erblassers (vgl. S. 46 ff., 50 ff.); 2. die Vermächtnisnehmer im techn. S. (Legatare), jene Personen nämlich, welchen der Erblasser (Vermächtnisgeber) durch Verfügung von Todeswegen einen nicht als Erbteil im techn. S. erscheinenden Vermögensvorteil zuwendet (§ 535; vgl. dtsch. B.G.B. §§ 1939, 1941). Dieser wird Vermächtnis im objektiven, jene Verfügung Vermächtnis im subjektiven Sinne, der zur Leistung des Zugewendeten Verpflichtete Vermächtnisträger (Beschwerter, Onerierter) genannt. Der Unterschied zwischen Erbteil und Vermächtnis ist also kein quantitativer, sondern ein qualitativer und besteht namentlich darin, daß der Vermächtnisnehmer niemals Universalsuccessor, somit das Zugedachte auch niemals ein aliquoter Teil der Erbschaft ist. Wohl aber kann ein Bruchteil des Reinnachlasses Vermächtnisobjekt sein (vgl. § 774). Singularsuccession, wie überhaupt Succession, ist dem Vermächtnis nicht wesentlich. Auch braucht das Vermachte keine „Gabe aus der Erbschaft oder auf Kosten derselben" zu sein. Die wesentlichen Merkmale des Vermächtnisbegriffes ergeben sich aus der Legaldefinition des § 535 in Verbindung mit § 532. Dem Vermächtnisnehmer gleichgestellt ist nach öst. Recht auch der durch frei widerrufliche Schenkung auf den Todesfall Bedachte (vgl. § 956 u. unten § 88); 3. Personen, welche die Erfüllung von durch Verfügung von Todeswegen gemachten Auflagen (modus, „Auftrag", §§ 709 ff.) bringen können. Solche Personen, deren Honorierung stets nur sekundär, nämlich Folge der Belastung ist (umgekehrt beim Legat), stehen jedoch dem Belasteten nicht, wie beim Vermächtnis, als forderungsberechtigt im Sinne des Obligationenrechts gegenüber; 4. Pflichtteilsberechtigte (Noterben), gewisse dem Erblasser nahe stehende Personen nämlich (Descendenten, Ascendenten), welche einen gesetzlichen Anspruch auf eine bestimmte Wertquote ihres gesetzlichen Erbteils aus dem Nachlasse (Pflichtteil) und daher, im Falle gesetzwidriger gänzlicher oder teilweiser Ausschließung durch Verfügung des Erblassers, ein Forderungsrecht gegen den Erben auf volle Leistung jener Wertquote haben (§§ 762—764, 775, 783; vgl. unten §§ 89, 93); 5. die sog. gesetzlichen Vermächtnisnehmer. Von gesetzlichen Vermächtnissen spricht man („gesetzlich" im selben Sinne wie bei der „gesetzlichen" Erbfolge) bei jenen Einzelzuwendungen von Todeswegen, die nicht auf rechtsgeschäftlicher Verfügung mortis causa beruhen. Solche dem Erbrechte angehörende mortis causa capiones, die an Thatbestände verschiedener Art, häufig familienrechtliche Verhältnisse, geknüpft und auch sehr verschieden gestaltet sein können, bilden in wesentlichen Beziehungen ein Seitenstück der Vermächtnisse im techn. S. Insbesondere enthalten jene oft unentziehbaren Zuwendungen niemals eine Universalsuccession, häufig überhaupt keine Succession, und sie sind nicht notwendig Zuwendungen aus dem Nachlaß. Der Honorierte erwirbt zunächst nur eine (gesetzliche) Forderung, sodaß, wie bei Vermächtnissen im techn. S., unmittelbarer

Erwerb des zugewendeten Objektes nicht stattfindet. In Bezug auf Onerierung und die Person des Honorierten, die Arten der Vermächtnisse nach ihrem Objekt, sowie deren Unabhängigkeit vom Bestande der Erbeinsetzung, besteht grundsätzlich Gleichstellung. Auch kann es gesetzliche Vorausvermächtnisse geben und ist Transmission, Substitution und Anwachsung möglich. Die gesetzlichen Vermächtnisse gebühren, wie Vermächtnisse im techn. S., in der Regel aus dem Reinnachlaß. Im übrigen ist ihr Rang im Verhältnis zu anderen Ansprüchen ein verschiedener. Die Unterschiede von Vermächtnissen im techn. S. sind großenteils eine Folge des Umstandes, daß diese rechtsgeschäftliche Verfügungen sind. Die einzelnen Fälle der gesetzlichen Vermächtnisse sind im Erbrechte (und im Familienrechte) in den Materien, welchen sie angehören, zu behandeln. Keine gesetzlichen Vermächtnisse sind die in § 694 (auch § 818) berührten gesetzlichen Beiträge, welche als Vermögensteuern, und zwar besondere Fondssteuern, dem öffentlichen Rechte angehören.

I. Teil. Die Gesamtnachfolge von Todeswegen.

1. Abteilung. Die Nachfolge des Erben (Erbfolge).

Unger, Erbr., §§ 1—53. — Krainz-Pfaff, §§ 480—517, 532—537. — Pfaff-Hofmann, ad §§ 531—617, 695—759, 761; Exkurse II. S. 1—163. — Stubenrauch, ad §§ 531—617, 695—759, 761, 788—794, 797—824, 1248—1254, 1278—1283. — Ofner, Prot. I. S. 322—369, 387—463, 486, 487, 493; II. S. 125, 159—161, 180, 277—279, 286—294, 382, 384—387, 392—400, 431, 432, 536—541, 544—554, 574, 575, 738, 739.

1. Kapitel. Die Voraussetzungen der Erbfolge.

§ 5. I. Tod einer vermögensfähigen Person (§§ 531, 536).

Unger, Erbr., § 3. — Krainz-Pfaff, § 481. — Pfaff-Hofmann ad § 531, 536. — Stubenrauch ad § 531. — Ofner, Prot. I. S. 324.

Die Erbfolge setzt, wie nach röm. R., ausnahmslos den Erbfall, d. i. den erwiesenen Tod oder die gerichtliche Todeserklärung einer Person, voraus (viventis hereditas non datur) (§§ 531, 536, Ges. v. 16. Febr. 1883, R.G.B. 20, § 8). Nur Vermögensfähigkeit des Erblassers, nicht auch die Hinterlassung von Aktivvermögen, ist zur Beerbung erforderlich. Bei mangelndem Aktivvermögen entfällt jedoch die Verlassenschaftsabhandlung (Pat. v. 1854, § 72).

§ 6. II. Berufung zur Erbfolge (§§ 533, 534).

Unger, Erbr., § 4. — Krainz-Pfaff § 483. — Pfaff-Hofmann ad § 533, 534. — Stubenrauch ad § 533, 534 u. d. Litt. das. — Ofner, Prot. I. S. 325.

Mit Eintritt des Erbfalls wird die Erbfolge zwar eröffnet; aber nur eine zu ihr berufene Person kann Erbe werden. Die Berufung erfolgt entweder durch gesetzesgemäße einseitige oder vertragsmäßige Willenserklärung des Erblassers, daher gewillkürte u. zw. testamentarische oder vertragsmäßige Erbfolge, oder durch ein Familien- (Verwandtschafts- oder Ehegatten-)Verhältnis voraussetzende gesetzliche Vorschrift, daher sog. gesetzliche, richtiger Familien-Erbfolge. Ausgehend von der veralteten Lehre vom titulus und modus acquirendi, nennt das G.B. diese Berufungsgründe, nämlich Testament, Vertrag, Gesetz, „Titel zu dem Erbrechte" (§ 533). In principieller Abweichung vom röm. R., welches an dem folgenschweren Grundsatz „nemo pro parte testatus, pro parte intestatus decedere potest" festhielt, hat das öst. R., im Einklange mit dem bisherigen Rechte, das Princip der Kompatibilität der Berufungsgründe aufgenommen, d. h. in einen und denselben Nachlaß kann, selbst gleichzeitig und zu Gunsten derselben Person, die testamentarische, vertragsmäßige und gesetzliche Erbfolge stattfinden (§ 534, ebenso dtsch. B.G.B.). Da die gesetzliche Erbfolge nur als subsidiäre gedacht ist, die testamentarische aber der vertragsmäßigen weicht, nicht umgekehrt, so ist die Reihenfolge der

Berufungsgründe, welche durch Ersitzung nicht ersetzt werden können: Vertrag, Testament, Gesetz (anders §§ 533, 534).

§ 7. III. Erbanfall (Delation) und Antritt der Erbfolge (Erbserklärung) (§§ 536, 537, 545, 547, 799).

Unger, Erbr., §§ 6, 28, 36 i. f. — Krainz=Pfaff, § 480, S. 476 ff., §§ 481, 483, S. 558, 559 u. d. Litt. daf. — Pfaff=Hofmann, ad §§ 536, 537, 545, 546 u. d. Litt. daf. — Stuben= rauch, ad §§ 536, 537, 545, 546, 809. — Strohal, Transmission pendente condicione, 1879. — Steinlechner, Das schwebende Erbrecht und die Unmittelbarkeit der Erbfolge, 2 Tle., 1893—97, insbef. I. §§ 31, 32, 34—38, 41; II. §§ 62—64 u. d. Litt. daf. — Meiſels, Die Lehre vom Verzichte, in Grünhuts Ztfchr. Bd. 19 (1892), S. 42 ff. — Ofner, Prot. I. S. 324, 325, 329; II. S. 290.

Mit dem Tode des Erblassers wird der Berufungswille (des Erblassers oder des Gesetzes) unwiderruflich. Dieses rechtliche Gesetztsein eines Erben hat aber nach öſt. R. ipso iure noch nicht den Erbschaftserwerb zur Folge, wie z. B. nach dem dtfch. B.G.B. (§ 1942) und schon nach altdeutschem, dem preußischen und französischen Rechte. Im Einklange mit dem Grundsatze der Testierfreiheit, durch welche die historische Grundlage des ipso-iure-Erwerbes mit Ablehnungsrecht (die alte Familienerbfolge) beseitigt wurde (anders das röm. R.), hat das öſt. R. ausnahmslos das System des Erberwerbes durch einen einseitigen Willensaft des Berufenen, Erbschafts=Antritt („Erbserklärung"), aufgenommen (vgl. §§ 547, 799). Sobald sich nun jener Thatbestand verwirklicht hat, an welchen das Gesetz die Möglichkeit knüpft, durch jenen Willensaft, der juristisch als Genehmigung des Be= rufungswillens erscheint, den unwiderruflich gewordenen Berufungswillen zur Wirksamkeit zu bringen, d. i. die Erbschaft zu erwerben, spricht man von Erbanfall, Delation im techn. S. Von Delation im w. Sinne spricht man, sobald die Erbfolge eröffnet, der Berufungswille somit unwiderruflich geworden ist. Regelmäßig ist der Erbfall zugleich der Zeitpunkt des Erbanfalls (§§ 536, 545), so daß Delation im eng. u. weit. Sinne zeitlich zusammenfallen. Doch kann der Erbanfall dem Erbfall auch nachfolgen; so bei suspensiv bedingter Erbeinsetzung (§ 703), sodann in den Fällen der successiven Delation (vgl. § 36), wenn nämlich auf eine erfolglose Delation eine andere folgt. Erbeinsetzung mit (reinem) Anfangstermin (dies certus a quo) schiebt nicht die Delation, sondern nur den Erberwerb auf, der sich ante diem nicht vollziehen kann (§ 705 in Vbdg. m. § 703, 704). Hierin liegt eine Ausnahme von dem Satze, daß die Delation die Möglichkeit zu sofortigem Erberwerb bewirkt. (Über die Delation bei fideikommissarischer Substitution vgl. unten § 29.) Berufung einer Person zur Erbfolge für den Fall, als ein Vorberufener nicht Erbe wird (vgl. z. B. §§ 604, 726, 727), bewirkt, falls die Delation an den Vorberufenen erfolgte, einen Aufschub der Delation an den Nachberufenen. Dagegen dürfte die Ansicht de lege lata nicht haltbar sein, die Delation an den letzteren sei nicht aufgeschoben, und es sei nach entschiedener Erfolglosigkeit der Delation an den Vorberufenen praktisch so zu halten, als sei diesem letzteren niemals deferiert worden. Das aus dem Erbanfall für den Delaten entspringende Recht zur Genehmigung des noch unwirksamen Berufungswillens, von der herrschenden Lehre jus succedendi „Erbrecht" in diesem Sinne genannt (vgl. auch das G.B. z. B. § 537, unpassend § 809 i. f.), ist nach öſt. R. zwar unveräußerlich (über § 1282 i. f. vgl. unten § 59). Wohl aber ist dasselbe im Gegensatze zum röm. R., welches Transmission des jus succedendi nur in Ausnahmefällen zuläßt, mit Recht ein grundsätzlich vererbliches Vermögensrecht (§§ 537, 809). Somit gilt der Grundsatz: ohne Delation keine Transmission; dagegen nicht notwendig: wo Delation, da Transmission (vgl. z. B. § 809). (Über die Beziehung der Einantwortung zum Erbschaftsantritt vgl. unten § 50.)

§ 8. IV. Leben, Erbfähigkeit und Erbwürdigkeit des Berufenen (§§ 536—540, 542—546, 121).

Unger, Erbr., § 5. — Krainz=Pfaff, §§ 481, 482, 535 u. d. Litt. daf. (vgl. insbef. die Schriften von Singer, Baernreither u. Michel). — Pfaff=Hofmann, ad §§ 538—546; Erkurse II. S. 6—30 u. die Litt. daf. — Stubenrauch, ad §§ 536—546. — Strohal, Trans= mission, S. 82—85. — Steinlechner, l. c. I. § 33, insbef. S. 347 Anm. 2; II. § 64. — Stroß, i. d. Ger.=Ztg. 1895, Nr. 13. — Ofner, Prot. I. S. 324—329; II. S. 381, 337, 538, 551.

1. Abweichend vom röm. R. hat das öst. R. bezüglich der Frage, in welchem Zeit=
punkte der Berufene existieren und erbfähig sein müsse, um erben zu können, das
Hauptgewicht auf die Zeit des Erbanfalles, also nicht des Erbfalles als solchen, gelegt (vgl.
§§ 545, 546, 536). Doch gilt der Berufene schon von seiner Empfängnis an als existent
(§§ 22, 732). Einem praktischen Bedürfnisse und deutscher Rechtsanschauung folgend, hat
das öst. R. die unmittelbare Erbeinsetzung eines zur Zeit der Delation noch nicht Erzeugten
und ebenso eines noch Erbunfähigen, als gültige Erbeinsetzung unter der Bedingung künftiger
Existenz bezw. Erbfähigkeit und demgemäß als fideikommissarische Substitution behandelt
(Hfd. v. 29. Mai [Hfkzb. v. 30. Juni] 1845). Die Erbfähigkeit des Delaten muß, um
zu dessen Erbfolge zu führen, wie nach röm. R., vom Erbanfall bis zum Erberwerbe
ununterbrochen fortdauern, was schon aus dem Wesen des Erbantrittes als (wahre) Ge=
nehmigung des einseitigen Berufungswillens folgt (vgl. auch § 537: „oder auf andere
Art", wobei an Erbunfähigkeit zu denken ist). Daher wird im Falle der in jener Zwischenzeit
eintretenden Erbunfähigkeit des Delaten sofort einem Anderen deferiert, dessen Antrittsrecht
durch die vom früheren Delaten wieder erlangte Erbfähigkeit nicht berührt werden kann.

2. Die als besondere Richtung der Rechts= u. zw. Vermögens=Fähigkeit erscheinende
Erbfähigkeit, welche auch juristische Personen (§§ 26, 559 i. f.) und nascituri (§ 22)
besitzen, bildet die große Regel (§ 538). Die Vorschriften über die Erbunfähigkeit geistlicher
Korporationen (sog. Amortisationsgesetze) (§ 539) sind durch das Pat. v. 5. Nov. 1855,
R.G.B. 195, aufgehoben worden und es besteht heutzutage nur die staatsgrundgesetzliche
Zulässigkeit solcher Beschränkungen (St.Grd.Ges. v. 21. Dez. 1867, R.G.B. 152 Art. 6).
Absolut unfähig, nämlich von jeder Beerbung ausgeschlossen, sind: a) wegen mangelnder
Erwerbsfähigkeit: Personen, die in einem vom Papste approbierten Orden das feierliche
Gelübde der Armut abgelegt haben, u. zw. selbst im Falle kirchlicher Dispensation. Aus=
genommen sind die Mitglieder, nicht auch die Priester, des deutschen Ritterordens (Pat. v.
28. Juni 1840 u. M.Vbg. v. 31. Dez. 1866; vgl. Pfaff u. Hofmann II. S. 22, 23).
Nach öst. R. (vgl. Hfd. v. 23. März 1809) erbt nicht etwa, wie nach kanon. R., der
Orden statt des Ordensmitgliedes. Exreligiosen sind erbfähig; b) Deserteure der Linie
und der Reserve vom Tage der Entweichung aus der aktiven Dienstleistung, sonst vom Tage
der Einberufung, bis zu ihrer Stellung oder Einlieferung (§ 544, Mil.Str.G.B. v. 1855
§ 208); c) Ausländer im Falle der Retorsion (vgl. Krainz=Pfaff II. § 482). Die
absolute Erbunfähigkeit unbefugt Ausgewanderter (Pat. v. 24. März 1832) besteht heut=
zutage wohl nicht mehr (vgl. Pfaff=Hofmann II. S. 23 u. Manz=Schey S. 544). Erb=
unfähigkeit nur gewissen Personen gegenüber, relative Erbunfähigkeit, ist dem öst. R.
unbekannt. Wohl aber können sich Beschränkungen der Erbfähigkeit aus fehlender testamenti
factio passiva ergeben.

3. Während der römischrechtliche Begriff der Inkapacität dem öst. R. fremd blieb,
enthält dasselbe, wie das röm. R., Fälle technischer, daher von der Erbunfähigkeit scharf
abgegrenzter Erbunwürdigkeit (Indignität), die, weil relativ, von manchen als
relative Erbunfähigkeit aufgefaßt wird. Man könnte höchstens von einer Art der Erbunfähig=
keit im weit. S., einer qualifizierten Erbunfähigkeit, sprechen. Doch ist die römisch=
rechtliche Indignität wesentlich verändert in das öst. R. übergegangen.
Denn im Gegensatze zum gemeinen R. hindert die Indignität in gleicher Weise wie die Erb=
unfähigkeit den Erbanfall wie den Erwerb; und das Exeptionsrecht des Fiskus besteht nach
öst. R. nicht. Grundsätzlich gebührt nämlich die Portion des indignus jenen Personen, welche
dieselbe erhalten haben würden, wenn er den Anfall gar nicht erlebt hätte. Auch ist die Erb=
unwürdigkeit (anders das gem. R.), wie die Erbunfähigkeit, von Amtswegen zu berücksichtigen.
Während aber die nach dem Erberwerbe eintretende Erbunfähigkeit den letzteren unberührt
läßt, zieht die demselben nachfolgende Indignität den Verlust (die Verwirkung) des Er=
worbenen zu Gunsten der bezeichneten Personen nach sich. Da außerdem die Indignität
stets — wenn auch nicht immer ausschließlich — in einem pietätwidrigen, verwerflichen
Verhalten gegen den Erblasser ihren Grund hat: so kann die Verzeihung des Erblassers
die Indignität beseitigen, während die Erbunfähigkeit vom Willen des Erblassers unabhängig
ist. Schon aus diesem Grunde enthält § 543 keinen Indignitätsfall. Die Verzeihung,

welche nach den allgemeinen Beweisgrundsätzen von dem sie Behauptenden bewiesen werden muß, braucht keine ausdrückliche zu sein, kann also auch durch konkludente Handlungen erfolgen (§ 540).

Die Erbunwürdigkeitsfälle des öst. R. sind: a) Wiederverehelichung der Witwe, der getrennten oder der Scheingattin während der Wartezeit (vgl. d. Familienr. S. 17 u. § 60). Dieser Indignitätsfall bezieht sich im Gegensatz zu den übrigen Fällen auf die gesetzliche Erbfolge nicht, und ist nur nebenbei aus Pietätsrücksichten hervorgegangen, teilt aber im übrigen die wesentlichen Merkmale der Indignität; b) vorsätzliche (dolose), nach dem Strafgesetz strafbare, wenn auch nur versuchte Verletzung des Erblassers an Körper, Ehre, Vermögen, Freiheit (§ 540, vgl. § 948). Auch genügt mittelbare Verletzung des Erblassers durch gegen dessen Eltern (Ascendenten), Kinder (Descendenten) oder Ehegatten gerichtete Handlungen der bezeichneten Art. Da in den letzteren Fällen die indirekte Verletzung des Erblassers und somit nicht bloß das juristische, sondern auch das faktische (das Intimitäts=)Verhältnis zu demselben entscheidet, so kommen möglicherweise auch uneheliche Kinder gegenüber dem Vater und dessen Eltern, Pflegekinder, jedenfalls Adoptivkinder und Scheingatten in Betracht. Aus praktischen Erwägungen, der Redaktionsgeschichte (ad westgal. G.B. II. § 508), der dem § 547 zu Grunde liegenden theoretischen Auffassung und der Analogie des § 542 ergiebt sich (vgl. das röm. R.), daß auch nach dem Tode des Erblassers begangene strafbare, dem Erblasser gegenüber als pietätwidrig erscheinende Handlungen, z. B. Schmähungen desselben, Ermordung seiner Kinder, Entwendungen aus dem ruhenden Nachlaß, Erbunwürdigkeit nach § 540 begründen können; c) die Testier= freiheit und der wahre Wille des Erblassers sollen energisch geschützt werden. Darum ist erbunwürdig, wer „eine dem wahren Willen des Erblassers widersprechende Ordnung der Erbfolge herbeizuführen sucht" (§ 542), mag auch die Handlung, deren Strafbarkeit nur bei bloßem Versuche wesentlich ist, dem Erberwerbe nachfolgen. Erbunwürdig ist somit, wer den Erblasser zur Errichtung, Abänderung, Aufhebung seiner Verfügung (von Todeswegen) zwingt, durch Betrug veranlaßt, oder auf gleiche Weise ihn daran hindert; wer die erblasserische Verfügung unterdrückt, verfälscht oder einen letzten Willen unterschiebt. Je nach der konkreten Gestaltung dieses Erbunwürdigkeitsfalles sind die Folgen der Indignität verschieden. Meist wird die rechtswidrig herbeigeführte Verfügung wegen ihrer Ungültigkeit bewirken, daß die Indignität der praktischen Bedeutung entbehrt. Im Falle der Unterdrückung kann § 722 in Betracht kommen. Schadenersatzpflicht trifft den Schuldigen hinsichtlich des durch seine Handlung Dritten vereitelten Erwerbes (mortis causa).

§ 9. 2. Kapitel. Der ruhende Nachlaß (hereditas iacens) (§ 547).

Steinlechner, Das schwebende Erbrecht..., 2 Tle., 1893—97. — Unger, Erbr., § 7. — Krainz=Pfaff, § 480, S. 558—561 u. d. Litt. daf. (vgl. insbes. die Schriften von Randa, Pineles). — Pfaff=Hofmann, ad § 547 u. d. Litt. daf. — Stubenrauch, ad §§ 547, 811. — Schuster v. Bonnott, ad §§ 77—79, 128, 129, 131, 145—148. — Pfersche, Öst. Sachenrecht, 1893, I. § 36 u. d. Litt. daf. — Randa, Der Erwerb d. Erbschaft nach öst. R. (1867), § 6. — Ofner, Prot. I. S. 324.

Für jene Gesetzgebungen, welche das System des ipso iure-Erwerbes der Erbschaft nicht aufgenommen haben, vielmehr, wie die österreichische, zum Erbschaftserwerbe den Antritt des Berufenen fordern, ergiebt sich in der Zeit vor jenem Erwerbe ein Zustand der Subjekt= losigkeit der Verlassenschaft (sog. ruhende Erbschaft). An die Stelle des Erblassers soll als künftiges Subjekt dieses Vermögens, als Universalsuccessor, der Erbe treten. Diese Bestimmung des Nachlasses verlangt, daß derselbe vom Rechte als ökonomische und rechtliche Einheit (universitas) aufrecht erhalten werde. Das Erbvermögen befindet sich also in jener Zwischenzeit in einem Zustande rechtlicher Gebundenheit. Die Beantwortung der Frage nach der juristischen Natur dieser Gebundenheit hat der Theorie stets große Schwierigkeiten bereitet. Insbesondere sind es zwei Theorien, welche sich im Laufe der Zeit herausgebildet haben. In die erste Gruppe fallen alle jene Theorien, welche die hereditas iacens in irgend einer Form mit juristischer Selbständigkeit aus= statten, mag nun die Erbschaft als subjektloses Vermögen konstruiert oder dieselbe subjektiviert werden. Während die Ansichten dieser Gruppe die Erbschaft als ein auf sich selbst oder auf den Erblasser gestelltes Vermögen betrachten, nehmen jene der **zweiten Gruppe**, von dem Gedanken der **Unmittelbarkeit der Erbfolge** und der **rück= wirkenden Kraft** des Erbschaftsantrittes, dem sog. **Rückwirkungsprincip**, ihren Ausgang und fassen daher das Erbvermögen, seiner Bestimmung entsprechend, als ein auf die Person seines künftigen Subjektes (des Erben) gestelltes Vermögen auf. Zu den Theorien der ersten Gruppe zählen namentlich jene, welche der ruhenden Erbschaft im Wege einer Fiktion Rechtssubjektivität, Persönlichkeit beilegen. Besonders verbreitet zur Redaktionszeit war die Auffassung, daß die „hereditas defuncti personam sustinet", die **Rechts= persönlichkeit des Erblassers** festhält, dessen Stelle sie vertritt. Diese Theorie hat im G.B. § 547 ihren Niederschlag gefunden, welcher erklärt: „vor der Annahme des Erben wird die Verlassenschaft so betrachtet, als wenn sie noch von dem Verstorbenen besessen würde". Hand in Hand mit der Personifikationstheorie ging die oft sehr verschieden begründete Ansicht, welche die ruhende Erbschaft als **juristische Person besonderer Art** erklärt. Das G.B. hat diese Frage offen gelassen. Das aus dem Wesen der erbrechtlichen Succession gefolgerte, allgemein anerkannte Princip der Unmittelbarkeit der Erbfolge, welches den, nicht notwendig auch zeitlich unmittelbaren, persönlichen Anschluß des Erben an den Erblasser verlangt und uns auch in der durch § 547 betonten Personeneinheit entgegentritt, findet im Rückwirkungsprincip, das gewissermaßen als Korrektiv des Zwischenstadiums der hereditas iacens erscheint, seinen konsequenten Ausdruck. Stattet man nun die hereditas iacens in irgend einer Form mit juristischer **Selbständigkeit** aus: so bildet sie that= sächlich ein „selbständiges Glied in der Kette der Nachfolge". Dadurch wird also mit dem Unmittelbarkeitsgedanken gebrochen. Es drängt sich somit die Frage auf, ob man nicht den Schwerpunkt der Konstruktion auf den **Unmittelbarkeitsgedanken** und das **Rück= wirkungsprincip** zu legen und folgeweise diesem die Theorie der Selbständigkeit der h. iacens zu opfern habe? Es scheint, daß man, um einen festen Boden für die Konstruktion der h. iacens zu gewinnen, von der juristischen Natur des **Erbanfalles** (der Delation) und des **Erbschaftsantrittes** seinen Ausgang nehmen muß. Das rechtliche Wesen des Antrittes besteht in der **Genehmigung** des mit dem Tode des Erblassers unwiderruflich gewordenen einseitigen Berufungswillens, wodurch letzterer zur Wirksamkeit gelangt. Diese Genehmigung (Ratihabition) im techn. S. hat somit deklarative und zugleich konstitutive Bedeutung, da sie als ein den Erberwerb mitbewirkendes Moment erscheint. Aus dieser Auffassung, in welcher das Rückwirkungsprincip enthalten ist, ergiebt sich der rechtliche Zustand des Erb= vermögens vor dem Antritte von selbst. Die in dieser Zwischenzeit im Interesse der mög= licherweise eintretenden Universalsuccession stattfindende rechtliche Gebundenheit des Nachlasses, durch welche der letztere als Vermögen (universitas) aufrecht erhalten wird, stellt ein **Schwebe= oder Pendenz=Verhältnis** dar, bei welchem nicht bloß das Erbvermögen im Sinne einer Vermögenseinheit, sondern in erster Linie das Erbrecht des Berufenen pendent erscheint, daher „schwebendes Erbrecht", weil es an die conditio juris der Ge= nehmigung des Delaten gebunden ist. Durch diese Auffassung, welche die Unmittelbarkeit der Erbfolge in vollem Maße wahrt, ist die Frage, ob die ruhende Erbschaft eine **juristische Person** sei, in verneinendem Sinne entschieden.

Als Vermögensganzes (universitas) ist die ruhende Erbschaft, ohne ihre Identität zu verlieren, vermögensrechtlicher **Veränderungen** fähig. Aber nur dem Erwerb solcher Rechte, die zu ihrer Existenz kein physisches Subjekt voraussetzen oder deren Erwerb keine, durch beliebige Vertretung nicht zu ersetzende, menschliche Thätigkeit erfordert, ist die h. iacens zugänglich. Abgesehen von den durch die Thätigkeit des Erbschaftsvertreters bzw. Verwalters vermittelten Veränderungen, können sich somit Vermehrungen, Verminderungen oder Belastungen ergeben aus einem Zuwachs oder Früchten von Erbschaftssachen, zufälligen Abgängen, Hand= lungen Dritter, insbesondere des Delaten selbst. Namentlich können Forderungen und Schulden durch Delikte oder negotiorum gestio begründet werden und unfertige (bedingte, betagte) Verhältnisse zur Perfektion gelangen. Ohne Zweifel kann nach öst. R. hereditate iacente nicht bloß, wie nach röm. R., die Ersitzung des Erblassers selbst vollendet, sondern auch dessen Besitz (anders das röm. R.) fortgesetzt werden, so daß der Erbe in den Besitz des

Erblaffers fuccediert. Diefe letztere, heutzutage bereits herrfchende Anficht (vgl. auch dtfch. B.G.B. § 857), gründet fich auf das gebieterifch auftretende praktifche Bedürfnis des Befitz= fchutzes hereditate iacente, auf die juriftifche Natur des Befitzthatbeftandes, der auch ohne Thätigkeit eines lebenden Subjektes fortdauern kann, fowie auf den Mangel eines animus non possidendi (vgl. auch §§ 349 u. 352), endlich auf die Möglichkeit der Fortfetzung und Vollendung einer Erfitzung hereditate iacente. Denn es giebt nach öft. R. keine Erfitzung ohne Befitz, daher auch keine accessio possessionis zu Gunften des Erben (vgl. § 1493) ohne Fortdauer des erblafferifchen Erfitzungsbefitzes. Schon die im Wortlaut des § 547 hervortretende Perfonifikationstheorie fcheint für die Befitzfähigkeit der ruhenden Erbfchaft zu fprechen.

Die Frage, ob den Maßstab für den Umfang der (aus diefen Ausführungen fich ergebenden) Rechts= und Verpflichtungsfähigkeit der h. iacens die Perfon des Erben oder jene des Erblaffers zu bilden habe, ift (im Einklange mit der fpäteren römifch= rechtlichen Doktrin) im letzteren Sinne zu beantworten. Denn infolge der konftitutiven Bedeutung des Erbfchaftsantrittes fteht der Delat vor demfelben der Erbfchaft noch als Fremder gegenüber; und es entfpricht dem Wefen des Schwebeverhältniffes diefer Zwifchenzeit die Anknüpfung an die Perfon des Erblaffers, d. i. die Beurteilung der Rechtsverhältniffe des Erbvermögens nach feiner bisherigen, aus der Perfon des Erblaffers fich ergebenden Rechtslage. Diefer Gedanke bildet denn auch den Kern der in § 547 i. f. enthaltenen Perfonifikationsformel.

Ein Curator ad hoc u. zw. litis ift zur Vertretung der h. iacens auf Begehren von Erbfchaftsgläubigern zu beftellen, um denfelben auch vor Antritt des Erben die Rechtsverfolgung zu ermöglichen (§ 811). Ausgefchloffen ift die Beftellung und die Fortdauer einer folchen Kuratel nach Antritt des Erben, gegen welchen nunmehr, bei fonftiger Nichtigkeit des Prozeffes, die Gläubiger ihre Klage zu richten haben (Hfd. v. 19. Jan. 1790 J.G.S. 1094). Im Intereffe unbekannter, fäumiger oder deliberierender Delaten ift von Amtswegen zur Vertretung und Verwaltung des Nachlaffes, jedoch nur zu deffen Erhaltung, nicht auch zu deffen Vermehrung, ein curator bonorum, „Ver= laffenfchaftskurator“, zu beftellen (Pat. v. 9. Aug. 1854 §§ 78, 128, 129, 146— 148), deffen Rechtsftellung fomit wefentlich verfchieden ift von dem für minderjährige, pflegebefohlene oder abwefende Delaten von Amtswegen zu beftellenden curator personarum (Pat. v. 1854 §§ 77, 131, insbef. §§ 129 u. 131). Die Funktionen des Verlaffenfchafts= kurators, deffen Honorarforderung ein Vorzugsrecht vor den anderen Nachlaßgläubigern zuerkannt werden muß (Analogie der Konkursmaffeverwaltung, anders der curator litis), endigen nicht notwendig mit der Antretung felbft der ganzen Erbfchaft (§ 810, Pat. v. 1854 § 145). Beftellung eines folchen Kurators fogar nach der Antretung (aber noch vor der Ein= antwortung) ift nicht ausgefchloffen (§ 690). (Vgl. über die Nachlaßpflegfchaft nach dem dtfch. B.G.B. insbef. §§ 1958, 1960—1962, 1975 ff.)

3. Kapitel. Die Berufung zur Erbfolge.

1. Abfchnitt. Berufung durch Rechtsgefchäft. Die gewillkürte Erbfolge.

§ 10. A) Das Teftament (§§ 552, 553).

Unger, Erbr., § 8. — Krainz=Pfaff, § 492. — Pfaff=Hofmann, ad §§ 552, 553. — Stubenrauch, ad §§ 552, 553. — Ofner, Prot. I. S. 330, II. S. 538.

Darunter verfteht das G.B. (§§ 552, 553), im Einklange mit einem durch Jahrhunderte feftftehenden Begriffe, ein frei widerrufliches, einfeitiges Rechtsgefchäft von Todeswegen, eine letztwillige Verfügung, welche eine Erbeinfetzung enthält. (Diefes letztere Merkmal fehlt dem Teftamentsbegriff des dtfch. B.G.B.). „Letztwillig“, weil die nicht widerrufene Verfügung als (rechtlich gültiges) „letztes Wort“ des Erblaffers erfcheint; „frei widerruflich“, weil der Erblaffer erkennbar nicht gebunden fein will. Der Ausdruck „unwiderrufliches Teftament“ widerfpricht fomit dem technifchen gefetzlichen Begriffe. Im weit. S. wird auch die einseitig unwiderrufliche Verfügung von Todeswegen „letztwillige" Verfügung genannt (vgl. z. B. § 1254). Enthält die letztwillige Verfügung (i. e. S.) keine Erbeinsetzung, so heißt sie Kodicill (§ 553).

I. Errichtung des Testaments.

§ 11. 1. Fähigkeit zur Errichtung (testam. factio activa) (§§ 566—569, 573, 574).

Unger, Erbr., § 9. — Krainz=Pfaff, § 493 u. d. Litt. daf. (vgl. insbef. Singer, Baerenreither, Dangelmaher). — Pfaff=Hofmann, ad §§ 566—569, 573, 574 u. d. Litt. daf. — Stubenrauch, ad §§ 566—569, 573, 574. — Ofner, Prot. I. S. 338—344; II. S. 384, 385, 538.

Die Testierfähigkeit, welche sich mit der allgemeinen Geschäftsfähigkeit nicht deckt, fehlt folgenden Personen:

a) als Folge beschränkter Handlungsfähigkeit Unmündigen. Mindestens 18 Jahre (nach d. dtfch. B.G.B. § 2229 16 Jahre) alte Personen sind vollkommen testierfähig; Personen zwischen dem vollendeten 14. und 18. Jahre können nur ein öffentliches (gerichtliches oder notarielles) Testament in mündlicher Form errichten (§ 569, Not.Odg. v. 25. Juli 1871 § 70). Die in § 569 vorgeschriebene causae cognitio, deren Resultat zu protokollieren ist, kann zu keiner Verweigerung der Testamentsaufnahme führen, hat vielmehr nur Material für einen etwaigen Erbstreit zu liefern;

b) gänzlich Handlungsunfähigen, daher (von Kindern abgesehen) namentlich infolge von Geisteskrankheit Willensunfähigen, sowie des Bewußtseins vorübergehend Beraubten (vgl. § 1307, z. B. Volltrunkene, Hypnotisierte, im Zustande heftigen Zornes oder einer das Bewußtsein ausschließenden Furcht Befindliche) (§§ 566, 567, auch 565: „volle Besonnenheit"). In lichten Zwischenräumen sind Geisteskranke testierfähig, sie mögen unter Kuratel stehen oder nicht. Im ersten Falle liegt also eine Ausnahme von der grundsätzlichen Geschäftsunfähigkeit bevormundeter Geisteskranker selbst in lucidis intervallis vor. Der Beweis des an keine bestimmte Zeitdauer gebundenen lichten Zwischenraumes obliegt dem Testamentserben. Der Beweis ist durch „Kunstverständige" oder durch das Zeugnis „obrigkeitlicher Personen" zu führen. Subsidiär genügen auch andere (gerichtsordnungsmäßig statthafte) „zuverlässige Beweise", so daß dem Richter schon durch § 567 die freieste Beweiswürdigung zugestanden wird;

c) wegen physischer Gebrechen Personen, denen die erforderliche Willenserklärungsfähigkeit fehlt, z. B. (in der Regel) blinde Taubstumme;

d) Personen, welche in einem (vom Papste approbierten) Orden das feierliche Gelübde der Armut abgelegt haben. Während nach gemeinem Rechte Ordenspersonen wegen ihrer Vermögensunfähigkeit weder ex testamento noch ab intestato beerbt werden können, ist nach öst. R. beides möglich. Denn der Profeß verliert nur die freie Disposition über sein zur Zeit der Profeßleistung vorhandenes, von jetzt an durch einen Kurator zu verwaltendes Vermögen, so daß wegen mangelnder Dispositionsbefugnis ein gültiges Testament nicht mehr errichtet werden kann. § 573 nennt vier Ausnahmsfälle, in welchen Ordenspersonen gültig testieren können. (Vgl. die einschlägigen Specialvorschriften in Pfaff=Hofmann II. S. 123 ff. u. Singer l. c.) Der vierte Fall ist heutzutage wohl nur mehr praktisch in Bezug auf Ordenspersonen, die als Feldkapläne ein peculium quasi castrense erworben haben, oder die zugleich Bischöfe oder Kardinäle sind. Weltgeistliche sind, wie bisher, testierfähig (über die Testierbeschränkung der Bischöfe in Bezug auf gewisse, zum bischöflichen Tafelgute gehörige und daher auch der gesetzlichen Erbfolge entzogene Gegenstände vgl. Pfaff=Hofmann II. S. 125, 126);

e) mindestens zu schwerer Kerkerstrafe, wenngleich in contumaciam, verurteilten Verbrechern im strafgesetzlichen Sinne. Diese sind von der Kundmachung des rechtskräftigen Urteils an bis zum Ablauf der Strafzeit oder erfolgter Strafnachsicht testierunfähig (Str.G.B. v. 1852 § 27 b, Mil.Str.G.B. § 454). Freisprechung oder Verurteilung zu einer geringeren Strafe als schwerer Kerker im Falle der Wiederaufnahme des Strafverfahrens behebt die Unfähigkeit ex tunc. Diese schon dem älteren öst. Strafrechte eigene Rechtsfolge der Verurteilung, deren Ursprung bis ins röm. R. zurückreicht, ist heutzutage antiquiert und namentlich in ihrer heutigen Gestalt de lege ferenda nicht zu billigen. Die Str.G.Nov. v. 15. Nov. 1867,

R.G.B. 131 § 5 hat den eben berührten Fall von Testierunfähigkeit für die der Civil=strafgerichtsbarkeit unterstehenden Personen beseitigt, während er für die der Militärstraf=gerichtsbarkeit unterstehenden Personen nach dem Mil.Str.G.B. noch gilt;

f) Deserteuren der Linien und Reserve. Diese sind, so lange ihre Erbunfähigkeit dauert, auch testierunfähig (Mil.Str.G.B. § 208 b). In den Fällen e und f beruht die Testierunfähigkeit auf einer zur Strafe verfügten Beschränkung der Rechtsfähigkeit.

Unbefugt Ausgewanderte sind heutzutage wie erb= so auch testierfähig. Berechtigter=weise ist die noch im westgal. G.B. enthaltene Testierunfähigkeit der Selbstmörder von den Redaktoren des a. b. G.B. beseitigt worden.

Zu den Testierunfähigen zählt das G.B. auch gerichtlich erklärte Verschwender (prodigi) (§ 568), nicht etwa auch Personen, über welche die väterliche oder vormundschaft=liche Gewalt wegen Verschwendung nur verlängert wurde. In Wahrheit ist aber die schon dem röm. R. eigene Testierunfähigkeit der prodigi, welche im Laufe der Zeit sehr verschieden gestaltet war, im geltenden öst. R. (anders nach westgal. G.B. II. § 369), wie im preuß. Landr., in eine Beschränkung der Testierfreiheit zu Gunsten der gesetzlichen Erben übergegangen. Denn der prodigus kann zum Nachteile der letzteren nur über die Hälfte des Nach=lasses mortis causa gültig verfügen. Durch diese den Schutz der die Entmündigung beantragenden nächsten Verwandten vor Ausschließung von der Erbfolge bezweckende Rechts=folge der Interdiktion, welche im Widerspruche mit jenem Zwecke erst mit der letzteren ein=tritt (anders mit Recht dtsch. B.G.B. § 229), wird die den gesetzlichen Erben vorbehaltene Nachlaßhälfte nicht etwa zu einem Pflichtteil im Sinne des öst. R., sondern sie hat die rechtliche Natur eines Vorbehaltes (Pflichtteil im S. des älteren dtsch. R.). Daher sind die den Pflichtteil betreffenden Bestimmungen auf jenen Vorbehalt, welcher den Pflicht=teil der Noterben des prodigus enthält und wie ein Pflichtteil ohne Beschränkung gebührt (§ 774), auf jenen Vorbehalt nicht durchgehends anwendbar (z. B. nicht §§ 787, 951, 952). Wird die infolge des § 568 relativ nichtige Verfügung von den verletzten Intestat=erben nicht angefochten, oder sind keine gesetzlichen Erben vorhanden, so findet eine Be=schränkung der Testierfreiheit des prodigus nicht statt.

§ 12. 2. Form des Errichtungsaktes (§§ 577—581, 584—601).

Pfaff=Hofmann, II. S. 58, 132—140, ad § 601, u. d. Litt. das. — Stubenrauch, ad § 577. — Krainz=Pfaff, II. S. 515. — Ofner, Prot. I. S. 344, 345, 360; II. S. 387, 538.

Die Notwendigkeit, die Testamentserrichtung an Solennitätsformen zu knüpfen, deren Beobachtung somit als Voraussetzung der Gültigkeit des Testamentes erscheint, ergiebt sich aus dem praktischen Zwecke solcher Formen und wird durch die Geschichte, wie durch die Wissenschaft und Gesetzgebung bewiesen. Insbesondere soll die Form eine Bürgschaft dafür bieten, daß die Erklärung des Erblassers das Ergebnis eines ernsten, ausgereiften Willensentschlusses, daß sie kein bloßer Entwurf und ein Testament sei. Auch soll die Form vor Verfälschung des wahren letzten Willens schützen und dem Testament den Bestand sichern. Übermäßige Formstrenge würde aber ein schwerwiegendes, nicht zu billigendes Hindernis der Testamentserrichtung bedeuten. Auch haben die Kostenfrage und eingewurzelte Gewohnheit bei Normierung der Form eine Rolle zu spielen. Der richtige Mittelweg ist daher ein oft schwieriges legislatorisches Problem. In der Geschichte der Form macht in der Regel die ursprüngliche Formstrenge einer energischen Reaktion gegen die Form Platz, an deren Stelle dann wieder die Tendenz zur Formstrenge zu treten pflegt; ein Entwicklungs=prozeß, der häufig durch philosophische Doktrinen beeinflußt wird. In das erwähnte letzte Stadium dieses Entwicklungsprozesses ist die öst. Gesetzgebung im a. b. G.B. noch nicht getreten. Die Redaktoren desselben haben, beherrscht von der Doktrin des Naturrechtes, die Bedeutung der Solennitätsform bei letztwilligen Verfügungen unterschätzt, indem sie namentlich Form und Beweis verwechselten. Daraus erklärt sich, daß wir im G.B. die Testaments=formen auf ein Minimum eingeschränkt finden. Das a. b. G.B. bildet in dieser Beziehung einen Gegensatz zu der Formstrenge des röm. R., noch mehr des preuß. Landr. und des dtsch. B.G.B. (vgl. § 2231 ff.). Strenge Handhabung der Testamentsformen, die jedoch erst in der neuesten Praxis feste Wurzel zu fassen beginnt, erscheint daher als ein aus jenem Form=Minimum unabweislich sich ergebendes Postulat (vgl. auch § 601 u. Just.=Hfd. v. 2. Okt. 1812 Hfd. v. 11. Dez. 1818).

A) Privattestamente.

I. Ordentliche Formen.

§ 13. 1. Schriftliche Form.

Unger, Erbr., § 10. — Krainz=Pfaff, § 496. — Pfaff=Hofmann, ad §§ 578, 579: Exkurse II. S. 75—78, 88—100 u. d. Litt. das. — Stubenrauch, ad §§ 578, 579. — Ofner, Prot. I. S. 345—350; II. S. 385, 386, 538, 539.

a) Das eigenhändige (holographe) Testament (§ 578), welches in Öster=reich (wie in Frankreich) altem Gewohnheitsrechte entspricht, bedarf der Zuziehung von Zeugen nicht. Ein solches Testament ist gültig, wenn der Erblasser die Urkunde durchaus eigenhändig, wenngleich mit unterstützter Hand, schreibt und am Schlusse eigenhändig, wenn auch nur mit seinem Familien= oder Realnamen, unterfertigt. An sich gleichgültig, jedoch für die Frage nach dem Vorhandensein des animus testandi von Bedeutung, ist das Material, auf und mit welchem das Testament geschrieben wird, sowie Sprache und Schriftart. (Ausnahme Hfd. v. 22. Okt. 1814, J.G.S. 1106.) Die Gültigkeit chiffrierter oder stenographierter Testamente ist quaestio facti. Im Zweifel sind dieselben wohl ungültig. Folgt auf die Unterschrift des Erblassers nicht unterschriebener Text, so ist letzterer jedenfalls, der unter=schriebene Teil aber dann ungültig, wenn derselbe nicht als abgeschlossenes Ganzes erscheint. Im Zweifel ist ein am Schlusse unterfertigtes Testament wegen mangelnder Perfektion nichtig. Siegelung, Datierung und Ortsbezeichnung sind keine Gültigkeitsvoraussetzung (teil=weise anders und mit Recht das dtsch. B.G.B. § 2231). Einheit des Testieraktes (unitas actus) ist kein Erfordernis des holographen Testamentes.

b) Nicht eigenhändiges (allographes) oder Zeugen=Testament (§ 579). Ist der Testamentstext, wenn auch nur teilweise, nicht vom Erblasser geschrieben, so ist die Gültigkeit des Testamentes an folgende Form gebunden: 1. eigenhändige Unterfertigung der Urkunde durch den Erblasser, nicht notwendig in Gegenwart der Zeugen. Hinsichtlich der Unterfertigung, der Sprache, Schrift und des Schriftmaterials gilt dasselbe wie bei dem eigenhändigen Testament; 2. die wenngleich vor dieser Unterfertigung vom Erblasser in Gegenwart von drei, gleichzeitig mindestens zwei, anwesenden Zeugen abgegebene bestimmte und ausdrückliche, übrigens an keine gesetzliche Form gebundene Erklärung, daß die den Zeugen zur Unterfertigung vorgelegte Urkunde, deren Inhalt denselben nicht mitgeteilt zu werden braucht, den letzten Willen des Erblassers enthalte (nuncupatio); 3. die nach Unterfertigung des Erblassers bei dessen Lebzeiten und in seiner Gegenwart auf die Urkunde, aber nicht notwendig unter den Kontext gesetzte eigenhändige Namensunterschrift der drei Zeugen, mit einem (im Interesse der Zeugen selbst, wie der Sicherung des Testamentes vor Anfechtung liegenden) Zusatze, aus welchem hervorgeht, daß die Unterschriebenen als Testamentszeugen unterfertigt haben (daher z. B. nicht genügend der Beisatz „als Zeuge"). Aus Z. 1—3 folgt, daß beim allographen Testament unitas actus nicht für den ganzen Errichtungsakt erfordert wird.

§ 14. 2. Mündliche Form.

Unger, Erbr., § 10. — Krainz=Pfaff, § 497. — Pfaff=Hofmann, ad §§ 585, 586: Exkurse II. S. 109—113 u. d. Litt. das. — Stubenrauch, ad §§ 585, 586. — Ofner, Prot. I. S. 350—353; II. S. 386, 539.

Diese de lege ferenda bedenkliche, daher von manchen Gesetzgebungen abgelehnte oder doch nur für Notfälle zugelassene Form (vgl. dtsch. B.G.B. §§ 2250, 2251) findet sich, wie im röm. R., so auch bereits im älteren öst. R. Nach dem geltenden Rechte (§§ 585, 586) besteht dieselbe in der ohne wesentliche Unterbrechung stattfindenden persönlichen und mündlichen (also nicht durch Zeichensprache erfolgenden), vernehmlichen Erklärung des ganzen letzten Willens (vgl. § 585 „vollständig") in gleichzeitiger Gegenwart dreier Testaments=zeugen. Die Einheit des Testieraktes (unitas actus) ist also hier strenger gewahrt, als beim

allographen T. Die nicht vorgeschriebene schriftliche Aufzeichnung der mündlichen Willens=
erklärung durch die Zeugen dient nach öst. R. (anders röm. R.) nur zur Unterstützung des
Gedächtnisses der Zeugen, hat aber keine Beweiskraft.

§ 15. **Testaments=Zeugen und Schreiber.**

Unger, Erbr., § 10. — Krainz=Pfaff, §§ 496, 501 i. f. — Pfaff=Hofmann, II.
S. 153—155, 170, 188, 189; ad §§ 591—595; Exkurse II. S. 88—100, 109—113, 121—130 u. b.
Litt. daf. — Stubenrauch, ad S. 591—595. — Ofner, Prot. I. S. 347—350, 355—359;
II. S. 386, 387.

Die drei (nach älterem öst. R. zumeist zwei) Testamentszeugen sind Solenni=
tätszeugen, müssen somit vom Erblasser rogiert, d. i. zur Testamentszeugenschaft
(abweichend vom früheren Rechte in beliebiger Form) aufgefordert worden sein, dieser Auf=
forderung freiwillig Folge leisten und in der Lage sein, die Identität des Testators fest=
zustellen (§ 585). Die Zeugen müssen außerdem zur Zeit der Testamentserrichtung zur
Solennitätszeugenschaft bei Testamenten fähig sein. Diese durch das materielle Recht
normierte, als Gültigkeitsvoraussetzung erscheinende Fähigkeit, für welche lediglich objektive
Momente maßgebend sind, ist somit scharf zu scheiden von der durch das Prozeßrecht nor=
mierten Fähigkeit zur Beweiszeugenschaft.

Absolut unfähig zum Testamentszeugnis sind (§§ 591, 592): 1. aus natürlichen
Gründen: Unzurechnungsfähige und Schwachsinnige („Sinnlose"); Blinde, Taube, Stumme,
u. zw. bei jeder Testamentsform; 2. (wie schon nach altem R.) „Mitglieder eines geistlichen
Ordens"; 3. Jünglinge unter 18 Jahren; 4. Frauenspersonen (wie schon nach röm. R. und
altöst. R.); 5. Personen, die wegen eines aus Gewinnsucht hervorgegangenen Verbrechens (im
strafrechtlichen S.) verurteilt worden sind. Für die der Civilstrafgerichtsbarkeit unterstehenden
Personen entfällt dieser Unfähigkeitsgrund, bei mindestens 5jähriger Kerkerstrafe mit dem Ablauf
von 10, sonst 5 Jahren nach ausgestandener Strafe (Ges. v. 15. Nov. 1867 R.G.Bl. 131 § 6).

Relativ unfähig sind: 1. aus natürlichen Gründen: die jener Sprache Unkundigen,
welche die Zeugen bei der Testamentserrichtung verstehen müssen, d. i. die Sprache, in welcher
die nuncupatio erfolgt oder mündlich (im Falle des § 581 schriftlich) testiert wird (Ver=
ständigung durch einen Dolmetsch oder Zeichen genügt nicht) (§ 591); Schreibunkundige beim
allographen T. (arg § 579); des Lesens Unkundige im Falle des § 581; 2. niemand soll
„in eigener Sache" Beweis= wie Solennitätszeuge sein. Aus diesem Erfordernis der „Un=
befangenheit" (§ 596) folgt die Ungültigkeit jener (einzelnen) Verfügungen des Testa=
mentes, durch welche honoriert werden: ein Testamentszeuge oder dessen Gatte, Eltern,
Kinder, Geschwister, im gleichen Grade mit ihm verschwägerte Personen oder dessen besoldete
Hausgenossen, nämlich die gegen Entgelt Bediensteten des Zeugen, welche dessen Wohnung
und Haushalt teilen (§ 594). Gleichgültig sind die Beziehungen zum Erblasser, sowie jene der
Zeugen unter sich. Die Beobachtung der durch § 594 zur Auswahl gestellten zwei Kautelen
(„erschwerenden Formen"), welche die Gewißheit des erblasserischen Willens verbürgen, den=
selben „außer Zweifel" setzen sollen, sichert die Gültigkeit der verdächtigen Verfügung. Diese
ist nämlich gültig, wenn sie (beim allographen T.) vom Erblasser eigenhändig geschrieben
wird, oder wenn dieselbe durch drei unbefangene Testamentszeugen, sei es speciell, sei es
generell, nämlich durch Unterfertigung des ganzen Testamentes seitens der letzteren, bestätigt
wird. (So auch die Praxis.) — Der in § 593 enthaltene Fall der Zeugnisunfähigkeit wurde
durch kaif. Vdg. v. 6. Jan. 1860, R.G.B. 9, beseitigt.

Schreiber des Testamentes kann wer immer, somit auch ein Zeuge sein (§ 581;
das Hfd. v. 4. Okt. 1771 gilt nicht mehr). Ist er zugleich Zeuge, so gelten für ihn die
Bestimmungen über Zeugnisfähigkeit (insbef. § 594). Aber auch wenn der Schreiber nicht
Zeuge ist, bedarf es bestimmter, die Gewißheit des erblasserischen Willens verbürgender
Kautelen („erschwerender Formen") zur Gültigkeit einer Testamentsverfügung, durch welche
der Schreiber (nicht auch der Konzipient des Testamentes) oder gewisse taxativ bezeichnete
personae coniunctae honoriert werden (§ 595; vgl. auch das Sc. Libonianum). Gültig
ist nämlich die verdächtige Verfügung, wenn sie entweder vom Erblasser eigenhändig geschrieben
oder durch drei Testamentszeugen speciell bestätigt wird. Generelle Bestätigung genügt

nicht, da in solchem Falle, der ratio legis entgegen, keine erschwerende, vielmehr nur die gewöhnliche Form, somit keine Kautel vorläge, durch welche, dem Wortlaute des § 595 entsprechend, die einzelne verdächtige Anordnung „außer Zweifel gesetzt" würde. Die Auslassung der „besoldeten Hausgenossen" in § 595 ist kein Redaktionsversehen. „Das Band der Abhängigkeit begründet kein paritätisch gegenseitiges Verhältnis, wie das der Verwandtschaft und Schwägerschaft." Die Fassung (Formel) der §§ 594 und 595 ist verschieden. Ist der Schreiber zugleich Zeuge, so muß somit ergänzt werden: „oder demjenigen, dessen besoldeter Hausgenosse der Schreiber ist".

II. Außerordentliche Formen.
§ 16. 1. Erschwerende Formen.

Unger, Erbr., § 10. — Krainz-Pfaff, § 496. — Pfaff-Hofmann, ad §§ 580, 581. — Stubenrauch, ad §§ 580, 581. — Ofner, Prot. I. S. 347—350; II. S. 385, 386.

a) Wenn der Erblasser, der allograph testieren will, aus was immer für einem Grunde, zur Zeit der Testamentserrichtung nicht schreiben, aber doch wenigstens sein Handzeichen machen kann: so vertritt die eigenhändige Beisetzung des letzteren, welche jedoch in gleichzeitiger Gegenwart der drei Testamentszeugen erfolgen muß, die Unterschrift des Erblassers (§ 580). Die wünschenswerte Beisetzung seines Namens durch die Zeugen ist keine Gültigkeitsvoraussetzung des Testamentes. b) Wenn der allograph testierende Erblasser aus was immer für einem Grunde (insbes. wegen Blindheit) nicht lesen kann, so tritt folgende Erschwerung der normalen Form ein: die in einer den Zeugen verständlichen Sprache abgefaßte Urkunde muß von einem der Zeugen dem Erblasser und zugleich den beiden anderen Zeugen, die zum Zwecke der Kontrolle vor oder bei der Lesung in die Urkunde Einsicht zu nehmen haben, vorgelesen und vom Erblasser in gleichzeitiger Gegenwart der drei Zeugen als sein Testament erklärt werden (nuncupatio) (§ 581). Kann der Erblasser auch nicht schreiben, so genügt (wie im Falle des § 580) statt der Unterschrift sein eigenhändig beigesetztes Handzeichen. c) Über die erschwerende Form in den Fällen der §§ 594, 595 vgl. oben § 15.

2. Erleichternde Formen (begünstigte, privilegierte Testamente).

Unger, Erbr., § 11. — Krainz-Pfaff, § 498. — Pfaff-Hofmann, ad §§ 597—600; Exkurse II. S. 131—133 u. d. Litt. das. — Stubenrauch, ad §§ 597—600. — Ofner, Prot. I. S. 359, 360; II. S. 387, 539.

Das Bestreben, das Testieren in Lebenslagen zu ermöglichen, welche einen Anlaß zum Testieren bieten, aber die Beobachtung der normalen Testamentsformen erschweren oder gar ausschließen, führt für gewisse Fälle zu einer Milderung der Form. In einer Gesetzgebung, die, wie die österreichische, ohnedies nur ein Minimum an Form fordert, ist das Bedürfnis nach privilegierten Testamenten nur ein geringes. Daher kennt das öst. R. (§§ 597—600) nur folgende wenige, streng taxative Fälle, in welchen bei Vorhandensein der gesetzlich festgestellten (objektiven) Sachlage ein Nachlaß an der Form eintritt: a) wie nach preuß. Landr. (vgl. auch dtsch. B.G.B. § 2251, anders röm. R.) Testamente auf „Schiffahrten", namentlich Seereisen, bei Vorhandensein einer dem erwähnten legislativen Motiv begünstigter Testamente entsprechenden Sachlage, jedoch auch Fahrten auf Binnengewässern; b) wegen der Absperrung des Erblassers nach außen werden (wie nach röm. R., vgl. auch dtsch. B.G.B. § 2250) Begünstigungen gewährt „an Orten" (Ortschaft, Spital u. dergl.), wo schwere, von der gemeinen Meinung als ansteckend geltende Krankheiten („Seuchen", z. B. Pest, Cholera) herrschen (testam. tempore pestis conditum) (§ 597). „Genügend" aber „nicht erforderlich" ist, „daß die Seuche in des Testators Hause herrsche oder dieser selbst daran krank liege". In den Fällen a) und b) besteht die Begünstigung darin, daß zwei gleichzeitig gegenwärtige Zeugen genügen, die Mitglieder geistlicher Orden, Frauenspersonen oder mindestens 14jährige Jünglinge sein können. Bei gesteigerter Ansteckungsgefahr bedarf es der gleichzeitigen Gegenwart der zwei Zeugen nicht (§§ 597, 598). Mit dem Ablauf von 6 Monaten nach Beendigung der Schiffahrt, d. i. Betretung österreichischen Bodens, oder dem Aufhören der Seuche verliert das privilegierte Testament seine Gültigkeit (§ 599); c) aus demselben

Grunde, wie im Falle b, sind begünstigt die in Kontumazanstalten von erkrankten Kontumazisten errichteten Testamente, für welche eine Solennitätsform nicht vorgeschrieben ist (Pestpol.Ordg. v. 30. Juni 1837 § 71); d) Militärstand (§ 600; Dienstregl. f. d. k. u. k. Heer v. 1873 2. Aufl. 1. Teil, genehmigt durch Cirk.Vdg. v. 2. Juni 1886). Die ausschließlich formellen (nicht auch, wie nach röm. R., inhaltlichen) Begünstigungen der Militärtestamente, nach öst. R. Standesprivilegien, stehen zu: 1. jeder aktiv dienenden oder in der Versorgung eines Invalidenhauses stehenden Person des Soldatenstandes; 2. auch nicht zum letzteren gehörenden, aber während eines Feldzuges bei der Armee oder auch im Frieden zur See auf einem Kriegsschiffe bediensteten Personen. Die Begünstigung ist dieselbe wie in den Fällen a) und b). Während eines Feldzuges, und allgemein während des Dienstes auf Kriegsschiffen, bedarf es der gleichzeitigen Gegenwart der zwei Zeugen, die übrigens den Erblasser persönlich kennen müssen, nicht. Das Militärtestament verliert seine Gültigkeit: 1. mit Ablauf von 6 Monaten nach dem Austritt aus der aktiven Dienstleistung, der Kundmachung des Friedens oder der Versetzung des Militärerblassers für seine Person in friedliche Verhältnisse; 2. im Falle strafweiser Entlassung sofort mit deren Kundmachung.

B) Öffentliche Testamente (Testamenta publica).

Die unter Mitwirkung eines öffentlichen Funktionärs errichteten (daher „öffentlichen") Testamente, welche weit größere faktische Vorteile bieten als Privattestamente, juristisch aber von diesen nur in Bezug auf Form und Beweis sich unterscheiden, sind nach öst. R. ausschließlich gerichtliche oder notarielle, in beiden Fällen schriftliche oder mündliche Testamente. (Über die Entgegennahme von Testamenten durch die Konsularbehörden vgl. Manz-Schey, ad § 577.)

§ 17. 1. Gerichtliches Testament (test. iudiciale).

Unger, Erbr., § 12. — Krainz-Pfaff, II. S. 523, §§ 499, 500. — Pfaff-Hofmann, ad §§ 587—590, 596: Exkurse II. S. 113—116 u. d. Litt. das. — Stubenrauch, ad §§ 587—590, 596. — Ofner, Prot. I. S. 354, 355, 359; II. S. 386.

Der Erblasser kann unter Mitwirkung eines beliebigen Gerichtes (vor „einem" Gericht) gültig testieren (§ 587). Berufen zur Mitwirkung sind die Bezirksgerichte (Jur. N. v. 1895 § 121). Gültigkeitsvoraussetzung ist die gehörige Besetzung des Gerichtes. Dieses hat nämlich aus wenigstens zwei eidlich verpflichteten Gerichtspersonen als qualifizierten, nach den allgemeinen Normen (§§ 591—595) fähigen Testamentszeugen (§ 596) zu bestehen. Die eine Gerichtsperson muß an dem Orte, wo testiert wird, Richter, d. i. zur Ausübung der Gerichtsbarkeit (in Civilsachen) befugt, die andere kann auch ein beeideter Protokollführer (z. B. Rechtspraktikant, Diurnist) sein. Die Mitwirkung des letzteren kann nötigenfalls durch zwei gewöhnliche Testamentszeugen ersetzt werden (§ 589).

a) Gültigkeitsvoraussetzung des schriftlichen gerichtlichen T. (t. judici oblatum) (§ 587) ist die eigenhändige, jedenfalls noch vor dem weiteren Amtshandeln des Gerichtes beigesetzte Unterschrift des Erblassers, die persönliche Übergabe und Bestätigung (nuncupatio) bei Gericht, daß die wenngleich verschlossene Urkunde seinen letzten Willen enthalte. Die §§ 580 u. 581 sind analog anzuwenden. Die dem Gerichte obliegende Belehrung (§ 587) und Feststellung der Identität des Erblassers sind keine Gültigkeitsvoraussetzungen. Wesentlich ist dagegen die Aufnahme eines von den Gerichtspersonen bzw. Zeugen zu unterfertigenden Protokolles über den ganzen gerichtlichen Akt. Unwesentlich ist die, obgleich vorgeschriebene, Ortsbezeichnung und Datierung des Protokolles, die gerichtliche Versiegelung des Testamentes und die Anmerkung auf dem Umschlage, wessen letzter Wille darin enthalten sei, die Ausstellung eines Empfangscheines an den Erblasser, endlich die vorschriftsgemäße Hinterlegung und Aufbewahrung des Testamentes wie des Protokolles.

b) Die Gültigkeit des mündlichen gerichtlichen T. (t. apud acta conditum) (§ 588) setzt voraus die persönliche mündliche Erklärung des letzten Willens zu gerichtlichem Protokoll, auf welches die für das Protokoll beim schriftlichen gerichtlichen Testament geltenden Normen sinngemäße Anwendung finden. Das Gericht hat vor der Testamentsaufnahme nötigenfalls die Identität des Erblassers und dessen Fähigkeit festzustellen.

Testierort ist grundsätzlich das Amtslokal. Kann sich der Erblasser nicht dahin begeben („in einem Notfalle"), so haben die Gerichtspersonen auf Ansuchen dort, wo sich der Erblasser befindet, in der bezeichneten Weise bei der Testamentsaufnahme mitzuwirken (§ 590). Perfekt ist das Testament in allen Fällen mit der Vollendung des Protokolles, welches als öffentliche Urkunde die solchen Urkunden eigene größere Beweiskraft besitzt (vgl. Civ.Pr.Ddg. § 292).

§ 18. **2. Notarielles Testament.**

Krainz-Pfaff, §§ 499, 500 u. d. Litt. daf. — Pfaff-Hofmann, II. S. 184—188, 199, 200; Exkurse II. S. 116—121 u. d. Litt. daf. — Stubenrauch, ad §§ 587—590 Z. II., § 596.

Dieses schon durch die Not.Ddg. v. 1850 eingeführte Testament, in seiner Wirkung dem gerichtlichen gleichgestellt, ist durch die Not.Ddg. v. 25. Juli 1871 R.G.Bl. 75 (§§ 70—75) an zum Teil übermäßige Formstrenge gebunden. Denn de lege lata sind alle durch § 70 vorgeschriebenen Förmlichkeiten (teilweise Manipulationsvorschriften) Gültigkeitsvoraussetzungen. Die Testamentserrichtung in notarieller Form, welche vor zwei Notaren oder einem Notar und zwei Zeugen mit sinngemäßer Anwendung der Bestimmungen über die Aufnahme gerichtlicher Testamente zu erfolgen hat, findet entweder schriftlich (t. notario oblatum) oder mündlich (t. apud acta notarii conditum) statt. In beiden Fällen ist wesentlich ein vom Notar und den Zeugen unterfertigtes Protokoll (§ 73, § 68 Not.Ddg.). Nötigenfalls kann bei letzterem die Unterschrift der Zeugen durch deren Handzeichen ersetzt werden und selbst des Erblassers Handzeichen entfallen (§ 68 lit. g). Besondere Kautelen für gewisse specielle Fälle enthalten die §§ 59—64 u. 72 d. Not.Ddg). Ungültig ist das Testament, wenn der Notar bzw. die Zeugen nach den Normen des a. b. G.B. zum Testamentszeugnis unfähig sind, während das T. als privates aufrecht erhalten werden kann, wenn dem Notar nur aus § 33 d. Not.Ddg. ein Hindernis entgegensteht.

Verschieden vom notariellen T. ist der praktisch oft sehr ähnliche Fall der Aufnahme eines Notariatsaktes über ein Privattestament, welcher zu letzterem als Beglaubigungsurkunde hinzukommt (§ 67, 75 d. Not.Ddg.). Die Gültigkeit eines solchen T. ist nach den Normen des a. b. G.B. zu beurteilen. Eine singuläre Ausnahme von denselben besteht jedoch, wenn das T. beim Notar perfiziert wird. In diesem Falle genügt nämlich die Mitwirkung zweier Notare als Testamentszeugen, wo sonst drei Zeugen erforderlich sind (§ 67 d. Not.Ddg.). Da im Falle des § 67 (nicht auch beim notariellen T.) ein „Notariatsakt" vorliegt, so setzt die Gültigkeit des beim Notar perfizierten Testamentes die Fähigkeit von Notar und Zeugen nur nach den Normen des a. b. G.B. voraus, während bloß der Notariatsakt (nicht auch das T.) ungültig ist, wenn dem Notar nur ein Hindernis aus § 33 d. Not.Ddg. entgegensteht oder die Zeugen zur Aktes- oder Identitätszeugenschaft (§§ 56, 57 d. Not.Ddg.) unfähig sind. Über die formell bedeutungslose Deponierung eines Testamentes bei einem Notar vgl. Not.Ddg. § 104.

II. Inhalt des Testamentes.

A) Die Erbeinsetzung im allgemeinen.

Litt. zu §§ 19, 20: Unger, Erbr., §§ 13, 14, § 8 Anm. 4—6. — Krainz-Pfaff, II. S. 475, 476, 482, 492. — Pfaff-Hofmann, II. S. 58, 64, 65, 96 Z. 2, 3, ad §§ 543, 564; Exkurse II. S. 12 u. d. Litt. daf. — Stubenrauch, ad §§ 535, 543, 546. — Ofner, Prot. I. S. 326, 327, 336, 337.

§ 19. 1. Aus dem Testamentsbegriffe (§ 553) folgt der Satz: kein Testament ohne Erbeinsetzung (anders dtsch. B.G.B. § 1937). Nur in diesem, nicht aber in dem Sinne bildet letztere den wesentlichen Inhalt des Testamentes, daß, wie nach röm. R., mit der Erbeinsetzung der ganze übrige Inhalt steht und fällt. Vielmehr gilt der Grundsatz: die einzelnen Verfügungen des Testamentes sind voneinander unabhängig, wenn nicht ein anderer Wille des Erblassers feststeht (vgl. auch dtsch. B.G.B. § 2085). Außer der Erbeinsetzung kann ein Testament namentlich enthalten: die Ausschließung eines gesetzlichen Erben von der Erbfolge, die Enterbung von Noterben, Bestimmungen über die Auseinandersetzung von Miterben, über die erbrechtliche Behandlung von Vorausempfängen,

Vermächtniſſe und Auflagen, die Ernennung von Teſtamentsvollſtreckern, familienrechtliche Anordnungen, Verfügungen in Bezug auf das Begräbnis des Erblaſſers. — „Die Erbeinſetzung beſteht in der Ernennung einer beſtimmten Perſon zum Erben." Somit muß die Erbeinſetzungsabſicht feſtſtehen. Ob dieſe vorhanden ſei, iſt eine Frage der Willensauslegung. Darum iſt der Satz: in condicione positus non est in dispositione (z. B. „wenn A mich nicht beerbt, ſoll B mein Erbe ſein") nicht in allen Fällen richtig. An eine beſtimmte Formel oder Stelle im Teſtament iſt die Einſetzungserklärung nicht gebunden. Es giebt ſomit keine ſog. „innere Form", wie nach klaſſiſchem röm. R. (In einem unrichtigen Sinne findet ſich der Ausdruck im a. b. G.B.; vgl. Marg. N. zu § 553 ff.) Insbeſondere iſt im Auslegungswege feſtzuſtellen, ob die Honorierung einer Perſon eine Erbeinſetzung oder ein Vermächtnis enthalte, wobei an ſich die vom Erblaſſer etwa gebrauchten techniſchen Ausdrücke gleichgültig ſind. Wer auf den ganzen Nachlaß oder einen Bruchteil desſelben eingeſetzt wird, iſt als Erbe zu betrachten. Die Zuweiſung einzelner Nachlaßgegenſtände iſt im Zweifel ein Vermächtnis (vgl. dtſch. B.G.B. § 2087). (Die institutio ex re certa des röm. R. iſt dem öſt. R. unbekannt.) Erbeinſetzung kann jedoch auch in dieſem Falle vorliegen, wenn erwieſenermaßen der Erblaſſer die zugewendeten Gegenſtände praktiſch als ganzen Nachlaß anſah; oder wenn eine Berufung nach Quoten in Verbindung mit einer Vorſchrift über die Nachlaßverteilung gewollt war. Verweiſt der Erblaſſer den Bedachten an einen Anderen, aus deſſen Händen erſterer das Zugewendete erhalten ſoll, ſo iſt dieſer in der Regel Legatar. In der Art und Weiſe der Bezeichnung der Perſon des Erben hat der Erblaſſer freie Hand. Es genügt, wenn die Bezeichnung derart erfolgt, daß feſtſteht, wen der Erblaſſer einſetzen wollte.

Der Teſtierakt iſt ein höchſtperſönlicher Akt. Stellvertretung, gültiges Teſtieren nur mit vormundſchaftlichem Konſens, direkte Unterordnung des Willens des Erblaſſers unter jenen eines Dritten, ſind ausgeſchloſſen. In voller Strenge hat dieſe Ausſchließung für den Hauptpunkt des Teſtamentes, die Erbeinſetzung, zu gelten (§ 564; vgl. auch dtſch. B.G.B. §§ 2064, 2065). Nicht im Widerſpruch hiemit ſteht die Abhängigmachung der Erbeinſetzung von der Handlung eines Dritten, der ſich ja durch ihre Vornahme dem Willen des Erblaſſers unterordnet (vgl. weſtgal. G.B. II. § 357). Dagegen verſtößt gegen das Princip, die Auswahl des Erben aus einem beſtimmten Perſonenkreiſe oder die Befugnis zu ſchlechthin bindender Auslegung des Teſtamentes einem Dritten einzuräumen.

§ 20. 2. Zur Wirkſamkeit der Erbeinſetzung iſt erforderlich, daß der Eingeſetzte, ſpäteſtens zur Zeit des Erbanfalls und ununterbrochen bis zum Erberwerb, fähig ſei, ex testamento zu erben (ſog. testamenti factio passiva). Dieſe Fähigkeit fehlt allen Erbunfähigen und Erbunwürdigen. Aus Rückſichten der öffentlichen Moral können ſich gegenſeitig Perſonen ex testamento nicht beerben, die miteinander Ehebruch oder Blutſchande begangen haben. Doch kommt dieſer relative Mangel der testamenti factio nur in Betracht, wenn Erblaſſer oder Bedachter zur Zeit der Anfechtung des Teſtamentes der That gerichtlich überwieſen iſt oder ein den Beweis entbehrlich machendes Geſtändnis abgelegt hat (§ 543). Eine Beſchränkung der test. factio passiva enthält die Peſtpol.Ordg. v. 30. Juni 1837 § 71. (Über die Aufrechterhaltung der Erbeinſetzung eines zur Zeit des Erbfalls Unfähigen oder noch nicht Exiſtierenden vgl. S. 6 Z. 1.) Gültig iſt die Erbeinſetzung bei behebbarer Unbeſtimmtheit der Perſon des Erben (Einſetzung einer persona incerta). Juriſtiſche Perſonen können gültig zum Erben eingeſetzt werden. Insbeſondere kann eine Stiftung durch Erbeinſetzung geſchaffen werden, da die Erbeinſetzung einer noch nicht beſtehenden Stiftung, dem wahren Willen des Erblaſſers gemäß, als die Erklärung des Willens zu betrachten iſt, daß das Erbvermögen fortan Stiftungsvermögen ſein ſolle.

§ 21. Unger, Erbr., § 13. — Krainz=Pfaff, §§ 494—496 (S. 517) u. d. Litt. daſ. — Pfaff=Hofmann, ad §§ 565, 570—572, 577 (S. 139), 582, 604 (S. 217); Exkurse II. S. 68—75, u. d. Litt. daſ. — Stubenrauch, ad §§ 565, 570—572, 582. — Pferſche, Die Irrtumslehre d. öſt. Privatrechts, 1891, S. 74—102. — Ofner, Prot. I. S. 337, 338, 347.

§ 22. 3. Als rechtsgeſchäftliche Verfügung unterliegt die materielle Beſchaffenheit der Erbeinſetzungserklärung im allgemeinen den für rechtsgeſchäftliche Willens=

erklärungen überhaupt geltenden Regeln. Die Eigenart der Erbeinsetzung kann jedoch Modi=
fikationen bewirken.

a) Der Erblasser muß Testierabsicht (animus testandi), d. h. den Willen haben,
durch seine gegenwärtige Erklärung den Erben einzusetzen (§ 565: „Überlegung und Ernst",
vgl. westgal. G.B. II. § 359). Hieraus folgt, daß ohne solche Absicht ein Testament selbst bei
zufälligem Vorhandensein einer Testamentsform nicht zustande kommt. Doch ist nicht erforderlich,
daß der animus testandi ausschließlich auf eine bestimmte Form gerichtet sei und der
Erblasser die juristische Bedeutung jedes Formbestandteiles kenne. Es genügt, wenn der
Erblasser der Sicherheit wegen mehrere Formen zu verbinden beabsichtigt und er nur Einer
derselben entspricht. Hat aber der Erblasser den animus testandi auf eine bestimmte Form
(z. B. Schriftform) beschränkt und diese verfehlt, so kommt trotz des Vorhandenseins des
Thatbestandes einer anderen Form (z. B. mündliche Form) kein Testament zustande. Die
in Testierabsicht erfolgte Erklärung wird durch eine vom Erblasser absichtlich beigefügte falsche
Motivierung nicht berührt (vgl. § 572).

b) Die Erklärung des Erblassers muß deutlich oder doch wenigstens verständlich
sein (§ 565: „bestimmt"), da eine, gleichviel aus welchem Grunde, unverständliche Erklärung
nicht befolgt werden kann. Für die Ermittelung des Sinnes der Erklärung gelten zunächst
die für Rechtsgeschäfte maßgebenden allgemeinen Auslegungsgrundsätze, außerdem noch
eine Reihe gesetzlicher Auslegungsregeln, welche namentlich teils die Person des
Erben, teils das Objekt der Verfügung betreffen und in Ermangelung eines abweichenden
Willens zur Anwendung kommen. Als Ausdruck des Gedankens, daß Undeutlichkeit der
Erklärung nicht schade, wenn sich der Wille des Erblassers nachweisen läßt, erscheint der
Satz: falsa demonstratio non nocet (§ 571). Diese Regel gilt, gleichviel ob die unrichtige
Bezeichnung auf Irrtum beruht oder nicht, aber nur, wenn überhaupt eine Bezeichnung der
Person oder des Gegenstandes vorliegt und nicht etwa Ungültigkeit infolge des § 572
eintritt. Für die Testamentsauslegung kommen selbstverständlich auch sonstige Erklärungen
des Erblassers in Betracht, die, wenn sie der Testamentsform entbehren, niemals zur Er=
gänzung, sondern nur zur Auslegung des Testamentes dienen können (§ 582).

c) Das Testament muß im Sinne des Erblassers und nach seiner Beschaffenheit als
fertige, vollendete Erklärung erscheinen; widrigenfalls ist die Erklärung nichtig, ohne
Rücksicht auf den Grund des Mangels der Abgeschlossenheit. Doch können mehrere gesonderte
letztwillige Verfügungen, dem Willen des Erblassers gemäß, zu einem Ganzen sich vereinigen,
wenn letzterer in der einen formgerechten schriftlichen oder mündlichen Anordnung hinsichtlich
der Person des Bedachten oder des Zugewendeten auf die andere Anordnung, welche sodann
der Schriftform bedarf, verweist (test. mysticum, auch test. per relationem ad schedam)
(§ 582).

d) Der Grundsatz strenger Wahrung der Testierfreiheit führt zur absoluten Nichtigkeit
eines Testamentes, welches durch Zwang (Drohung und Furcht) oder durch Betrug, sie
mögen von wem immer ausgehen, veranlaßt worden ist (§ 565; vgl. dtsch. B.G.B. § 2078).
Einen erlaubten Zwang, dessen Begriff hier, im Einklange mit obigem Grundsatz, weiter zu fassen
ist, als z. B. bei obligatorischen Verträgen (§ 565 „frei von Zwang"), kann es hier nicht geben.

e) Ungültig ist eine Verfügung wegen Irrtums dann, wenn der dieselbe Anfechtende
den oft schwierigen Beweis erbringen kann, daß ohne den Irrtum die Verfügung
unterblieben wäre („wesentlicher Irrtum" §§ 570—572; vgl. dtsch. B.G.B. § 2078).
Dieser Grundsatz gilt zunächst, wenn der Irrtum einen wenngleich nicht angegebenen Beweg=
grund betrifft. Ohne jene Voraussetzung ist ein solcher Irrtum — wie regelmäßig bei
anderen Rechtsgeschäften — irrelevant. Das bezeichnete Princip gilt weiter, wenn der Irrtum
Punkte der Geschäftserklärung selbst betrifft. Specielle Fälle enthält § 570,
wodurch jedoch andere unter das Princip zu subsumierende Fälle nicht ausgeschlossen werden,
z. B. wenn der Erblasser ein unterschobenes Testament solennisiert. Ungültig ist also die
Verfügung, soweit der Erblasser das von ihm infolge Irrtums Erklärte nicht erklären wollte;
sodann, wenn und soweit der Irrtum des Erblassers den Inhalt seiner Erklärung betrifft
und letztere bei Kenntnis des wahren Sachverhaltes unterblieben wäre. Die Gestaltung der
einzelnen Fälle kann eine sehr mannigfaltige sein. So kann z. B. ein Irrtum in Eigen=

schaften als Sach= oder Personenverwechselung unter § 570 oder als Irrtum im Beweg=
grunde unter § 572 fallen, oder endlich rechtlich bedeutungslos sein. Über die besondere
Behandlung des Irrtums in den Fällen der §§ 777—779 vgl. unten § 95.

f) Um eine Bürgschaft dafür zu gewinnen, daß die Willenserklärung des Erblassers
die zu ihrer Gültigkeit erforderliche materielle Beschaffenheit habe, bestimmt § 565, daß die
Erklärung nicht in einer „bloßen Bejahung eines gemachten Vorschlages" bestehen dürfe.

g) Der Inhalt des Testamentes darf weder unsittlich noch rechtswidrig sein (vgl. insbes.
unten §§ 24 u. 26).

§ 22. B) Einsetzung mehrerer Erben (§§ 554—559, 681, 682).

Unger, Erbr., § 15. — Krainz=Pfaff, § 495. — Pfaff=Hofmann, ad §§ 554—559
u. d. Litt. daf. — Stubenrauch, ad §§ 554—559. — Ofner, Prot I. S. 332—335; II. S. 384.

Der Erblasser ist in der Zahl der Erben nicht beschränkt. Mehrere Erben können in
dem Verhältnisse von Miterben oder von Institut und Substitut stehen. Die Bestimmung
des Verhältnisses, in welchem mehrere eingesetzte Erben zu einander stehen sollen, hängt in
erster Linie von dem Willen des Erblassers ab. Das Gleiche gilt von der Be=
stimmung der Erbteile und, infolge des Verhältnisses der Delationsgründe zu einander,
auch von der Konkurrenz testamentarischer und gesetzlicher Erben (vgl. § 558 i. f.). Das
öst. R. enthält für die „Zuteilung der Erbschaft" eine Reihe von (zumeist einfachen)
Auslegungsregeln, welche anzuwenden sind, wenn nicht ein anderer Wille des Erb=
lassers nachgewiesen wird (§§ 554—559, 681, 682; vgl. dtsch. B.G.B. §§ 2088—2093,
2066—2072).

a) Hat der Erblasser einen einzigen Erben auf den ganzen Nachlaß oder ohne
Beschränkung auf einen Teil desselben eingesetzt, so ist der Eingesetzte Alleinerbe. Im
Falle der Beschränkung des Erben auf eine Quote des Nachlasses, tritt in Ansehung des
Restes die gesetzliche Erbfolge ein, an welcher somit auch der Testamentserbe als gesetzlicher
Erbe teilnehmen kann, wenn nicht der Wille des Erblassers entgegensteht. b) Sind mehrere
Erben ohne Teilbestimmung („unbestimmt") eingesetzt, so erben sie zu gleichen Teilen.
Sind alle Erben nach bestimmten Teilen („bestimmt") eingesetzt, welche den Nachlaß
nicht erschöpfen, so gebührt der Rest den gesetzlichen Erben; es wäre denn, daß der Wille
des Erblassers feststünde, den eingesetzten Erben den ganzen Nachlaß zuzuwenden. In diesem
Falle, wie auch wenn die certae partes den Nachlaß übersteigen, werden die Quoten, dem
wahrscheinlichen Willen des Erblassers gemäß, verhältnismäßig berichtigt, nämlich vergrößert
bzw. verkleinert, so daß sich ihre Summe mit dem Nachlasse deckt. Bei nicht erschöpfender
Verteilung des erwiesenermaßen den eingesetzten Erben allein zugewendeten Nachlasses, ist der
irrtümlich übergangene Rest unter den Instituierten, je nach Beschaffenheit des konkreten
Falles, bald nach Verhältnis der aus dem Werte der res certae ermittelten Quoten, bald
gleich zu verteilen. Sind die Erben teils bestimmt, teils unbestimmt eingesetzt:
so erhalten letztere den Rest zu gleichen Teilen. Wenn aber die certae partes den Nachlaß
bereits erschöpfen oder gar übersteigen, so wird für jeden unbestimmt eingesetzten Erben ein
Bruchteil angesetzt, der gleich ist dem kleinsten der vom Erblasser gemachten Bruchteile, und
dann die verhältnismäßige Minderung aller Bruchteile vorgenommen. In gleicher Weise ist
im Zweifel vorzugehen, wenn der Erblasser nach erschöpfender Verteilung des Nachlasses
jemanden auf den „Rest" oder „das Übrige" eingesetzt hat.

Dem Willen des Erblassers gemäß können mehrere eingesetzte Erben derart zu einer
Gruppe vereinigt sein, daß dieselben von den zu bildenden Hauptbruchteilen der Erbschaft
zusammen nur einen Erbteil als gemeinschaftlichen Erbteil erhalten sollen (conjunctio)
(vgl. dtsch. B.G.B. § 2093). Auch innerhalb einer oder mehrerer solcher Gruppen können
wieder mehrere Erben zu Untergruppen vereinigt werden. Ob eine solche Verbindung zu
einer Portion, die in einem Satze oder in mehreren Sätzen erfolgen kann (re et verbis
oder re tantum conjunctio), vorliege oder lediglich eine sprachliche Verbindung mehrerer
(verbis tantum conjunctio) vorhanden sei, ist eine Frage der Willensauslegung. Schon
infolge gesetzlicher Auslegungsregel gelten in gewissen Fällen mehrere eingesetzte
Erben als zu einem Erbteil verbunden. Solche Fälle ergeben sich namentlich dann,

2*

wenn zur Auslegung des Testamentes auf die Grundsätze der gesetzlichen Erbfolge zurück=
zugehen ist. So, wenn der Erblasser seine „Verwandten" oder „die eines Dritten" oder
„seine Kinder" einsetzt (§§ 681, 682). Treffen unter den eingesetzten Erben solche Ver=
wandten des Erblassers zusammen, welche neben anderen eingesetzten Verwandten des=
selben bei der gesetzlichen Erbfolge nach Stämmen erben würden (z. B. Descendenten zweiten
mit solchen ersten Grades): so erhalten erstere auch bei der Verteilung ex testamento einen
gemeinschaftlichen Erbteil (§ 559), u. zw. auch dann, wenn neben den Verwandten Nicht=
verwandte berufen sind. Diese Auslegungsregel gilt im Zweifel nicht, wenn die Ein=
gesetzten nach den Grundsätzen der gesetzlichen Erbfolge miteinander nicht konkurrieren können,
oder wenn nicht sämtliche Glieder einer stirps berufen sind. Die Verbindung der Kollektiv=
bezeichnung mit individueller Bezeichnung der Verwandten schließt die Regel nicht notwendig
aus. Der Zusatz „zu gleichen Teilen" geht im Zweifel auf gleiche Teile nach Köpfen,
nicht nach Stämmen. — Specielle Bestimmungen gelten, wenn ohne nähere Bezeichnung die
„Armen" oder die „eigene Seele" eingesetzt werden (§ 559; Hfd. v. 3. Juni 1846, Hfkzd.
v. 17. Sept. 1812; vgl. dtsch. B.G.B. § 2072).

§ 23. C) Einschränkungen der Erbeinsetzung.

Litt. zu §§ 23—26: Unger, Erbr., §§ 16—18. — Krainz=Pfaff, §§ 501, 502, 114, 115. —
Pfaff=Hofmann, II. S. 535—539, ad §§ 695—712, 720 u. d. Litt. daf. — Stubenrauch, ad
§§ 695—712, 720 u. d. Litt. daf. — Strohal, Transmission, insbef. S. 18—54. — Stein=
lechner l. c., insbef. I. §§ 31, 32. — Ofner, Prot. I. S. 415—426, 431, 432; II. S. 391—393,
546, 548.

Der Erblasser kann die Erbeinsetzung durch Suspensiv= wie Resolutiv=Bedingungen,
Anfangs= wie End=Termine oder durch Auflagen einschränken (§§ 695—712). Das
öst. R. weicht hier, wie das moderne Recht überhaupt (vgl. dtsch. B.G.B. §§ 2074—2076,
158—163, 2192—2196 u. a.), mit Recht sehr wesentlich vom röm. R. ab. Eine freiere
Behandlung, welche dem Willen eines modernen Erblassers, sowie der heutigen Rechts=
auffassung gerecht zu werden trachtet, ist an die Stelle der vielfach in nationaler Eigenart,
in Eigentümlichkeiten des römischen Denkens und Rechtes wurzelnden engherzigen Be=
handlung getreten. Für Bedingungen, Befristungen und Auflagen bei Erbeinsetzungen
gelten zunächst die für solche rechtsgeschäftliche Beschränkungen maßgebenden allgemeinen,
zugleich aber eine Reihe besonderer Grundsätze. Die letzteren allein sind hier zu behandeln.
Specielle Normen kommen namentlich zur Anwendung, wenn die Bedingung oder Befristung
im Gewande einer Substitution auftritt.

1. Bedingung, Befristung und Auflage im allgemeinen (§§ 695—702, 720).

§ 24. a) Mögliche und zulässige Suspensiv= wie Resolutiv=**Bedingungen** können
der Erbeinsetzung gültig beigesetzt werden. Zur Zeit der Testamentserrichtung unmögliche,
sowie unerlaubte Suspensivbedingungen ziehen die Ungültigkeit der Erbeinsetzung nach sich;
unmögliche Resolutivbedingungen sind dagegen wirkungslos; unerlaubte werden gestrichen
(§ 698). Diese Behandlung folgt bei unmöglichen Bedingungen aus ihrem Wesen, bei
unerlaubten Bedingungen ist sie positivrechtlicher Natur. Zu den unmöglichen im Sinne
des § 698 zählen auch jene in Wahrheit notwendigen Resolutivbedingungen, bei welchen
der bedingende Thatbestand in einem unmöglichen Thun oder Unterlassen des Honorierten
besteht. Als nicht beigesetzt zu behandeln ist die Bedingung der Nichtverehelichung des Erben
(§ 700). (Über die Ausnahmen vgl. § 700 u. den allgem. Teil.) Auf die praktisch oft
sehr ähnlichen Fälle, in welchen die Verehelichung nur als ein der Erbeinsetzung beigefügter
Endtermin erscheint, ist § 700 nicht auszudehnen (vgl. Hfd. v. 23. Mai 1844 J.G.S. 807).
Unverständliche Bedingungen sind als nicht beigesetzt zu behandeln (§ 697), was sich nur
bei Resolutivbedingungen rechtfertigen läßt. Widersinnige („perplexe") Bedingungen bewirken
Nichtigkeit der Anordnung, während bloß unverständige Suspensivbedingungen (cond. ineptae,
insbef. derisoriae) im allgemeinen zu erfüllen sind, aber häufig den Schluß auf einen die
Gültigkeit des Testamentes ausschließenden geistigen Zustand des Erblassers gestatten. Erb=

einſeßungen unter ſog. condiciones contrariae („ob X eintritt oder nicht, ſoll A mein Erbe ſein") ſind als unbedingte zu behandeln (anders röm. R.). Im Zweifel entſcheidet die zuleßt getroffene Verfügung, wenn der Erblaſſer ſeine Anordnung mehrmals unter verſchiedenen Bedingungen oder einmal bedingt, einmal unbedingt trifft.

Der durch die Bedingung erzeugte Schwebezuſtand findet ſeinen Abſchluß im willensgemäßen Eintritt oder Nichteintritt des bedingenden Thatbeſtandes. Erfüllung wie Vereitelung der Bedingung können in der Regel vor wie nach dem Tode des Erblaſſers erfolgen (vgl. §§ 698, 701). Fiktion der Erfüllung wie der Deficienz iſt grundſäßlich ausgeſchloſſen (§ 699). Eine ſelbſtverſtändliche, ſchon aus allgemeinen Erwägungen notwendig folgende Ausnahme findet jedoch, wie nach röm. R. (vgl. auch dtſch. B.G.B. § 162) ſtatt, wenn die Erfüllung der Suſpenſivbedingung von demjenigen, dem ſie zum Nachteil gereicht, abſichtlich „auf eine der Intention der Verfügung zuwiderlaufende Weiſe" verhindert wird. In der Regel bedarf es wiederholter Erfüllung ſelbſt leicht wiederholbarer Suſpenſivbedingungen nicht. Wiederholbare Poteſtativbedingungen aber (insbeſ. condiciones promiscuae), die ſchon bei Lebzeiten des Erblaſſers erfüllt worden ſind, unterliegen in Ermangelung eines anderen Willens desſelben nach deſſen Tode nochmaliger Erfüllung (§ 701). Unverſchuldete Nichtwiederholung kann (in der Regel) nicht ſchaden.

Der Erbanfall an den ſuſpenſiv bedingt Eingeſeßten tritt erſt mit der Erfüllung der Bedingung ein. Daher muß erſterer dieſen Zeitpunkt erbfähig erleben, um transmittieren zu können (§ 703). Es ſcheint jedoch, daß dieſe Norm diſpoſitiver Natur iſt, ſo daß auch pendente condicione Transmiſſion ſtattfindet, falls diesſelbe erwieſenermaßen dem Willen des Erblaſſers entſpricht (vgl. auch dtſch. B.G.B. § 2074). — Den Zuſtand der Bedingungsſchwebe hat das öſt. R., im Einklange mit der modernen Rechtsauffaſſung, weſentlich abweichend vom röm. R. geregelt. Vor allem entſcheidet der Wille des Erblaſſers, der beſtimmen kann, wer während des Schwebens der Suſpenſivbedingung bzw. im Falle des Eintrittes der Reſolutivbedingung die Erbſchaft erhalten ſoll. In dieſem Falle wäre eine vom Erblaſſer angeordnete fideikommiſſariſche Subſtitution vorhanden. In Ermangelung einer ſolchen Anordnung nimmt das Geſetz Subſtitutionswillen des Erblaſſers an. Bei dieſer ſtillſchweigenden fideikommiſſariſchen Subſtitution ſind die Vorerben des ſuſpenſiv bedingt Inſtituierten die accrescenzberechtigten Miterben, in deren Ermangelung die geſeßlichen Erben. Bei der Reſolutivbedingung kehrt ſich das Verhältnis um (§§ 707, 708; vgl. auch dtſch. B.G.B. §§ 2103—2105). Defiziert die Suſpenſivbedingung, ſo verwandelt ſich das beſchränkte Eigentum der Vorerben, wenn nicht ein Vulgarſubſtitut einzutreten hat, in unbeſchränktes, während im Falle der Erfüllung die Reſtitution an den bedingt Eingeſeßten als Nacherben erfolgt. Defiziert die Reſolutivbedingung, ſo wird der bedingt Eingeſeßte freier Eigentümer der Erbſchaft, während er dieſelbe im Falle des Eintrittes der Bedingung an die Nacherben herauszugeben hat. Somit enthält jede Suſpenſivbedingung zugleich einen Anfangstermin, jede Reſolutivbedingung einen Endtermin. Rückwirkende Kraft hat die Erfüllung der Bedingung berechtigterweiſe nicht, weil das Verhältnis der Zwiſchenzeit als fideikommiſſariſches behandelt wird und ſomit, wenn es zur Reſtitution an den Nacherben kommt, der Vorerbe die Früchte der Zwiſchenzeit nicht zu reſtituieren bzw. zu erſetzen braucht.

Wird die beigeſeßte negative, nicht notwendig poteſtative Suſpenſivbedingung (anders dtſch. B.G.B. § 2076), der Norm des § 708 und dem Willen des Erblaſſers gemäß, in eine poſitive Reſolutivbedingung umgewandelt; oder findet im Geiſte des § 708 und nach dem Willen des Erblaſſers die Umwandlung einer affirmativen, poteſtativen Suſpenſivbedingung in eine Reſolutivbedingung ſtatt (vgl. auch dtſch. B.G.B. § 2075): ſo wird eine ſolche durch Umwandlung gewonnene Reſolutivbedingung grundſäßlich wie andere auflöſende Bedingungen behandelt. Weil durch eine ſolche Umwandlung, die nur im Intereſſe des bedingt Eingeſeßten erfolgt, dem Willen des Erblaſſers gemäß Dritte nicht benachteiligt werden ſollen, ſo hätten als Nacherben vor allem der Vulgarſubſtitut des Inſtituierten oder deſſen accrescenzberechtigte Miterben einzutreten.

§ 25. b) Hat der Erblaſſer den Erben mit (wenngleich weit hinausgeſchobenem) **Anfangs=** oder **Endtermin** eingeſeßt: ſo iſt die Anordnung wie die bedingte Erbeinſeßung als fideikommissarische Substitution zu behandeln (§§ 707, 708; vgl. auch Hfkzd. v. 16. November 1826, Pol.Ges.Slg. Bd. 54, sodann dtsch. B.G.B. §§ 2103—2105). Ein dies incertus an enthält stets eine Bedingung (§ 704). Bezüglich der Frage, wer bei betagter Erbeinsetzung Vorerbe, wer Nacherbe sei, ist somit entscheidend, ob der dies ein Anfangs= oder Endtermin, sodann ob er ein dies certus an oder incertus an ist. Der dies a quo läuft in Bezug auf jene Frage mit der Suspensivbedingung, der dies ad quem mit der Resolutivbedingung parallel. Beim dies certus an kommen zwei Stadien in Betracht: vor und nach Eintritt des dies; beim dies incertus an kommt noch hinzu der Fall der Defizienz des dies. Der dies certus an schiebt, im Zweifel selbst wenn er incertus quando ist, den Erbanfall nicht auf. Nur der Erberwerb kann sich vor Eintritt des Anfangstermins nicht vollziehen (§§ 705, 707). Beim dies incertus an ist für die Delationsfrage der Gesichtspunkt entscheidend, daß ersterer stets eine (Suspensiv= oder Reso= lutiv=) Bedingung enthält (§ 704). Überhaupt finden die für Bedingungen geltenden Ein= teilungen und Rechtssätze auch auf Befristungen Anwendung, welche Bedingungen enthalten. Dieser Grundsatz gilt namentlich vom unmöglichen und unerlaubten dies (vgl. §§ 706, 698). Bei erwiesenem Irrtum des Erblassers in der Zeitbestimmung ist sein wahrscheinlicher Wille maßgebend (§ 706).

§ 26. c) Der Erblasser kann jeden Erben durch eine positive wie negative **Auflage** („Auftrag", modus) belasten (§§ 709—712, 720; vgl. dtsch. B.G.B. §§ 2192—2196). Ein solcher von einem bloßen Rate oder Wunsche (nudum praeceptum, modus simplex) (§ 711), sowie von der Honorierung mit Angabe des Beweggrundes (sub causa) wesentlich verschiedener Auftrag verpflichtet, ohne eine wahre obligatio zu erzeugen, den modal Bedachten, wie auch — wenn nicht der Inhalt des Modus oder der Wille des Erblassers entgegensteht — denjenigen, der als Erbe, Transmissar, Substitut u. s. w. an die Stelle des Bedachten tritt, zur Erfüllung innerhalb der vom Erblasser festgesetzten, sonst innerhalb angemessener, vom Richter von Amtswegen oder auf Antrag zu bestimmenden Frist (vgl. § 904). Die Erfüllung des Modus kann, wenn sie im öffentlichen Interesse liegt, von der zuständigen Behörde, in allen Fällen aber von demjenigen verlangt werden, welchem der Wegfall des Belasteten unmittelbar zu statten käme. Unter Umständen können der Testamentsvollzieher und die Erben als solche auf Vollziehung oder doch Sicherstellung des Auftrages dringen (vgl. §§ 816, 817, Pat. v. 1854 §§ 157, 158, 164, auch dtsch. B.G.B. § 2194). Bei Normierung der Wirkungen selbstverschuldeter Nichterfüllung des Modus nimmt das öst. R. nicht von der Natur des Modus als einer Voraussetzung seinen Ausgang, sondern es stellt eine solche Nichterfüllung der erfüllten Resolutivbedingung gleich (§ 709). Somit ist die Stellung des Beauftragten, solange der Auftrag nicht erfüllt ist, analog jener eines Fiduciars bei einer bedingten fideikommissarischen Substitution (vgl. daher auch Pat. v. 1854 § 158); und es wirkt die Nichtvollziehung des Modus auch nur ex nunc (anders die Behandlung im dtsch. B.G.B. l. c.). Jene Personen, denen der wegen Nichterfüllung erfolgte Wegfall des zunächst Belasteten unmittelbar zu statten kommt, haben nach den Grundsätzen der ungerechtfertigten Bereicherung einen Anspruch auf Herausgabe des dem modal Bedachten Zugewendeten (§ 709). Wo solche Interessenten nicht in Betracht kommen, hat das Verlassenschaftsgericht direkt von Amtswegen einzuschreiten. Der Beauf= tragte hat seiner Rechtspflicht genügt, wenn er den (erlaubten) Auftrag nach Möglichkeit zu erfüllen trachtet. Ist also die Erfüllung entweder schon von Anfang an unmöglich oder in der Folge ohne Verschulden des Beauftragten unmöglich geworden, so schadet letzterem die Nichterfüllung nicht, es wäre denn ein anderer Wille des Erblassers erweislich (§ 710). Der unmögliche Modus ist somit als nicht beigesetzt zu betrachten, ebenso aber auch der anfänglich oder nachträglich unerlaubte Modus. — Der Erblasser kann an die Nichterfüllung der Auflage besondere Rechtsnachteile für den Belasteten knüpfen. Diese können insbesondere in der Anordnung einer fideikommissarischen Substitution oder Onerierung mit einem Ver= mächtnis bestehen. Ist jedoch der Modus auf Unmögliches oder Unerlaubtes gerichtet, so wird er gestrichen. Daraus folgt aber die Ungültigkeit der an die Nichterfüllung des Modus geknüpften Strafverfügung (§ 712, vgl. § 698 i. f.). Gültig ist die Verfügung des Erb= lassers, daß der Honorierte den ihm zugewendeten Vorteil ganz oder teilweise verlieren solle, wenn er das Testament (wenngleich mit gutem Grunde) bestreitet (sog. kassatorische Klausel, clausula cassatoria s. privatoria), mag auch die Bestreitung als unbegründet sich erweisen. Doch trifft trotz eines solchen Verbotes denjenigen kein Nachteil, der nur die Echtheit oder den vom Gegner behaupteten Sinn des Testamentes bestreitet (§ 720). Ungültig ist die kassatorische Klausel, wenn sie in rechtswidriger Absicht (in fraudem legis) gesetzt ist, allenfalls um die Honorierung eines Erbunfähigen zu ermöglichen.

§ 27. 2. Substitutionen (§§ 604—617).

Pfaff-Hofmann, II. S. 210—214, ad § 609; Exkurse II. S. 137—139 u. d. Litt. das.

Das geltende öst. R. kennt nur die gemeine oder Vulgarsubstitution und die fideikommissarische Substitution. Beide erscheinen als Ersatzerbberufung i. w. S., da der Erblasser unter gewissen Voraussetzungen an Stelle eines in erster Linie Berufenen (Instiut) einen anderen (Substitut) beruft. Die dem röm. R. und noch dem westgal. G.B. eigene Pupillar- und Quasipupillarsubstitution, aus specifisch römischrechtlichen Verhältnissen hervorgegangen, hat mit diesen ihre Grundlage verloren, und ist daher mit Recht in das a. b. G.B. nicht aufgenommen worden. Wenn also Ascendenten ihren testierunfähigen Descendenten einen Substituten ernennen, so ist eine solche Substitution so zu behandeln, wie die eines anderen Erblassers (§ 609). Der begriffliche Unterschied zwischen gemeiner und fideikommissarischer S. ist: bei ersterer wird der Substitut für den Fall berufen, als Instiut nicht erbt; es erbt also A oder B; bei letzterer aber soll der Substitut die ihm zugewendete Erbschaft oder Erbquote erst nach dem Instituten erhalten. Hier erbt also A und B. Beide Substitutionen treffen darin zusammen, daß die Einsetzung des Instituten wie des Substituten wahre Erbeinsetzungen sind. Im Einklange mit der modernen Rechtsauffassung ist somit das römische fideicommissum hereditatis in eine wahre Nacherbeinsetzung und successive Erbfolge übergegangen (§ 608; vgl. auch dtsch. B.G.B. § 2100 ff.).

§ 28. a) **Die gemeine oder Vulgarsubstitution** (Ersatzerbeinsetzung i. e. S.) (§§ 604—608, 614, 615).

Unger, Erbr., §§ 19, 36 i. f. — Krainz-Pfaff, § 503. — Pfaff-Hofmann, ad §§ 604 —607, 614, 615 u. d. Litt. das. — Stubenrauch, ad §§ 604—607, 614, 615. — Strohal, Transmission, l. c. S. 7—17. — Steinlechner, l. c. I. S. 333 ff.; II. S. 135, 136. — Ofner, Prot. I. S. 361—364, 368, 369; II. S. 539, 540.

Entscheidend für die juristische Behandlung einer solchen Anordnung ist die in ihr enthaltene Bedingung: wenn Instiut überhaupt oder aus bestimmtem Grunde die Erb=schaft (den Erbteil) nicht erlangt (§ 604). Die gemeine S. ist somit eine qualifizierte suspensiv bedingte Erbeinsetzung, die natürlich außer der zu ihrem Wesen gehörenden noch andere Bedingungen enthalten kann. Somit wird dem Substituten erst dann deferiert und kann derselbe erst dann transmittieren, wenn er den Eintritt der Bedingung, den Substitutionsfall, erbfähig erlebt (§ 703). Der Erblasser, welcher eine Sub=stitution vornimmt, giebt hiermit zu erkennen, daß er zwar den Instituten dem Substituten, diesen aber jedem anderen vorziehe. Darum geht der Substitut, der erwerben kann und will, den Accrescenzberechtigten vor (vgl. § 689, auch dtsch. B.G.B. § 2099); und darum müßte es auch, dem wahrscheinlichen Willen des Erblassers gemäß, im Zweifel gleichgültig sein, aus welchem Grunde der Instiut nicht erbt, mag auch der Erblasser nur gewisse Fälle des Nichterwerbens des Instituten genannt haben (so auch dtsch. B.G.B. § 2097). Trotzdem hat das öst. R., der älteren Doktrin folgend, alles Gewicht auf den Wortlaut der Sub=stitutionsverfügung gelegt, und daher die im Zweifel anzuwendende Auslegungsregel aufgestellt: die vom Erblasser ausgedrückte Bedingung des Nichterbenkönnens schließt nicht auch jene des Nichterbenwollens in sich und umgekehrt (§ 605).

Die Substitution gelangt zur Wirkung, sobald der Substitutionsfall eingetreten ist; sie ist vereitelt, sobald dessen Nichteintritt entschieden ist. a) Wird der Substitut berufen, der Instiut mag aus was immer für einem Grunde nicht erben, so ist die Substitution erst dann vereitelt, wenn Institut die Erbschaft angetreten hat (§ 615). Deferiert wird dem Substituten erst dann, wenn das Nichterwerben des Instituten durch dessen Ausschlagung, Erbunfähigkeit, Tod vor erfolgtem Erbschaftserwerb entschieden ist, mag auch die Erbschaft dem Substituten bereits eingeantwortet worden sein, weil die dem Instituten gesetzte Deliberationsfrist ohne Erklärung verstrich (vgl. Pat. v. 1854 §§ 120, 128). Im letzteren Falle wird dem Substituten auch dann deferiert, wenn die Erbschaftsklage des Instituten verjährt ist. b) Soll Substitut nur dann erben, wenn Institut nicht erben will, so ist die Substitution vereitelt, sobald Institut antritt oder ohne Ausschlagung stirbt oder erbunfähig wird. Die Delation an den Substituten erfolgt, sobald Institut ausschlägt oder ein Fall von omissio hereditatis (vgl. unten § 45) vorliegt (insbes. Ver-streichenlassen der Verjährungsfrist ohne Annahme). c) Soll Substitut nur dann erben, wenn Institut nicht erben kann: so ist die Substitution vereitelt, sobald Institut antritt oder wirksam ausschlägt. Die Delation an den Substituten erfolgt, sobald Institut ohne Antretung oder Ausschlagung stirbt oder erbunfähig wird oder die der Institution beigesetzte Bedingung (den Erbfall vorausgesetzt) defiziert. Die nach dem Erberwerb des Instituten eintretende Erbunwürdigkeit desselben bewirkt die Delation an den Substituten, da ja der indignus bereits als zur Zeit der an ihn erfolgten Delation weggefallen gilt (vgl. S. 6).

Stirbt der Institut ohne Erklärung mit Hinterlassung von Transmissaren, so geht denselben nach der noch herrschenden, mindestens de lege ferenda bedenklichen Meinung im Zweifel der Substitut vor. Denn die Substitution ist erst dann vereitelt, wenn Institut die Erbschaft angetreten hat (§ 615), daher nicht, wenn Institut nach dem Erb-lasser ohne Erklärung stirbt. Dem Geiste des § 605, der sich an den Wortlaut der S. bindet, widerspräche die Behauptung, die in der S. enthaltene Bedingung bedeute: „wenn weder Institut noch seine Erben mich beerben". Der Erblasser hat außerdem den Institut wie den Substitut eingesetzt, letzteren dem Instituten zwar nachgesetzt, jedem anderen aber, somit auch den Transmissaren des Instituten vorgezogen. Aus diesen und anderen Gründen findet die noch herrschende Meinung in § 809, der gewiß auch auf die Vulgarsubstitution zu beziehen ist, den Satz ausgesprochen: im Zweifel geht der Substitut den Transmissaren des Instituten vor. Die gegenteilige Meinung stützt sich vornehmlich auf die von der communis opinio zurückgewiesene Auslegung des Sinnes der in der S. enthaltenen Bedingung und auf den Willen des Erblassers, und gelangt für einzelne Fälle zu befriedigenderen Resultaten, als die herrschende Meinung.

Eine gemeine Substitution braucht nicht ausdrücklich angeordnet zu sein; es genügt, wenn sie aus einer Anordnung erschlossen werden kann („stillschweigende S.", subst. tacita). Namentlich begreift, dem wahrscheinlichen Willen des Erblassers gemäß, die fidei-kommissarische S. die gemeine in sich (§ 608; ebenso dtsch. B.G.B. § 2102). Eine S. ist im Zweifel als gemeine, nicht als fideikommissarische zu betrachten (arg. § 614; ebenso dtsch. B.G.B. § 2102). Der Erblasser ist in der Zahl der Substituten nicht beschränkt, sie mögen nun nebeneinander oder jeder einzelne für den Fall berufen sein, daß keiner der vorhergehenden Substituten erbt. Es kann auch mehreren Erben zusammen ein Substitut gesetzt werden, welchem sodann, wenn die mehreren Instituten untereinander anwachsungs-berechtigt sind, im Zweifel erst dann deferiert wird, wenn keiner der Instituten erbt. Mit-erben können einander gegenseitig substituiert sein (subst. reciproca s. mutua). Dann gebührt der erledigte Teil den Miterben als Substituten nach der Größe ihrer Institutions-portionen (§ 607). Eine solche s. reciproca gereicht den nicht anwachsungsberechtigten Miterben nur zum Vorteil. Den anwachsungsberechtigten dagegen kann sie zwar vorteilhaft sein, weil der Transmissar dem Substituten nachsteht, dem Accrescenzberechtigten dagegen vorgeht; sie kann ihnen aber auch nachteilig sein, weil der Substitut den Substitutions-fall erleben muß, der Accrescenzberechtigte den Accrescenzfall nicht. Ist neben den einander substituierten Erben ein Dritter substituiert, so erhalten alle die Substitutionsportion zu gleichen Teilen (§ 607) (anders röm. R.; vgl. auch dtsch. B.G.B. § 2098).

Dem wahrscheinlichen Willen des Erblassers gemäß soll der Substitut in Ansehung der dem Instituten als Erben zukommenden Vor- und Nachteile an die Stelle des Instituten treten. Daher gebührt dem Substituten im Zweifel ein gleich großer Erbteil wie dem Instituten, auch die accrescierende Erbportion, sowie eventuell die dem Instituten zugedachte Substitutionsportion, dagegen nicht auch die dem Instituten gebührenden Prälegate. Der Substitut trägt aber auch die dem Instituten auferlegten nicht höchstpersönlichen Lasten (insbes. Legate, Auflagen) (§ 606). Bedingungen der Institution sind im Zweifel auf die Substitution nicht auszudehnen (§ 702).

§ 29. b) Die fideikommissarische Substitution (Nacherbeinsetzung) (§§ 608—617).

Unger, Erbr., § 20. — Krainz-Pfaff, §§ 504, 525. — Pfaff-Hofmann, ad §§ 608, 610—612, 614—617: Exkurse II. S. 133—137, 149—163 u. d. Litt. daf. — Stubenrauch, ad §§ 608—612, 614—617. — Strohal, Transmission, S. 178—198. — Steinlechner, l. c., insbes. I. §§ 31, 32. — Ofner, Prot. I. S. 362, 364—369; II. S. 387, 540, 541.

Bei dieser Substitution soll die Erbschaft ganz oder zum Teil von einem Erben (Vorerbe, Fiduciar) an einen anderen Erben (Nacherbe, Fideikommissar) gelangen. Der Nacherbe beerbt aber nicht den Vorerben, auf welchen er nur folgt, sondern den Erblasser, daher beim Eintritte des Nacherben auch keine neuerliche Verlassenschafts=abhandlung stattfindet, selbst wenn der Übergang nach dem Tode des Vorerben erfolgt. Wie die gemeine, so kann auch die fideikommissarische S., welche als wahre Erbeinsetzung der Testamentsform bedarf, stillschweigend angeordnet sein. Wichtige Fälle sind: bedingte oder betagte Erbeinsetzung; im Zweifel die unmittelbare Erbeinsetzung einer zur Zeit des Erbfalls noch nicht erzeugten oder erbunfähigen Person; die Anordnung einer pupilarischen oder quasipupillarischen S.; jede Ernennung eines Erben des Erben; der dem Erben erteilte Befehl, eine bestimmte Person zum Erben einzusetzen oder über den Nachlaß nicht zu testieren, in welchem Falle die gesetzlichen Erben des Vorerben die Nacherben sind; endlich dem Erben das zu Gunsten einer bestimmten Person gesetzte Verbot, das Hinterlassene ganz oder teil=weise zu veräußern.

Bei jeder Nacherbeinsetzung ist wichtig die Unterscheidung zwischen Substitutions=fall, Restitutionsfall (Fall der „Nacherbfolge"), d. i. der Zeitpunkt, in welchem der Nacherbe die Herausgabe des fideikommissarischen Vermögens begehren kann, — und Erbanfall an den Nacherben (Delationszeitpunkt), d. i. der Zeitpunkt, mit dessen Eintritt die Anwartschaft des Nacherben zu einer vererblichen wird. Substitutionsfall und Erbanfall an den Nacherben können, müssen aber nicht zeitlich zusammenfallen. Die Bestimmung des Substitutionsfalles hängt im allgemeinen von dem Willen des Erblassers ab. Im Zweifel bildet der Tod des Vorerben, und bei Einsetzung eines Nacherzeugten dessen Geburt, den Restitutionszeitpunkt (ebenso dtsch. B.G.B. § 2106). Streitig ist die Frage nach dem Zeit=punkte des Erbanfalles an den Nacherben. Auszuscheiden sind jene Fälle, in welchen der Nacherbe unzweifelhaft bedingt oder bloß betagt (ex die) eingesetzt ist. Dann ist im ersten Falle die S. vereitelt, wenn der Nacherbe die Bedingung (Substitutionsfall) nicht erbfähig erlebt (§ 615 i. f., § 703). Im zweiten Falle dagegen tritt der Erbanfall an den Nacherben schon mit dem Tode des Erblassers ein, so daß jener transmittieren kann, wenn er auch vor dem Vorerben stirbt (§ 705). Stirbt aber der Vorerbe vor Eintritt des dies: so findet, in Ermangelung eines anderen Willens des Erblassers, Vererbung des fiduciarischen Rechtes statt, und erst mit Eintritt des dies erfolgt die Herausgabe an den Nacherben oder dessen Transmissar. Scheidet man solche unzweifelhafte Fälle aus und betrachtet somit die fideikommissarische S. als solche und insbesondere den Tod des Vorerben als normalen Substitutionsfall: so unterliegt es an sich keinem Zweifel, daß das allgemeine Princip des § 705 Anwendung finde. Der Erbfall erfolgt somit an den Nach=erben mit dem Tode des Vorerben, so daß ersterer nur diesen Zeitpunkt, nicht auch den Substitutionsfall zu erleben braucht, um transmittieren zu können. Zweifelhaft ist nur, ob nicht § 615 2. Satz gerade für die fideikommissarische S. eine Ausnahme von der Regel des § 705 enthalte. Die Frage ist zu bejahen, wenn man — gestützt auf den sonstigen Inhalt des § 615 und seinen Zusammenhang mit §§ 616 u. 617 — unter Erlöschen der S. ihre Vereitelung versteht. Zu verneinen ist aber die Frage, wenn man unter Erlöschen der S. das Aufhören der eingetretenen Wirkung derselben versteht. Im ersten Falle wäre die S. bedingt durch das Erleben des Substitutionsfalles; im zweiten Falle dagegen ent=hielte die Norm des § 615 keine Ausnahme von der Regel des § 705. Da nun ein zwingender Grund für die erstgenannte Auslegung des § 615 nicht besteht, vielmehr, wie zugegeben wird, derselbe beide Auslegungen gestattet: so wird man sich wohl eher für die mit der Regel des § 705 übereinstimmende Auffassung entscheiden müssen, zumal sie der Aufrechterhaltung der S. günstiger ist (vgl. § 655 i. f.). Im Zweifel also erwirbt der Nacherbe eine vererbliche Anwartschaft, sobald er den Tod des Erb= lassers erlebt hat: den Substitutionsfall braucht er nicht zu erleben (ebenso dtsch. B.G.B. § 2108). Ist der Nacherbe zur Zeit des Todes des Erblassers noch nicht erzeugt, so treten Erbanfall und Substitutionsfall im Zweifel im Augenblick seiner Geburt ein. Die auch praktisch sehr bedenkliche Ansicht, daß der Nacherbe grundsätzlich zwar nicht den Substitutionsfall, wohl aber den Antritt des Vorerben erleben müsse, um transmittieren zu können, dürfte derzeit als allgemein aufgegeben zu betrachten sein; schon § 705 spricht dagegen, und aus § 608 i. f. läßt sich diese Ansicht nicht ableiten.

In zwei speciellen Fällen wird die Nacherbeinsetzung, nach dem wahrscheinlichen Willen des Erblassers, schon infolge gesetzlicher Auslegungsregel als bedingt betrachtet. a) Die einer, dem Erblasser als geisteskrank bekannten Person gemachte fideikommissa= rische S. gilt (zugleich im Geiste des § 614) als vereitelt, wenn die über den Geistes= kranken verhängte Kuratel aufgehoben wird, oder wenn er wenigstens in einem lichten Zwischenraume testiert hat. War die Kuratel aufgehoben, wegen Rückfalls aber wieder verhängt worden, so lebt die vereitelte S. nicht wieder auf, gleichviel ob der Bedachte in der Zwischenzeit testierte oder nicht (§ 616). b) Hat der Erblasser seinem zur Zeit der Testamentserrichtung noch nachkommenlosen oder irrtümlich als nachkommenlos betrachteten Descendenten für die Zeit nach seinem Tode einen Nichtdescendenten zum Nacherben ernannt, so ist die Substitution vereitelt, wenn der eingesetzte Descendent im Verhältnisse zu ihm erbfähige Nachkommen, nicht etwa bloß Adoptivkinder, hinterläßt (§ 617; vgl. auch dtsch. B.G.B. § 2107).

Um den volkswirtschaftlich höchst bedenklichen Ausschluß ganzer Vermögensmassen vom freien Verkehr durch Nacherbeinsetzung zu verhindern und der auf gleichem Wege möglichen Vereitelung der die Familienfideikommisse erschwerenden Vorschriften zu begegnen, sind der Einsetzung von Nacherben gewisse Schranken gesetzt. Die Einsetzung mehrerer Nacherben, welche das Substitutionsvermögen nacheinander erhalten sollen (successive fidei= kommissarische S.), ist nämlich nur dann unbeschränkt zulässig, wenn alle Nacherben Zeitgenossen des Erblassers, nämlich zur Zeit der Anordnung der S. mindestens schon erzeugt sind (§§ 611, 22). Sind aber die Nacherben nicht Zeitgenossen, so erlischt die fideikommissarische S., d. h. das vinkulierte Vermögen wird frei: hinsichtlich des beweg= lichen Substitutionsvermögens, sobald dasselbe successiv an zwei Nacherben (zwei „Grade") gelangt ist, hinsichtlich des unbeweglichen aber, sobald dasselbe auch nur von einem der Nacherben (erster „Grad") erworben wird (§ 612; einen anderen Weg schlägt das dtsch. B.G.B. ein, vgl. § 2109). Folglich kann ein Teil des Substitutionsvermögens noch vinkuliert, der andere schon frei sein. Die Ausdrücke des § 612, „erster", „zweiter" „Grad", sind nicht identisch mit erster, zweiter Generation. Denn die Schranke des § 612 gilt, es mögen die Nacherben untereinander oder mit dem Erblasser verwandt sein oder nicht, sie mögen derselben Generation angehören oder nicht (irreführend die Textierung des Hffzb. v. 30. Juni 1845, J.G.S. 888). Gleichgültig ist, ob die Nacherben untereinander Zeitgenossen sind oder nicht. Die Schranke des § 612 gilt nur, wenn das gleiche Objekt der Zuwendung von Mehreren successiv erworben wird, nicht auch, wenn das Hinterlassene bloß nach bestimmten Teilen und zu verschiedenen Zeiten aus einer Hand an Mehrere gelangt.

III. Unwirksamkeit des Testamentes.

§ 30. A) Unwirksamkeit gültiger Testamente (test. destitutum s. desertum) (§ 726).

Unger, Erbr., § 25. — Krainz=Pfaff, § 509. — Pfaff=Hofmann, ad § 726 u. d. Litt. das. — Stubenrauch, ad § 726. — Schuster v. Bonnott, Komm., ad § 120. — Ofner, Prot. I. S. 434.

Ein gültiges Testament ist unwirksam, wenn aus was immer für einem Grunde Niemand aus demselben Erbe wird, gleichviel ob auf Grund desselben gar kein Erbanfall

stattfindet oder der erfolgte nicht zum Erberwerb führt. Die Unwirksamkeit der Erb=
einsetzung berührt jedoch grundsätzlich den Bestand der übrigen testamentarischen Ver=
fügungen, namentlich der Legate und Auflagen, nicht (ebenso dtsch. B.G.B. § 2085; anders
das röm. R.). Diese Lasten treffen die nun an die Reihe kommenden gesetzlichen Erben.
Kommen aber solche nicht in Betracht, so gebührt die erledigte Erbschaft den Legataren,
welche sich nach Verhältnis des Wertbetrages ihrer Legate zu Erben erklären können (vgl.
Pat. v. 1854 § 121). Kommen auch Legatare nicht in Betracht, so kann der Fiskus kraft
Heimfallsrechtes die Erbschaft erwerben. Dieser dem wahrscheinlichen Willen des Erblassers
und dem Grundsatze der äußersten Zurückdrängung des fiskalischen Heimfallsrechtes ent=
sprechende Vorzug der Legatare vor dem Fiskus findet, im Einklange mit diesem Grund=
gedanken und der principiellen Selbständigkeit jeder Vermächtnisanordnung, per analogiam
auch dann statt, wenn die Vermächtnisse nur in Intestatkodicillen angeordnet worden sind;
dagegen nicht auch, wenn der Erblasser, ohne ein (positives) Testament zu errichten, durch
direkte Ausschließung der gesetzlichen Erben seinen Willen kundgiebt, das fiskalische Heim=
fallsrecht eintreten zu lassen. Ob die gesetzlichen Erben nicht erben können oder wollen,
ist für das Vorrecht der Legatare im Hinblick auf den bezeichneten Grundgedanken gleich=
gültig. Der Ausdruck „entsagen" in § 726 letzter S. ist übrigens schon darum auf
beide Fälle zu beziehen, weil das Wort „Entsagung" in der Überschrift des § 726 in dessen
Texte umschrieben wird „will oder kann". Eine weitere Folge aus jenem Grundgedanken
ist, daß der erledigte Teil eines eingesetzten Erben, falls keine Anwachsung stattfindet
und gesetzliche Erben nicht in Betracht kommen, von seinen Miterben durch Antretung
erworben werden kann, welche sodann auch etwaige Legatare ausschließen.

B) Ungültigkeit des Testamentes.

§ 31.   I. Ursprüngliche Ungültigkeit (§ 576).

Unger, Erbr., § 22. — Krainz=Pfaff, § 493. — Pfaff=Hofmann, ad §§ 575, 576. —
Stubenrauch, ad §§ 575, 576, 601. — Ofner, Prot. I. S. 344.

Von Anfang an ungültig ist ein Testament, dem es zur Zeit seiner Errichtung an
einer Gültigkeitsvoraussetzung fehlt (test. non jure factum, imperfectum, injustum). Der
Ungültigkeitsgrund kann bestehen in der Testierunfähigkeit des Erblassers, in einem
Formmangel (§ 601), wozu auch die Unfähigkeit der Testamentszeugen gehört, endlich in
der materiellen Fehlerhaftigkeit der Willenserklärung (Willensbestimmung und Willens=
erklärung, Willensinhalt). Weil die einzelnen Verfügungen des Testamentes regelmäßig
voneinander unabhängig sind, so reicht die Ungültigkeit, selbst wenn sie die Erb=
einsetzung betrifft, nicht weiter als der Ungültigkeitsgrund, ergreift somit im
Falle der Testierunfähigkeit, sowie eines Formmangels, regelmäßig (vgl. jedoch §§ 594, 595)
das ganze Testament. Hinsichtlich jener Testamentsmängel, welche faktisch hinwegfallen
können, ist zwischen Mängeln des Willensinhaltes und Mängeln anderer Art zu unter=
scheiden. Bei letzteren entscheidet grundsätzlich die Sachlage der Errichtungszeit. Durch
späteren Wegfall des zu dieser Zeit vorhandenen Nichtigkeitsgrundes wird das Testament
nicht gültig (§ 576). Bei Mängeln des Willensinhaltes dagegen ist maßgebend die
Sachlage zur Zeit des Erbfalls (arg. §§ 545, 546, da die Erbfähigkeit des Erben
zum Willensinhalte gehört) (anders röm. R.), so daß sich erst in diesem Zeitpunkte die Gültig=
keit oder Ungültigkeit des Testamentes ex tunc entscheidet. Genehmigung des ungültigen
Testamentes durch den Erblasser, mag sie auch nur in Gestalt eines Hinweises auf das
vorhandene Testament auftreten (§ 582), bedarf, da sie als neue Errichtung erscheint, der
Testamentsform (§ 576). In Kenntnis der Ungültigkeit und mit Bindungswillen erfolgte
Anerkennung oder Bestätigung des ungültigen Testamentes von seite des zu seiner Anfechtung
Berechtigten stellt sich lediglich als Verzicht auf dessen Anfechtungsrecht dar. Hiedurch wird
das Testament faktisch wirksam, und ist im Falle einer durch die Bestreitung des Anfechtungs=
berechtigten bedingten Nullität die Gültigkeit des Testamentes entschieden.

II. Nachfolgende Ungültigkeit:

§ 32. **1. Unabhängig von dem Willen des Erblassers** (kraft Rechtsvorschrift) (§ 575).

Unger, Erbr., § 23. — Krainz=Pfaff, § 506. — Pfaff=Hofmann, ad §§ 575, 576, 574 Anm. 3. — Stubenrauch, ad §§ 575, 576, 601. — Ofner, Prot. I, S. 344.

Ein gültiges Testament wird grundsätzlich nicht ungültig durch nachträg= lichen Wegfall eines Erfordernisses gültiger Errichtung (§ 575). Dieser Grundsatz gilt nach öst. R. selbst dann, wenn die eintretende Testierunfähigkeit des Erb= lassers auf einer Einschränkung seiner Rechtsfähigkeit beruht. Die richtige Auffassung, daß in einem solchen Falle nicht bloß die Zeit der Testamentserrichtung, sondern auch jene des Todes des Erblassers, der ja kein gültiges Testament haben, somit ex testamento nicht beerbt werden kann, maßgebend sei, gilt heutzutage nur für den Fall der Desertion, welche das früher errichtete Testament entkräftet (Mil.Str.G.B. § 208; ebenso nach früherem Rechte bei unbefugter Auswanderung und strafgerichtlicher Verurteilung). Ein solches Testa= ment lebt jedoch wieder auf, sobald die Desertion aufgehört hat, weil man aus praktischen, theoretischen und historischen Gründen die Strafe der Entkräftung des Testamentes als auf die Dauer der Desertion beschränkt betrachten muß. — Die von Mitgliedern des deutschen Ritterordens vor ihrem Eintritte in den Orden errichteten Testamente werden hinfällig, wenn nicht der Erblasser die Testierbefugnis vom Hoch= und Deutschmeister, bezw. dieser vom Ordenskapitel, erhalten hat (Pat. v. 28. Juni 1840). Privilegierte Testamente verlieren ihre Kraft mit Ablauf der Begünstigungszeit (vgl. oben § 16 Z. 2). (Über den Fall des § 778 vgl. unten § 95.)

§ 33. **2. Durch den Willen des Erblassers** (Widerruf) (§§ 713, 715—723).

Unger, Erbr., § 24. — Krainz=Pfaff, § 505. — Pfaff=Hofmann, II. S. 625, 626; ad §§ 713—719, 721—723. — Stubenrauch, ad §§ 713—719, 721—723 u. d. Litt. das. — Ofner, Prot. I. S. 331, 426—430; II. S. 392—394, 433, 546—548.

Als letztwillige Verfügung kann das Testament vom Erblasser jederzeit durch einseitige Willenserklärung aufgehoben werden: Widerruf im w. S. — Diese freie Widerruflich= keit des Testamentes kann der Erblasser selbst durch bloßen vertragsmäßigen Verzicht nicht ausschließen (ebenso dtsch. B.G.B. § 2302). Damit ein Testament als widerrufen gelten könne, ist Widerrufsabsicht des Erblassers und, weil jeder Widerruf als Verfügung über den Nachlaß erscheint, Testierfähigkeit des Erblassers zur Zeit des Widerrufes erforderlich. Aus gleichem Grunde gelten für die Widerrufsfreiheit die Schranken der Testierfreiheit. Daher ist ein gerichtlich erklärter Verschwender zwar widerrufsfähig (§ 718), vermag aber durch einen Widerruf seinen gesetzlichen Erben die ihnen gebührende Nachlaßhälfte nicht zu entziehen. Die gänzliche oder teilweise Aufhebung eines Testamentes kann (abweichend vom röm. R.) sowohl ausdrücklich erfolgen, als stillschweigend durch gewisse konkludente Handlungen.

1. Der ausdrückliche Widerruf (sog. wörtlicher W., revocatio verbalis) bedarf, als ausdrückliche Verfügung über den Nachlaß, einer Testamentsform, nicht notwendig der Form des widerrufenen Testamentes.

2. Die konkludenten Handlungen, die als Widerrufsakte in Betracht kommen können, sind: a) die vom Erblasser selbst oder doch mit seiner Zustimmung vorgenommene Ver= nichtung der Testamentsurkunde, oder doch solche Veränderungen an derselben, welche den Willen, das Testament ganz oder teilweise aufzuheben, zum Ausdrucke bringen, z. B. Streichungen, Löschungen, wenn auch nur der Unterschrift oder des Handzeichens (sog. still= schweigender Widerruf i. e. S., § 721; ebenso dtsch. B.G.B. § 2255). Betreffen solche Akte, welche auch nur eine teilweise Aufhebung des Testamentes bewirken können, bloß eines von mehreren Originalexemplaren des Testamentes, so ist Widerrufsabsicht im Zweifel nicht anzunehmen. Zufällige Verletzungen der Testamentsurkunde oder ihr Verlust vereiteln das Testament nicht, wenn nur der Mangel der Widerrufsabsicht gerichtsordnungs= mäßig und der Inhalt des Testamentes in gleicher Weise bewiesen wird, wie ein mündliches Testament bewiesen werden muß (§§ 722, 586). Dieser letztere Beweis entfällt jedoch „bei leserlichem Inhalt der als echt anerkannten Urkunde"; und auch der Beweis des Zufalls

kann infolge der konkreten Sachlage entbehrlich werden. Läßt sich der erwähnte Beweis des Inhaltes, wo er erforderlich ist, nicht erbringen: so ist das Testament vereitelt; so bei allen zeugenlosen und bei Zeugentestamenten, die den Zeugen nicht eröffnet wurden; oder wenn weniger als zwei Testamentszeugen vernommen werden können oder ihre Aussage nicht übereinstimmt; b) die Errichtung eines, wenn auch nur teilweise gültigen, neuen Testamentes (§ 713). Grundsätzlich hebt ein solches das frühere Testament seinem ganzen Inhalte nach auf. Diese Bestimmung erscheint jedoch nach der Absicht der Redaktoren nur als eine Willensauslegungs-Vorschrift, die bloß im Zweifel bindet. Läßt sich also, wenngleich nicht aus dem Testamente selbst, nachweisen, daß der Erblasser das frühere Testament ganz oder zum Teil aufrecht erhalten wollte, so gilt die erwähnte Regel nicht; z. B. im Testamente A ist der Erbe X auf $^3/_4$, im Testamente B der Erbe Y auf $^1/_4$ des Nachlasses eingesetzt. Weil nach öst. R., im Gegensatz zum röm. R., das Princip der Kompatibilität der Delationsgründe und daher die Möglichkeit der Hinterlassung mehrerer Testamente besteht (so schon nach röm. Soldatenrecht), so kann die Frage, ob und inwieweit ein späteres Testament ein früheres aufhebt, bloß eine Frage der Willensauslegung sein. Hienach sollte das spätere Testament ein früheres, nur wenn und soweit es mit diesem in Widerspruch steht, aufheben (so noch westgal. G.B. II. § 500; ebenso dtsch. B.G.B. § 2258). Die Auslegungsvorschrift des öst. R. ist somit, da sie als inkonsequent erscheint und dem Willen des Erblassers nicht gerecht wird, de lege ferenda nicht zu billigen. Errichtung eines neuen Testamentes in der irrigen Voraussetzung der Ungültigkeit des früheren Testamentes hebt letzteres nicht auf (arg. § 572). Hat der Erblasser das spätere Testament vernichtet, nicht bloß ausdrücklich widerrufen: so lebt das ältere schriftliche, nicht auch ein früheres mündliches Testament wieder auf, wenn nicht eine andere Absicht des Erblassers nachweisbar ist (§ 723). Läßt sich nicht feststellen, welches der beiden Testamente das spätere sei, oder sind beide von gleichem Alter, so gelten beide Testamente, und es sind die einander widersprechenden Anordnungen derselben nach Maßgabe der konkreten Sachlage derart zu reduzieren, daß die Testamente nebeneinander bestehen können (§ 715). Bedeutungslos ist die Berufung des § 715 auf die Normen des 16. Hptst. („Gemeinschaft des Eigentums").

Der aufhebenden Kraft eines späteren Testamentes kann eine im früheren Testamente enthaltene sog. derogatorische Klausel entgegenstehen. Man versteht darunter den einer letztwilligen Verfügung gemachten Beisatz, daß jede spätere Anordnung ungültig sein solle, oder doch wenigstens, wenn letztere nicht in bestimmter Form errichtet oder mit einem bestimmten Merkmal versehen ist (§ 716). Wird nun jener beschränkende Beisatz in der späteren Anordnung, oder doch wenigstens in Testamentsform, nicht ausdrücklich widerrufen; oder ist die spätere Verfügung nicht in der bestimmten Form errichtet oder mit dem bestimmten Merkmal versehen: so bleibt die frühere Anordnung bestehen, mag auch der Erblasser in der späteren Anordnung ausdrücklich erklärt haben, es solle diese letztere allein Geltung haben. De lege ferenda sind derogatorische Klauseln, im Einklange mit dem gemeinen Recht und der Tendenz der modernen Rechtsentwicklung, als wirkungslos zu erklären (so auch das dtsch. B.G.B.), da erfahrungsgemäß die Nachteile derselben die Vorteile überwiegen.

Die durch den Erblasser erwirkte Zurücknahme eines öffentlichen Testamentes aus der Verwahrung des Gerichtes oder des Notars gilt im öst. R. mit Recht im Zweifel nicht als Widerrufsakt (anders dtsch. B.G.B. § 2256). Jedenfalls beseitigt die Zurücknahme die höhere Beweiskraft des Testamentes. Doch bleibt dasselbe gültig, falls es als Privattestament bestehen kann (vgl. Not.Ordg. v. 1871 § 75).

§ 34. IV. Gemeinschaftliche Testamente (§§ 583, 1248).

Unger, Erbr., §§ 21, 24. — Krainz-Pfaff, § 518 i. f. u. d. Litt. das.; § 505 S. 543. — Pfaff-Hofmann, ad § 583; Exkurse II. S. 100—108 u. d. Litt. das. — Stubenrauch, ad § 583. — Ofner, Prot. I. S. 350; II. S. 431.

Von mehreren Personen gemeinschaftlich in einem Akte (uno actu) errichtete Testamente (t. simultanea) waren den Römern fremd. Sie entstammen deutscher Rechtssitte, und haben sich aus den unter Ehegatten häufigen wechselseitigen Vergabungen von Todes-

wegen entwickelt. Da in Österreich gemeinschaftliche Testamente nur unter Gatten gebräuchlich
waren, so erklärt es sich, daß das geltende öst. R. (ebenso das westgal. G.B.), im Einklange
mit dem preuß. L.R. (vgl. auch dtsch. B.G.B. § 2265) solche Testamente nur unter Ehe=
gatten als gültig erklärt; eine de lege ferenda sehr zu billigende Beschränkung, zumal
gemeinschaftliche Testamente keinem Bedürfnisse entsprechen, vielmehr — besonders im Falle
von Korrespektivität — aus verschiedenen Gründen bedenklich sind. Gemeinschaftliche Testa=
mente setzen den Rechtsbestand der Ehe, an sich aber nicht auch ihren Fortbestand voraus
(§ 575). Denn Testamente sind niemals Ehepakten (vgl. § 1266), daher die Einreihung
des § 1248 in das 28. Hptst. (anders noch westgal. G.B.) als Mißgriff erscheint. Von
Brautleuten errichtete gemeinschaftliche Testamente konvaleszieren durch die Eheschließung
(arg. Hfd. v. 25. Juni 1817 J.G.S. 1340). Das gemeinschaftliche T. setzt begrifflich
Einheit des Testieraktes und Einheit der Form voraus. Daher ist die Errichtung
nur in einer solchen Form möglich, welche die Willenserklärung der beiden Erblasser zu
umschließen vermag, so daß formell die beiden Testamente als Ein Testament erscheinen. Es
kann somit ein gem. T. in ordentlicher wie außerordentlicher Form, als holographes wie
allographes, nicht auch als mündliches Privattestament, als gerichtliches oder notarielles T.
aber schriftlich wie mündlich errichtet werden, da im letzteren Falle das Protokoll die Einheit
des Aktes bewirkt. Das gem. T. kann bloß die Erbeinsetzung Dritter, namentlich aber die
wechselseitige Erbeinsetzung der Gatten enthalten (t. reciprocum, sonst mere simul-
taneum). Selbst t. reciproca sind im Zweifel nicht als sog. korrespektive zu be=
trachten (anders die gemeinrechtliche Doktrin und dtsch. B.G.B. § 2270). Korrespektivität,
deren Bestand und Umfang eine oft schwierige Frage der Willensauslegung bildet, ist vor=
handen, wenn sich die Testamente der Gatten (willensgemäß) wechselseitig bedingen, so daß
der Rechtsbestand des einen Testamentes von dem des anderen abhängt.

Durch ein gemeinschaftliches, selbst korrespektives T. wird die Widerrufsfreiheit
jedes Gatten in Bezug auf sein T. nicht eingeschränkt (anders wohl dtsch. B.G.B. §§ 2271 ff.).
Im Falle von Korrespektivität zieht der wenngleich dem anderen Gatten unbekannt gebliebene
Widerruf des einen Gatten das Hinfälligwerden des T. des anderen nach sich. Der Widerruf
wirkt somit wie die erfüllte Resolutivbedingung. Selbst nach dem Tode des einen Gatten
kann der andere Gatte, der aus dem korrespektiven T. sein Erbe geworden ist, frei wider=
rufen. Nur muß er sodann das als Erbe Erworbene herausgeben. Besonders geartet ist
der nicht seltene Fall, daß Ehegatten sich wechselseitig zu Erben einsetzen und auf den
Todesfall des Überlebenden einen Dritten (gewöhnlich die gemeinschaftlichen Kinder) zum
Gesamtnachlaß berufen. Der Dritte erhält dann das Vermögen des vorverstorbenen Gatten
als Fideikommissar, jenes des später verstorbenen als direkter Erbe und zwar als Vulgar=
substitut, so daß ein solches T. zwei Institutionen, zwei fideikommissarische und zwei gemeine
Substitutionen enthält. Sind nun in solchem Falle die Testamente korrespektiv, so kann
zwar jeder Gatte frei widerrufen, selbst nachdem er den anderen beerbt hat. Allein da im
Zweifel die Korrespektivität auf die Bedenkung der Gatten zu beschränken ist, so bleibt dem
Dritten der Nachlaß des nicht widerrufenden Gatten gesichert.

Die wichtige Frage, ob man sich im Zweifel für das Vorhandensein eines gemein=
schaftlichen Testamentes oder eines Erbvertrages zu entscheiden habe, ist im Hinblick auf die
grundsätzliche Wahrung der Testier= bezw. Widerrufsfreiheit im ersteren Sinne zu beantworten
(so auch die Praxis).

§ 35. B) Der Erbeinsetzungsvertrag (§§ 602, 1249—1254).

Unger, Erbr., § 26 u. b. Litt. das. — Krainz=Pfaff, § 508 u. b. Litt. das. — Pfaff=
Hofmann, Exkurse II. S. 42, 120, 121. — Stubenrauch, ad §§ 1249—1254. — Hofmann, Fz.,
in Grünhuts Ztschr. Bd. 3. (1876) S. 649 ff. — Schiffner, Vermächtnisvertrag, insbes. §§ 2,
8—11, 18, 20. — Schiffner, Die gesetzlichen Vermächtnisse, § 45. — Schiffner, in Grünhuts
Ztschr. Bd. 25 (1898). — Czyhlarz, Geschichte des ehel. Güterr. im böhm.=mähr. Landr., 1883,
S. 114 ff. — Ofner, Prot. I. S. 415, 434—444: II. S. 394—396, 432—435, 539, 548—551, 738, 739.

Der Erbeinsetzungsvertrag, Erbvertrag i. e. S., ist ein Vertrag, welcher eine
Erbeinsetzung enthält. Dem röm. R. fremd, verdankt der Erbvertrag seine Geltung

im heutigen R. deutscher Rechtsbildung. Aus den Vergabungen von Todeswegen hervor=
gegangen, gelangte er seit der Rezeption des röm. R. infolge der ihm feindlichen roma=
nistischen Doktrin nur langsam zur Anerkennung, und erhielt dann vornehmlich durch Wissen=
schaft und Praxis seine weitere Ausbildung, ohne jedoch in den modernen Gesetzgebungen
zur allgemeinen Geltung zu gelangen. In Österreich galten Erbverträge unter Ehegatten
als althergebrachtes Recht. Auch beim Bauernstande, und beim hohen Adel in der Gestalt
der Erbverbrüderung, entsprachen Erbverträge altem Herkommen. Schon die ersten Stadien
der Redaktionsgeschichte des a. b. G.B. kennzeichnen die Tendenz zur Einschränkung
der Erbverträge, eine Tendenz, welche dem im westgal. G.B. enthaltenen Grundsatz der
Allgemeingültigkeit der Erbverträge gegenüber in einer Reihe von Bedenken der Redaktoren
besonders stark hervortrat. Von diesen wird noch heutzutage die durch den Erbvertrag
bewirkte, an sich sehr bedenkliche Gebundenheit des Erblassers als schwerwiegendstes Argument
gegen den Erbvertrag angeführt. Berechtigterweise gingen jedoch die Redaktoren des a. b. G.B.
davon aus, daß man die Nachteile des Erbvertrages durch eine entsprechende Normierung
desselben wenigstens abzuschwächen vermöge, insbesondere durch Anerkennung voller Dispo=
sitionsfreiheit des Vertragserblassers inter vivos; daß außerdem die gänzliche Abschaffung
eines Institutes unzulässig sei, welches seit Jahrhunderten im Rechtsleben feste Wurzeln
gefaßt hat. Diese letztere Erwägung, in Verbindung mit der dem Erbvertrag feindlichen
Tendenz, führte schließlich zwar zur Beibehaltung des Erbvertrages, aber zugleich zu dessen
Einschränkung auf seine älteste und gebräuchlichste Gestalt, den Erbvertrag unter Ehegatten;
eine Beschränkung, die sich somit erklären, aber principiell nicht rechtfertigen läßt. De lege
ferenda ist die Allgemeingültigkeit des Erbvertrages das richtige legislative Princip (so
auch dtsch. B.G.B. §§ 1941, 2274 ff.). Erbeinsetzungsverträge sind somit nur unter (wenn=
gleich geschiedenen) Ehegatten, zwischen Verlobten unter der condicio juris der Ehe, und
daher nur als Ehepakten gültig (§§ 602, 1249, Hfd. v. 25. Juni 1817 J.G.S. 1340).

Die ältere, in den ersten Entwürfen (insbes. Codex Theresianus) scharf hervor=
tretende Doktrin betrachtete den Erbvertrag als einen obligatorischen Vertrag, welcher
die vererbliche Pflicht zur Leistung des Nachlasses des einen Kontrahenten an den anderen
begründet. Diese heutzutage allgemein aufgegebene Auffassung, welche noch in der Textierung
der Legaldefinition des G.B. (§ 1249, vgl. auch §§ 1250 u. 1253 i. f.) nachklingt, ist
unvereinbar mit der der Parteienabsicht entsprechenden Rechtsstellung des Bedachten als
Erben und hat in den Bestimmungen des G.B. selbst ihre sachliche Korrektur gefunden
(vgl. insbes. §§ 533, 1252). Der Erbvertrag ist daher auch wesentlich verschieden von
dem nach öst. R. ungültigen obligatorischen Vertrag auf Leistung des Nachlasses eines
noch lebenden Dritten an den Mitkontrahenten (pactum de hereditate tertii viventis)
(§ 879 Z. 4). Der Erbvertrag begründet auch kein gegenwärtiges Recht am Nachlaß,
ist kein dinglicher Vertrag. Ebensowenig ist der Erbvertrag ein zusammengesetztes, ein
Doppelgeschäft, welches aus einem Testament und einem vertragsmäßigen Wider=
rufsverzicht besteht ("vertragsmäßig widerrufliches Testament"; irreführend daher die
Textierung in § 1253 1. S.). Eine solche Spaltung des Erbvertrages verfehlt den von
den Parteien beabsichtigten Geschäftsinhalt, führt zu der Parteienintention widersprechenden
praktischen Konsequenzen, und steht im Widerspruch mit der Auffassung des Lebens und der
historischen Entwicklung des Erbvertrages, welcher aus dem durchaus zweiseitigen Geschäfte
der Vergabung von Todeswegen hervorgegangen ist. Der herrschenden, auch für das öst. R.
richtigen Ansicht gemäß ist der Erbvertrag ein einfaches, einheitliches Rechts=
geschäft, u. zw. ein Vertrag, welcher, wie ein Testament, die Berufung zur Erbfolge
enthält.

Der Erbvertrag ist somit ein eigentümlicher erbrechtlicher Vertrag und, wie das
Testament, ein Rechtsgeschäft von Todeswegen und Delationsgrund (§§ 533,
534, 1252). Während aber die Anwartschaft des Testamentserben durch beliebigen Widerruf
des Erblassers beseitigt werden kann, ist jene des Vertragserben eine feste, gegen einseitigen
Widerruf des Erblassers gesicherte Anwartschaft (§ 1254). Der Erbvertrag erzeugt
somit keine obligatorische Verpflichtung des Erblassers, sondern nur ein Gebundensein des=
selben nach der Seite des rechtlichen Könnens.

Verschieden vom Erbvertrag ist der obligatorische Vertrag, durch welchen sich die Kontrahenten verpflichten, künftig miteinander einen Erbvertrag zu schließen. Ein solcher, nach öst. R. wohl gültiger Vorvertrag (pact. de contrahendo) ist an die Schranken des § 936 gebunden. Ob ein Rechtsgeschäft Erbvertrag sei, ist eine Frage der Willensauslegung, zumal der Bindungswille nicht ausdrücklich erklärt zu sein braucht. Aus diesem Grunde könnte auch ein pact. de non mutando testamento willensgemäß als ein Erbvertrag aufrecht erhalten werden, der seinen Inhalt dem Testamente entnimmt.

Durch Erbvertrag kann entweder bloß der eine Gatte den anderen einsetzen (einseitiger Erbvertrag), oder jeder Gatte den anderen (zweiseitiger, wechselseitiger Erbvertrag). Als Vertrag zu Gunsten Dritter aber ist der Erbvertrag (anders dtsch. B.G.B. § 1941) ungültig (arg. §§ 602, 1249). Werden Dritte zu Erben eingesetzt, so liegen in der Regel zwei äußerlich vereinigte Rechtsgeschäfte vor: ein Vertrag hinsichtlich der Gatten und ein Testament hinsichtlich der eingesetzten Dritten (so auch die Red.=Protokolle).

Für die juristische Behandlung des Erbvertrages fällt das Schwergewicht einerseits auf den Vertragscharakter des Geschäftes, anderseits auf das Moment der Erbeinsetzung. Daher ist nur ein zur Zeit des Vertragsabschlusses testierfähiger und zugleich verpflichtungsfähiger Erblasser zur selbständigen Einsetzung eines Vertragserben fähig, und es muß bei zweiseitigem Vertrage diese Fähigkeit bei beiden Kontrahenten vorhanden sein. Der Honorierte dagegen braucht zur Zeit des Vertragsabschlusses nur willensfähig zu sein (§ 865) und muß, um aus dem Vertrage erwerben zu können, zur Zeit des Erbanfalls die testamenti factio passiva haben. Fehlt bei selbständigem Abschluß bloß die erforderliche Vertragsfähigkeit, so kann der Erbvertrag, falls der Parteiwille nicht entgegensteht, durch Konversion als Testament aufrecht erhalten werden. Vom Standpunkte der Auffassung des Erbvertrags als Doppelgeschäft müßte man dagegen sagen: utile per inutile non vitiatur. Der Vertragserblasser muß den Erbvertrag persönlich abschließen (§ 564); auf seite des sog. Acceptanten dagegen ist Stellvertretung zulässig. Wohl aber kann der testierfähige Vertragserblasser, dem bloß die volle Vertragsfähigkeit fehlt, mit obervormundschaftlicher Zustimmung einen Erbvertrag schließen (§ 1250; vgl. hiemit dtsch. B.G.B. §§ 2274, 2275); und es kann sich daher bei gegenseitigem Erbvertrage auch ein nach § 865 zu behandelndes negotium claudicans ergeben.

Im Einklange mit der historischen Entwicklung und mit vollem Rechte hat das öst. R. den Erbvertrag an eine Solennitätsform gebunden, in welcher die Einheitlichkeit des Geschäftes ihren rechtlichen Ausdruck findet (ebenso dtsch. B.G.B. § 2276). Nach dem Rechte des a. b. G.B. (§ 1249) kann der Erbvertrag nur in der Form eines schriftlichen (auch holographen) Privat= wie öffentlichen Testamentes errichtet werden; nicht aber in der Form eines privilegierten Testamentes (vgl. Hfkzgsr.=Vdg. v. 8. März 1818 H. 132). Das Ges. v. 25. Juli 1871 R.G.B. 76 verlangt zur Gültigkeit des Erbvertrages noch die Aufnahme eines Notariatsaktes. Es gilt also hier analog dasselbe, wie für die Aufnahme eines Notariatsaktes über ein (schriftliches) Privattestament (vgl. Not.Odg. § 67 u. oben § 18). Gewiß ist aber ein in der Form eines schriftlichen notariellen Testamentes errichteter Erbvertrag gültig, trotzdem ein „Notariatsakt" im buchstäblichen Sinne fehlt.

In materieller Beziehung ist die vertragsmäßige Erbeinsetzung im allgemeinen den für testamentarische Erbeinsetzungen geltenden Regeln unterworfen. Auch auf den sonstigen Inhalt des Erbvertrages finden grundsätzlich die Normen des Testamentsrechtes Anwendung (vgl. insbes. § 1254 i. f., § 803). Hievon bestehen jedoch zwei Ausnahmen. Das Hauptgewicht auf den Vertragscharakter des Erbvertrages legend, behandelt das öst. R. (§ 1251) im Erbvertrage enthaltene Bedingungen nicht wie testamentarische, sondern wie Bedingungen bei anderen vermögensrechtlichen Verträgen; eine besonders wegen § 899 wichtige Bestimmung (vgl. auch § 899 m. § 701; § 900 gilt nicht). Durch Erbvertrag kann außerdem ein Erbe gültig nicht zum ganzen Nachlaß berufen werden (anders beim Testament). Zur Begünstigung der Testierfreiheit besteht nämlich die Bestimmung, daß ein Vertragserbe als solcher höchstens auf drei Vierteile des Nachlasses eingesetzt werden kann (§ 1253). Ein Vierteil des reinen, nämlich nach Abzug der Nachlaßschulden und des Pflichtteils verbleibenden Nachlasses, beim gerichtlich erklärten Verschwender somit $1/4$ der

disponiblen Nachlaßhälfte, also ¹/₈ des Nachlasses (vgl. § 568), ist der letztwilligen Ver=
fügung des Erblassers kraft des Gesetzes vorbehalten. Doch kann dem Vertragserben dieses
Viertel (bezw. Achtel) durch eine selbst im Erbvertrag enthaltene letztwillige Verfügung
zugewendet werden. Weil § 1253 von ¹/₄ des reinen Nachlasses spricht, ist es streitig, ob
den gesetzlichen Erben diese Quote kraft Erbrechtes gebührt, oder ob — was de lege lata
richtiger zu sein scheint — ein gesetzliches Vorausvermächtnis zu Gunsten der Intestaterben
vorliegt.

Als ein dem Testamente vergleichbares Rechtsgeschäft hat der Erbvertrag keine Be=
schränkung der Verfügungsfreiheit des Erblassers inter vivos und auch keinen
Sicherstellungsanspruch des Vertragserben zur Folge (§ 1252). Dieser dem Wesen des
Erbvertrages entsprechende Grundsatz ist im öst. R. rein durchgeführt (anders dtsch. B.G.B.
§ 2287). Selbst die, nach dem geltenden Grundbuchsrechte übrigens unzulässige, Intabulation
oder Pränotation des Erbvertrages bewirkt, im Gegensatze zum früheren Rechte (vgl. auch
§ 1256), keine Einschränkung der Verfügungsfreiheit des Erblassers, der somit auch durch,
wenngleich in Benachteiligungsabsicht vorgenommene, unwiderrufliche Schenkungen auf den
Todesfall verfügen kann. Eine Sicherung der Realisierung seines eventuellen Anspruches
kann dem Vertragserben somit nur die nach den allgemeinen Grundsätzen zulässige Prodi=
galitätserklärung, sowie die spezielle Norm des § 1241 2. S. (vgl. Fam.=R. § 27) bieten.

Aus dem Wesen des Erbvertrages folgt, daß derselbe vom Erblasser einseitig
nicht widerrufen, noch auch durch nachträglich von ihm getroffene Verfügungen
mortis causa das Recht des Vertragserben gegen seinen Willen beeinträchtigt werden
kann (§§ 1254, 1252). Dem Erbvertrag vorhergehende letztwillige Verfügungen sind im
Zweifel insoweit als aufgehoben zu betrachten, als sie das Recht des Vertragserben beein=
trächtigen würden, somit nicht hinsichtlich des der freien letztwilligen Verfügung vor=
behaltenen Nachlaßviertels (vgl. dtsch. B.G.B. § 2289). Ein späterer Erbvertrag beseitigt
einen von denselben Personen geschlossenen früheren Erbvertrag nur durch ausdrückliche Auf=
hebung oder widersprechenden Inhalt.

Der Erbvertrag ist nur ein besonderer Delationsgrund. Das Erbwerden des durch
Vertrag Eingesetzten ist somit an die allgemeinen Voraussetzungen gebunden. Es bedarf
also der Erberklärung, welche aber nicht etwa schon in der Vertragserklärung des Eingesetzten
enthalten ist (ungenau daher die Textierung des § 1250). Somit kann letzterer auch aus=
schlagen, mag er sich auch im Erbvertrage zur Entrichtung ihm auferlegter Legate verpflichtet
haben; und er kann sich bedingt erberklären, trotz versprochener unbedingter Erberklärung
(§ 803).

Der Erbvertrag kann, soweit nicht dessen Vertragsnatur oder spezielle Normen entgegen=
stehen, aus demselben Grunde ungültig sein oder werden, wie ein Testament, insbesondere
infolge Noterbenrechtes (§§ 778, 1254). Als Vertrag kann er ungültig sein wegen
mangelnder Vertragsfähigkeit der Kontrahenten (§ 1250). Zweiseitige korrespektive Erb=
verträge werden hinfällig durch Ungültigkeit der Verfügung auch nur des einen Kontrahenten
(vgl. § 1248). Partielle Ungültigkeit kann die Folge der Beschränkung des § 1253 sein.
Als Ehepakte setzen Erbverträge den Rechts= und Fortbestand der Ehe voraus. Doch bleibt
im Falle der Ehetrennung der Erbvertrag für den schuldlosen Gatten bestehen (§§ 1265,
1266). Im Scheidungsfalle kann es zur Aufhebung des Erbvertrages kommen (§ 1264).
In solchen Fällen ist derselbe nicht etwa als Testament aufrecht zu erhalten; es könnte
denn bewiesen werden, daß eine solche Konversion dem Willen der Parteien entspricht. Der
Erbvertrag kann ganz oder teilweise auch durch einen zwischen den Kontrahenten geschlossenen
Vertrag aufgehoben werden. Dieser ist entweder ein bloßer, an keine Form gebundener
(erbrechtlicher) Aufhebungsvertrag, oder ein neuer Erbvertrag, der an die Stelle des früheren
tritt (erbrechtliche Novation). Ersterer ist bald lediglich contrarius consensus (mutuus
dissensus), bald Widerrufsvertrag, bald ein eigenartiger Erlaßvertrag, bald endlich ein
Erbverzichtsvertrag. Im Falle eines Aufhebungsvertrages tritt, den Fall des Erlaßvertrages
ausgenommen, im Zweifel keine Konversion des Erbvertrages in ein Testament ein. Faßt
man den Erbvertrag als Doppelgeschäft auf (vgl. S. 31), so ergreift die Nichtigkeit oder

die Trennung der Ehe, sowie ein bloßer Aufhebungsvertrag, lediglich den Widerrufsverzicht, so daß es, im Widerspruche mit dem regelmäßigen Parteiwillen, noch der Aufhebung des übrig bleibenden Testamentes bedarf.

2. Abschnitt. Die gesetzliche oder Familienerbfolge (§§ 727—759, 761).

Unger, Erbr., §§ 29—35, 88; S. 18 Anm. 1. — Krainz-Pfaff, §§ 483—490 u. d. Litt. das. — Pfaff-Hofmann, II. S. 4—6, 674—682, ad §§ 727—759, 761 u. d. Litt. das.; Exkurse II. S. 1—6. — Stubenrauch, ad §§ 727—759, 761. — Hüttner, Entwicklung d. Lehre v. d. gesetzl. Erbfolge, 1819. — Lößl, in d. Ger.-Ztg. 1897 Nr. 50. — Ofner, Prot. I. S. 445—463, 477; II. S. 397—398, 551.

§ 36. **Eintritt der gesetzlichen Erbfolge.**

Unger, Erbr., § 29. — Krainz-Pfaff, § 484. — Pfaff-Hofmann, II. S. 679, 693, 694, ad §§ 727, 728. — Strohal, Transmission, S. 58 ff. — Steinlechner, l. c. I. S. 333 ff. — Schiffner, Gesetzl. Vermächtnisse, § 45. — Ofner, Prot. I. S. 445—447.

Die gesetzliche Erbfolge kann nur eintreten, wenn und soweit es zu einer auf Rechts-geschäft beruhenden Erbfolge n i c h t kommt. Somit kann die Familienerbfolge die aus-schließliche sein, aber auch neben der gewillkürten Erbfolge (unpassend „gemischte Erbfolge") stattfinden (§§ 727, 728). Daher ist unzutreffend der mit dem römischrechtlichen Princip der Inkompatibilität der Delationsgründe zusammenhängende Ausdruck „Intestaterbfolge". Unpassend ist die Erwähnung des Pflichtteilsrechtes in §§ 727 u. 729, da das öst. R. nur ein materielles Noterbenrecht kennt und der präkludierte Noterbe (in der Regel) kein Erb-recht im techn. S. hat. Gesetzliche und gewillkürte Erbfolge können einander auch zeitlich ablösen, so daß auf den gewillkürten Erben der gesetzliche folgt (bei resolutiv bedingter oder einer Einsetzung unter einem Endtermin) oder umgekehrt (bei aufschiebender Bedingung oder Anfangstermin) (§§ 707—709; vgl. oben §§ 24—26; ebenso dtsch. B.G.B.). Die gesetz-liche Erbfolge tritt ein, s o b a l d entschieden ist, daß die gewillkürte nicht stattfindet. Dieser Z e i t p u n k t, daher nicht notwendig jener des Erbfalls, ist entscheidend für die Frage, w e l c h e m g e s e t z l i c h e n E r b e n die Erbschaft a n f ä l l t. Somit fällt die Erbschaft dem in d i e s e m Zeitpunkte existierenden (wenigstens erzeugten) erbfähigen nächsten gesetzlichen Erben an. Analog ist innerhalb der gesetzlichen Erbfolge, wenn eine entferntere Linie an die Reihe kommt, für die Bestimmung der Person des Erben der Zeitpunkt maßgebend, in welchem das Nichterben der näheren Linie entschieden ist. In allen solchen Fällen ist es gleichgültig, ob eine ohne Wirkung gebliebene Delation (an gewillkürte oder nähere gesetzliche Erben) vorherging (sog. s u c c e s s i v e D e l a t i o n) oder nicht. Denn der nach Ausfall näherer Delaten zur Erbfolge gelangende gesetzliche Erbe, für den ja dieselbe eventuell eröffnet war, ist so zu behandeln, als wäre die Delation an ihn schon zur Zeit des Erbfalles erfolgt. Die de lege ferenda zu billigende, für die Transmissionsfrage wichtige Ansicht, daß für die Bestimmung der Person des gesetzlichen Erben in allen Fällen der Zeitpunkt des Erb-falls maßgebend ist, hat in das dtsch. B.G.B. Aufnahme gefunden, dürfte aber dem öst. R. (wenigstens in solcher Allgemeinheit) nicht entsprechen. Kommt der gesetzliche Erbe als fidei-kommissarischer Nacherbe in Betracht (§ 708), so entscheidet für die Bestimmung des gesetz-lichen Erben jener Zeitpunkt, in welchem der Erbanfall an den Nacherben stattfindet (vgl. dtsch. B.G.B. § 2104).

Die gesetzliche Erbfolge ist entweder eine a l l g e m e i n e oder eine b e s o n d e r e. Erstere bezeichnet das regelmäßige Recht, letztere die Abweichungen von demselben für gewisse Stände.

A) **Die allgemeine gesetzliche Erbfolge.**

Zu dieser sind berufen die Verwandten des Erblassers und sein E h e g a t t e in bestimmter Ordnung. Bis zum Jahre 1786 tritt uns in Österreich auf dem Gebiete des Intestaterbrechtes partikularistische Rechtszersplitterung entgegen. Die rasch vordringende romanistische Gestaltung desselben kennzeichnet, vom Ehegattenrecht und der Sonderstellung

Tirols abgesehen, die Entwicklung des gesetzlichen Erbfolgerechts dieser Periode. Einheitlich gestaltet wurde letzteres erst durch das aus dem Entwurfe Hortens hervorgegangene und von naturrechtlichen Anschauungen beeinflußte Erbfolgepatent v. 11. Mai 1786 (J.G.S. 548), welches zum größten Teile in das westgal. G.B. wie in das a. b. G.B. überging. Dasselbe bedeutet einen entschiedenen Bruch mit dem römischen Recht.

I. Die Verwandtenerbfolge (§§ 730—756).

§ 37. 1. Die Erbfolgeberechtigung.

Unger, Erbr., § 31. — Krainz-Pfaff, §§ 485—488. — Pfaff-Hofmann, ad §§ 730, 731, 750—756, u. d. Litt. daf. — Stubenrauch, ad §§ 730, 731, 750—756. — Schiffner, in Grünhuts Ztschr. Bd. 25 (1898). — Ofner, Prot. I. S. 447, 448, 454, 455, 459—462; II. S. 398.

Eheliche Verwandtschaft mit dem Erblasser begründet, ohne Rücksicht auf das Geschlecht, das Recht zur gesetzlichen Erbfolge: in absteigender Linie ohne Beschränkung, während in aufsteigender Linie die Ascendenten des fünften Grades und die von ihnen abstammenden Seitenverwandten des Erblassers die gesetzliche Erbrechtsgrenze bilden (§§ 731, 751). (Keine Erbrechtsgrenze kennt das röm. R. und das dtsch. B.G.B. § 1920.) Uneheliche Kinder, gleichviel welcher Art, stehen im Verhältnisse zur Mutter den ehelichen Kindern gleich. Dagegen besteht keine Erbverbindung zwischen dem unehelichen Kinde und den Verwandten der Mutter, noch auch mit dem unehelichen Vater und dessen Verwandten. Die ehelichen Descendenten des unehelichen Kindes können als dessen Repräsentanten die uneheliche Großmutter (Urgroßmutter 2c.) beerben. Das zwischen der unehelichen Mutter einerseits, dem Kinde und dessen Repräsentanten andererseits bestehende Erbrecht ist ein gegenseitiges (§§ 754, 756; zum Teil anders dtsch. B.G.B. §§ 1589, 1705). Legitimierte Kinder, mit Ausnahme der per rescriptum principis legitimierten, sind den ehelich geborenen in der gesetzlichen Erbfolge grundsätzlich gleichgestellt, bei einer Putativehe sogar hinsichtlich des in mala fide befindlichen Elternteils (ebenso im wesentlichen dtsch. B.G.B. §§ 1719, 1722, 1699; anders § 1701). Dagegen beschränkt sich das gesetzliche Erbrecht im Falle der Legitimation durch Begünstigung des Landesfürsten auf die Eltern des legitimierten Kindes einerseits, letzteres und seine eheliche Descendenz andererseits. Innerhalb dieser Maximalgrenze hängt das gesetzliche Erbrecht in diesem Falle vom Inhalte des Legitimationsgesuches und seiner Gewährung ab (§§ 752, 753, 756; vgl. dtsch. B.G.B. §§ 1736, 1737). Die Annahme an Kindesstatt (Adoption) begründet, so lange das Adoptionsverhältnis besteht und wenn nicht der Annahmevertrag eine andere Bestimmung enthält (vgl. § 184), nur ein gesetzliches Erbrecht des Adoptierten und seiner (ehelichen) Descendenten gegen den Adoptierenden, nicht auch gegen dessen Verwandten und Ehegatten als solchen. Dieses Erbrecht ist, da die Adoption nur im Interesse des Adoptierten geschehen soll, kein wechselseitiges. An der erbrechtlichen Stellung des Adoptierten in seiner natürlichen Familie wird durch die Adoption nichts geändert (§§ 755, 756; ebenso im wesentlichen dtsch. B.G.B. §§ 1757, 1759, 1762—1764, 1767).

§ 38. 2. Die allgemeinen Grundsätze der Verwandtenerbfolge.

Unger, Erbr., § 32. — Krainz-Pfaff, § 484. — Pfaff-Hofmann, II. S. 681, 682; ad §§ 730—732, 750, 751, 756 Z. II.: S. 756—772; Exkurse II. S. 26 ff. u. d. Litt. daf. — Stubenrauch, ad §§ 730, 731. — Ofner, Protokolle: vgl. die Citate zum 2. Abschn. (gesetzl. Erbfolge).

Das geltende, durch das Erbfolgepat. v. 1786 eingeführte Erbfolgesystem (die Erbfolgeordnung) ist — wohl im Einklange mit dem älteren deutschen R. — das reine Parentelensystem (Linealsystem, ordo parentelaris), nicht das Lineal-Gradualsystem. Der gesetzlich erbberechtigte Verwandtenkreis des Erblassers gruppiert sich nach sechs übereinanderstehenden „Linien" („Parentelen", „Ordnungen"), von welchen die erste durch sämtliche Descendenten des Erblassers und die anderen fünf nach der Reihenfolge der Gradesnähe durch die Ascendenten des Erblassers vom ersten bis zum fünften Grade einschließlich und deren Descendenten gebildet werden. Die zweite Linie besteht somit aus den Eltern des

Erblaffers, deffen Geschwistern und beren Descenbenten, die dritte Linie aus den Großeltern des Erblaffers, feiner Eltern Geschwister und deren Descenbenten; die vierte, fünfte und sechste Linie endlich wird gebildet durch des Erblaffers erste, zweite, dritte Urgroßeltern und deren Descenbenten (§§ 730, 731). Von diefen sechs Linien schließt die dem Erblaffer nähere Linie die entferntere, somit die erste Linie alle anderen aus; b. h. erst wenn entschieden ist, daß in der näheren Linie niemand erbt, wird der Entfernteren deferiert (successio ordinum).

In allen Linien, und in der Richtung der Descenbenz ohne Beschränkung, gilt ein somit durchgreifendes Repräsentations= oder Vorstellungsrecht (vgl. hiezu §§ 732—734, 551, 541, 780). Es erben nämlich statt eines jeden, zur Zeit der Delation verstorbenen gesetzlichen Anwärters deffen ehelichen Descenbenten aller Grade (niemals deffen Ascenbenten) basjenige, was jener hätte erben können, wenn er noch lebte. Von Repräsentation kann also keine Rede sein, wenn der Anwärter zur Zeit der Delation noch lebt, er mag selbst erben können oder nicht. Stirbt er nach der Delation, so können somit nur deffen Erben als Transmissare eintreten. Repräsentanten sind aber nur die Descenbenten des Ausgefallenen, übrigens gleichviel, ob sie denselben beerben oder nicht. Repräsentation im Sinne des öst. R. bedeutet nicht nur den Eintritt in die Erbportion, sondern auch Succession in die Erbanwartschaft des vorverstorbenen Anwärters, so daß der Repräsentant nicht auf Grund seines Verwandtschaftsverhältnisses zum Erblaffer, also eigenen Rechtes, sondern jure praedefuncti parentis erbt. Hatte somit diefer infolge von Erbunfähigkeit, Verzicht, eines negativen Testamentes oder feiner (nicht etwa zu Gunsten der Nachkommen erfolgten) Ausschlagung kein Recht: so sind auch die Repräsentanten (Descenbenten) ausgeschlossen (vgl. § 551). Demgemäß ist die ältere, unrichtige Repräsentationslehre, welche sich die Redaktoren des a. b. G.B., wie die Redaktionsprotokolle unwiderleglich beweisen, in vollem Maße angeeignet hatten, in das G.B. übergegangen. (Anders mit Recht das dtsch. B.G.B., vgl. §§ 1924, 1953, 2344, 2309.) Eine mit Bewußtsein vorgenommene Abschwächung jenes Repräsentationsprincips enthalten jedoch die §§ 541 u. 780. Stirbt nämlich ein Erbunwürdiger vor dem Erblaffer, so kann die von jenem verwirkte Erbportion von deffen Repräsentanten erworben werden. Ebenso gebührt den Descenbenten eines vor dem Erblaffer verstorbenen rechtmäßig enterbten Kindes der Pflichtteil. Eine weitere Ausnahme kann sich bei Deserteuren ergeben, da ja dieselben hinsichtlich jener Erbschaften, die ihnen ohne Desertion angefallen wären, als nicht vorhanden gelten (Mil.Str.G.B. § 208 c). (Bezüglich Ausgewanderter vgl. Pat. v. 24. März 1832 § 10 c.) Eine Folge des Repräsentationsprincips ist die Unmöglichkeit einer successio graduum im S. des röm. R. Eine weitere Folge ist, daß kein Seitenverwandter des Erblaffers als solcher, sondern nur als Repräsentant (Descenbent) seines vorverstorbenen Parens erben kann, so daß auch eine Konkurrenz vollbürtiger und halbbürtiger Geschwister des Erblaffers möglich ist. Aus jenem Princip folgt zugleich die Teilung der Erbschaft für alle Fälle, namentlich die successio in stirpes, allein und gemischt mit der successio in capita; sodann die Möglichkeit des Erwerbes mehrerer Erbteile infolge mehrfacher Verwandtschaft (§ 750).

Auf dem Gedanken, daß die Verwandtschaft ein gegenseitiges Verhältnis ist, beruht der Grundsatz der Wechselseitigkeit (Reciprocität) der Erbanwartschaft. Kann nämlich infolge diefes Verhältnisses der A den B beerben, so kann bei veränderter Sachlage auch der B den A beerben; und kann A, weil das erforderliche Verwandtschaftsverhältnis fehlt, den B nicht beerben, so kann auch B nicht Erbe des A werden. Das Reciprocitätsprincip hat eine einzige Ausnahme: Adoptiveltern beerben ex lege ihre Adoptivkinder und deren Descenbenten nicht (§ 756).

Gleichgültig für die gesetzliche Erbanwartschaft ist das Geschlecht, Beschaffenheit und Herkunft des (freivererblichen) Vermögens. Insbesondere besteht in jener Beziehung kein Unterschied zwischen dem Vermögen von der Vater= und der Mutterseite. Es gilt also der Satz nicht: paterna paternis, materna maternis, und es giebt somit auch kein (dem älteren dtsch. R. eigenes) sog. Fallrecht (jus recadentiae; ebenso dtsch. B.G.B.).

Parentelenordnung und Repräsentationsprincip sind die Grundpfeiler der Verwandtenerbfolge. Aus ihnen ergiebt sich die Gestaltung der Erbfolge in den einzelnen Linien von selbst.

§ 39. 3. Die Erbfolge in der absteigenden Linie (§§ 732—734).

Unger, Erbr., § 33. — Krainz-Pfaff, § 485. — Pfaff-Hofmann, ad §§ 732—734. — Stubenrauch, ad §§ 732—734. — Ofner, Prot. I. S. 448, 453.

Zur Erbfolge in dieser Linie sind zunächst berufen die Kinder ersten Grades des Erblassers. Diese erben jure proprio und teilen nach Köpfen (divisio, successio per capita), sie mögen einer oder mehreren Ehen entstammen. Die Descendenten der Kinder ersten Grades sind deren Repräsentanten. Letztere werden daher durch ihren zur Zeit der Delation noch lebenden Zwischenparens von der Erbfolge ausgeschlossen. Ist aber letzterer nicht mehr am Leben, und sind seine Descendenten nicht etwa infolge des Repräsentations= princips ausgeschlossen (vgl. S. 36), so erben Enkel, Urenkel u. s. w. nach Stämmen (divisio in stirpes). Es kann somit die divisio per stirpes rein und gemischt mit der divisio per capita eintreten (vgl. hiemit dtsch. B.G.B. § 1924).

§ 40. 4. Die Erbfolge in den aufsteigenden Linien (§§ 735—749).

Unger, Erbr., § 34. — Krainz-Pfaff, § 485. — Pfaff-Hofmann, ad §§ 735—749. — Stubenrauch, ad §§ 735—749. — Ofner, Prot. I. S. 453, 454; II. S. 397.

Gelangt die zweite Linie zur Erbfolge, so findet Halbteilung der Erbschaft zwischen Vater und Mutter statt (sog. divisio per lineas). Sind beide am Leben, so erben sie allein. Ist ein Elternteil vorverstorben, so fällt dessen Nachlaßhälfte an seine Descen= denten als Repräsentanten, also an des Erblassers Geschwister oder deren Descendenten, gleichviel ob diese Geschwister Kinder beider Elternteile, also vollbürtige Geschwister, oder nur des verstorbenen Parens, also halbbürtige Geschwister sind. Die Descendenten des ver= storbenen Elternteils erben nach den Grundsätzen der ersten Linie; somit erben die Kinder der Geschwister des Erblassers (Geschwisterkinder) nach Stämmen. Sind beide Elternteile vorverstorben, so gilt das von der Beerbung eines Elternteiles durch seine Descendenten Bemerkte hinsichtlich beider Teile. Wird die eine Nachlaßhälfte weder von dem einen Elternteil, noch von dessen Descendenten erworben, so fällt der ganze Nachlaß dem anderen Elternteil und in dessen Ermangelung seinen Descendenten zu. (Evident ist das Redaktions= versehen des § 737.) Erbende Geschwister des Erblassers können wohl untereinander, nicht aber im Verhältnis zum Erblasser, Stiefgeschwister sein, da sie mit diesem nicht verwandt sind. Stiefeltern des Erblassers können nur als Transmissare eines seiner gesetzlichen Erben einen Teil seines Nachlasses erhalten.

In den übrigen aufsteigenden Linien (§§ 738—749) wiederholt sich die divisio per lineas, indem die Erbschaft zunächst in zwei Hälften geteilt wird, von welchen die eine unter den Stämmen der Vaterseite, die andere unter jenen der Mutter= seite untergeteilt wird. So viele Elternpaare, so viele Stämme. Daher haben wir in der dritten Linie zwei Stämme, in der vierten Linie vier Stämme, in der fünften Linie acht und in der sechsten Linie sechzehn Stämme. In jedem Stamme findet die Erbfolge nach den Grundsätzen der zweiten Linie statt, so daß sich die Erbfolge der diesem Stamme angehörenden Seitenverwandten des Erblassers zu einer Descendentenerbfolge (erste Linie) gestaltet. Kommt ein Stamm erbrechtlich nicht in Betracht, so fällt dieser Stammteil: in der dritten Linie an das andere Großelternpaar bezw. seine Descendenten; in der vierten Linie zunächst an den anderen Stamm derselben Seite, und wenn auch dieser nicht in Betracht kommt, an die beiden Stämme der anderen Seite. Somit fällt hier ein erledigter Stammteil auf den mit dem erloschenen zunächst verbundenen, d. i. auf jenen Stamm, der sich mit ersterem in absteigender Linie in demselben Abkömmling vereinigt. (§ 743 enthält den Schreibfehler „und" statt „oder".) Nach den für die vierte Linie geltenden Grund= sätzen findet die Erbfolge auch in der fünften und sechsten Linie statt; nur stehen in der fünften Linie je zwei und in der sechsten Linie je zwei und vier Stämme derselben Seite miteinander in näherer Verbindung.

Die Verwandtenerbfolge des öst. R. besitzt den großen Vorzug der Einfachheit und der konsequenten Durchführung klarer Grundsätze: Parentelenordnung, Repräsentationsrecht, Reciprocitätsprincip. Das öst. R. hat hier dem dtsch. B.G.B. zum Vorbilde gedient (vgl.

§§ 1924—1930 u. a.). In dem Bestreben, das fiskalische Heimfallsrecht möglichst zurück= zudrängen, hat aber das öst. R. der gesetzlichen Erbberechtigung eine bei reinem Lineal= system heutzutage ungerechtfertigte, mit dem natürlichen Gefühle und daher mit dem ver= mutlichen Willen des Erblassers nicht im Einklange stehende allzugroße Ausdehnung gegeben, welche die Gefahr einer Zersplitterung des Nachlasses in den höheren Linien in sich schließt. Diesen Bedenken kann entweder durch Feststellung einer engeren Erbrechtsgrenze, allenfalls durch Einschränkung derselben auf vier Linien, oder auch durch Berücksichtigung der Gradesnähe in den höheren Linien (Lineal=Gradualfolge) begegnet werden. Den letzteren Weg geht das dtsch. B.G.B. (§§ 1918, 1929), welches eine Erbrechtsgrenze nicht kennt. Zu billigen ist das Repräsentationsprincip, nicht aber die Aufnahme desselben im Sinne der älteren Auffassung. Der Repräsentant sollte nicht jure praedefuncti parentis, sondern jure proprio erben (wie nach dem dtsch. B.G.B.), und der zur Zeit der Delation noch lebende, aber selbst nicht erbende Zwischenparens sollte für die Erbfolge als nicht vorhanden gelten. Ein schwerwiegender Fehler der öst. Verwandtenerbfolge ist endlich die ganz unberechtigte, große Einschränkung des gesetzlichen Erbrechtes der Unehelichen, infolge welcher selbst unehe= liche Zwillinge einander ab intestato nicht beerben können; eine Einschränkung, welche der günstigen familienrechtlichen Stellung der Unehelichen widerspricht und daher als ein „Mißton in einem sonst so humanen Gesetzbuch" erscheint.

§ 41. II. Die Ehegattenerbfolge (§§ 757—759).

Unger, Erbr., § 35. — Krainz=Pfaff, §§ 489, 513. — Pfaff=Hofmann, II. ad §§ 757—759; S. 756—772 u. d. Litt. daf. — Stubenrauch, ad §§ 757—759 u. d. Litt. daf. — Schiffner, Gesetzl. Vermächtnisse, § 29 u. d. Litt. daf. — Ofner, Prot. I. S. 455—459, 477; II. S. 397, 551.

Die Geschichte des öst. Gattenerbrechtes entbehrt einer einheitlichen Entwicklung. In ihren einzelnen Phasen treten uns sehr verschiedene, nur zuweilen vom röm. R. beeinflußte Resultate entgegen. Dieses Schwanken der Gesetzgebung hat erst im a. b. G.B. seinen übrigens wenig befriedigenden Abschluß gefunden. Dessen Gattenerbrecht ist von jenem der Nov. 117 in vielen Beziehungen wesentlich verschieden.

Nach öst. R. ist das Gattenerbrecht, u. zw. ohne Rücksicht auf das Vermögen der Gatten, ein wechselseitiges. Es setzt den Rechts= und Fortbestand der Ehe bis zum Tode des einen Gatten voraus. Ein getrennter, selbst schuldloser Gatte hat daher kein Intestaterbrecht (§ 1266). Uneinverständliche Scheidung von Tisch und Bett zieht für den schuldigen Gatten den Verlust seines gesetzlichen Erbrechtes nach sich (§ 759).

Dem überlebenden Gatten gebührt, wenn gar keine Verwandten des Erblassers in Betracht kommen (wie schon nach prätorischem R.) die ganze Erbschaft. Außer diesem, praktisch nur im Falle der unehelichen Geburt des Erblassers wichtigen subsidiären Erb= recht, welches dem älteren öst. R. nicht selten fremd war, steht dem Ehegatten ein mit dem Erbrechte der Verwandten des Erblassers konkurrierendes Erbrecht zu. Erbt der Gatte neben Ascendenten oder Seitenverwandten des Erblassers, gleichviel welchen Grades: so gebührt dem Gatten ein Viertel der Erbschaft zu „unbeschränktem Eigentum", d. h. er hat die Rechtsstellung eines Erben, dem kein Nacherbe substituiert ist. Trifft aber der Gatte mit Descendenten des Erblassers zusammen, gleichviel ob diese seine Kinder sind oder nicht, ob sie eheliche, legitimierte, uneheliche oder bloß Adoptivkinder sind: so gebührt dem Gatten eine Quote der Erbschaft nur „zum lebenslangen Genusse", während das „Eigen= tum" daran jenen Descendenten vorbehalten bleibt. Diese Quote beträgt nie mehr als ein Viertel der Erbschaft, im Falle der Konkurrenz mit drei oder mehreren Kindern aber ein Kopfteil (eine Virilportion). Sind die Descendenten des Erblassers nicht Kinder ersten Grades, so tritt Stammteilung ein. Streitig ist noch heutzutage die Frage nach der Rechtsstellung des mit Descendenten des Erblassers konkurrierenden Ehe= gatten. Als aufgegeben kann namentlich die dem Wesen der Erbfolge als Universal= succession widersprechende, daher theoretisch unmögliche Auffassung betrachtet werden, welche das Genußrecht (§ 757) als ususfructus im techn. S. und trotzdem den Gatten als Erben betrachtet. Dagegen stehen sich heutzutage noch zwei Hauptansichten gegenüber. Nach der

einen (vgl. insbef. Unger) befindet sich der Gatte in Bezug auf die betreffende Erbschafts=
quote im wesentlichen in der gleichen Rechtsstellung wie ein Legatar, dem der Fruchtgenuß
an einer solchen Quote vermacht worden ist. Das Recht des Gatten ist ein sog. **gesetz=
liches Vermächtnis**. Nach der anderen Ansicht (vgl. Pfaff u. Hofmann, Komment.)
liegt eine vom Gesetze zu Gunsten der den Gatten überlebenden Descendenten des Erblassers
angeordnete, somit bedingte **fideikommissarische Substitution** vor. Der Gatte
ist Vorerbe in Bezug auf eine Erbschaftsquote, jene Descendenten sind ihm fideikommissarisch
substituiert. Das „Genußrecht" des Gatten ist eben nicht bloßer ususfructus, sondern
„das eingeschränkte Eigentumsrecht mit den Rechten und Verbindlichkeiten eines Fruchtnießers"
im Sinne des § 613, also fiduciarisches u. zw. unvererbliches Recht. Diese (zweite) Kon=
struktion hat den Vorzug großer Einfachheit für sich. Sie führt in allen Fällen zu praktisch
befriedigenden Resultaten und entspricht der Tendenz des Gesetzbuchs, dem Ehegatten zwar
Erbenstellung, aber doch nur eine solche zu verschaffen, welche den Kindern des Erblassers
die dem überlebenden Gatten gebührende Erbschaftsquote sichert. Die Beschränkung des
Gatten soll zu Gunsten der Kinder bestehen; daher „unbeschränktes Eigentum", wenn keine
Kinder vorhanden sind (§ 758), beschränktes Eigentum („Genuß" im S. d. § 613), wenn
Kinder da sind (§ 757). Die Legatstheorie beruft sich auf den Wortlaut des § 757, der
sich an die Nov. 117 enge anschließt, welche, wie das Erbfolgepat. von 1786, von Frucht=
genuß spricht. Doch führt diese Auffassung zu praktisch sehr komplizierten, daher sehr
bedenklichen Ergebnissen, weil man genötigt ist, den dem Gatten gebührenden Genußanteil
an jedem Kindeserbteil anzunehmen. Streitig ist nach dieser letzteren Ansicht, ob dem
Gatten der ususfructus in natura und nur, wenn dies nicht möglich, an dem entsprechenden
Geldbetrage gebühre; — oder ob die Erben freie Wahl zwischen diesen beiden Befriedigungs=
arten haben. Bei Annahme einer fideikommissarischen Substitution erhält dagegen der
Gatte den Genuß als Erbe, somit jedenfalls in natura.

Der Gatte, welcher mit Verwandten des Erblassers konkurriert, muß sich in seinen
Erbteil **einrechnen** lassen, was ihm durch Verfügung von Todeswegen oder infolge von
Ehepakten aus dem Vermögen des verstorbenen Gatten zukommt (§ 758). Ausgenommen
von der Einrechnung ist jedoch die letztwillig wie vertragsmäßig auf den Todesfall
zugewendete Fruchtnießung (Advitalitätsrecht), bezüglich welcher dem Gatten nur ein Wahl=
recht zusteht (§ 1258); sodann das durch Gütergemeinschaft Gewonnene. Die Einrechnungs=
vorschrift ist dispositives Recht, weicht daher dem gegenteiligen Willen des Erblassers. Die
Einrechnung ist keine Kollation, daher § 793 unanwendbar. Die der Einrechnung unter=
liegenden Beträge sind vielmehr vom Erbteile des Gatten abzuziehen. Übersteigt der Wert
des einzurechnenden Objekts jenen des Erbteiles, so wird ein Wahlrecht im S. des § 1258
häufig den einzigen Ausweg bilden.

Das öst. Gattenerbrecht bedarf dringend der Reform, da es dem überlebenden Gatten
eine in keiner Weise zu rechtfertigende ungünstige Stellung einräumt, deren juristische Natur
zudem, wenn er mit Kindern des Erblassers konkurriert, als zweifelhaft erscheint. Besonders
tadelnswert ist die gleiche Behandlung des Gatten, er mag mit Eltern des Erblassers oder
mit noch so entfernten (erbberechtigten) Seitenverwandten desselben zusammentreffen. Mit
Recht berücksichtigt das dtsch. B.G.B. solche Unterschiede und giebt dem Gatten eine der
Bedeutung des Gattenverhältnisses entsprechende günstige erbrechtliche Stellung (vgl. daf.
§§ 1931—1934).

§ 42. B) **Die besondere gesetzliche Erbfolge.**

Unger, Erbr., § 88. — Krainz=Pfaff, § 490. — Stubenrauch, ad § 761. — Singer,
Historische Studien über die Erbfolge nach katholischen Weltgeistlichen, 1883; — ders., Die Behebung
der für Ordenspersonen bestehenden Beschränkungen im commercium m. c., 1880. — Ofner, Prot. I.
S. 462, 463.

Eine besondere gesetzliche Erbfolge gilt nach zahlreichen, zum Teil bis ins 18. Jahrh.
zurückreichenden, in § 761 bloß berührten Vorschriften für den Nachlaß gewisser **geistlicher
Personen.** Dieses vom gemeinen Recht abweichende Sonderrecht ist vor allem bestrebt, die
schwierige Scheidung des Nachlasses nach seinem kirchlichen und bürgerlichen Ursprung zu

vermeiden und dem wahrscheinlichen Willen des Erblassers zu entsprechen. Nach den für **katholische Weltgeistliche**, Regimentskapläne ausgenommen, geltenden, durch das Ges. v. 7. Mai 1874 R.G.B. 50 (§ 58) in Kraft erhaltenen Normen ist der Nachlaß eines solchen Geistlichen, der bei einer Kirche **bleibend** angestellt war, in **drei gleiche** Teile zu teilen. Ein Drittel gebührt für kirchliche Diöcesanzwecke der Kirche, bei welcher der Verstorbene zuletzt bepfründet war. Hat diese Filialen und stehen Hauptkirche und Filialen unter verschiedenen Patronaten: so ist das Kirchendrittel unter diese Kirchen nach dem Verhältnisse der Seelenzahl zu verteilen. Das zweite Nachlaßdrittel ist dem Armeninstitute jenes Ortes, wohin das Kirchendrittel gehört, zuzuweisen. Das dritte Nachlaßdrittel gebührt den Verwandten des Erblassers nach den Grundsätzen der gemeinen gesetzlichen Erbfolge. Armen Verwandten hat die politische Behörde vom Armendrittel soviel zuzuweisen, als denselben davon nach der gemeinen Intestaterbfolge zukäme. Schlägt die Gemeinde das Armendrittel aus, so fällt es an die Verwandten. Kommen weder Verwandte des Erblassers, noch Vermächtnisnehmer in Betracht, so wird ein Drittel des Nachlasses caduk. War der Geistliche **bei keiner Kirche** bleibend angestellt, so entfällt das Kirchendrittel und gebühren zwei Nachlaßdrittel den Verwandten, das Armendrittel aber der Gemeinde des letzten Domizils. Die dargelegten Grundsätze gelten auch dann, wenn der Geistliche aus einer früheren Ehe Kinder hinterlassen hat. Die den Verwandten ab intestato zukommende Nachlaßquote bildet die Grundlage für die Bemessung des Pflichtteils der Kinder wie der Eltern. Für **griechisch-unierte** Kleriker gelten die dargelegten Normen nur, wenn sie weder eine Gattin noch Kinder hinterlassen. Auf Geistliche **anderer Konfessionen** finden sie überhaupt keine Anwendung. **Ordensgeistliche** können ab intestato, u. zw. nach den Grundsätzen der gemeinen Intestaterbfolge, aber nur hinsichtlich ihres zur Zeit der Profeßleistung vorhandenen Vermögens, beerbt werden (arg. Pat. v. 1854 § 182), da letztere die Vermögenserwerbs-Unfähigkeit der Ordensperson nach sich zieht. Die gesetzliche Erbfolge nach Exreligiosen unterliegt grundsätzlich den allgemeinen Normen. Besondere Bestimmungen gelten für aus dem ungarischen Studien- oder Religionsfonde pensionierte Exreligiose (vgl. Pfaff-Hofmann, Exkurse II. S. 56—58).

§ 43. 4. Kapitel. Ausschließung der Erbfolge durch Rechtsgeschäft.

Unger, Erbr., § 30. — Krainz-Pfaff, § 483. — Pfaff-Hofmann, II. ad § 551, S. 678, 686, 687; Exkurse II. S. 31—56 u. die Litt. das. — Stubenrauch, ad § 551. — Hofmann, Wesen u. Wirkung d. Erbverzichts u. Erbvertrags, in Grünhuts Ztschr. III. S. 649—669 (auch in d. Ger.-Ztg. 1876 Nr. 96—98). — Meißels, Die Lehre v. Verzichte, in Grünhuts Ztschr. Bd. 19 (1892), insbef. S. 40 ff. — (Verus)(!), in d. Ger.-Halle, 1897 Nr. 48. — Ofner, Prot. I. S. 443—445; II. S. 396, 537, 538.

Der Erbanfall (Delation) kann bei der gewillkürten wie bei der gesetzlichen Erbfolge durch **einseitige** Verfügung des Erblassers von Todeswegen, wie durch einen mit ihm abgeschlossenen Vertrag ausgeschlossen werden. Im ersten Falle erscheint das Rechtsgeschäft entweder als Widerruf einer früheren testamentarischen Erbeinsetzung, oder als sog. **negatives, enterbendes Testament**, d. i. die in Testamentsform verfügte (unbedingte oder bedingte, unbetagte oder betagte, gänzliche oder teilweise) Ausschließung eines gesetzlichen Erben von der Erbfolge, welche auch in der suspensiv bedingten Einsetzung eines gesetzlichen Erben für den Fall der Deficienz der Bedingung enthalten sein kann. Die Gültigkeit einer solchen (nach röm. R. ungültigen) freiwiderruflichen Verfügung folgt, ganz abgesehen von der theoretischen Anschauung der Redaktoren, aus der Beziehung der gesetzlichen zur gewillkürten Erbfolge. Denn erstere tritt ein, wenn und soweit nicht eine gegenteilige, gültige und wirksame Willenserklärung des Erblassers vorliegt. Durch einen mit dem Erblasser geschlossenen Vertrag kann der Erbanfall an den durch Rechtsgeschäft oder Gesetz zur Erbfolge berufenen Mitkontrahenten ausgeschlossen werden; ein solcher Vertrag heißt **Erbverzicht** (§§ 551, 538). Dem röm. R. fremd, hat sich der Erbverzicht in Deutschland wie in Österreich der widerstrebenden romanistischen

Doktrin gegenüber nur langsam und zunächst nur in bestimmten Gestaltungen, namentlich im Adelsrecht, Eingang verschafft. Durch die Doktrin weiter entwickelt und allmählich zur Geltung gebracht, ist dieses Institut in die meisten modernen Gesetzgebungen über= gegangen (so auch in das dtsch. B.G.B. §§ 2346—2352; anders das französ. u. italien. G.B.). Das öst. R. läßt denselben allgemein (nicht bloß unter Ehegatten) zu. Die Be= denken, welche gegen die Beibehaltung des Erbverzichtes sprechen, hat das öst. R. durch die Regelung dieses Institutes nicht abgeschwächt, vielmehr gesteigert (namentlich durch den inkonsequenten Grundsatz der Formlosigkeit des Erbverzichtes), so daß das G.B. in dieser Beziehung der Reform bedarf.

Der Erbverzicht ist ein Vertrag mit dem Erblasser, daher verschieden von der erst nach dem Eintritte des Erbfalls möglichen und als einseitiger Akt erscheinenden Aus= schlagung; ebenso verschieden von dem ungültigen Vertrage, durch welchen der eine Kontrahent auf die Erbschaft eines noch lebenden Dritten zu Gunsten der Mitkontrahenten verzichtet (pactum de hereditate tertii viventis, § 879 Z. 4). Der Erbverzicht ist das Gegenstück des Erbeinsetzungsvertrages. Die Beziehungen des Erbvertrages zum (positiven) Testament sind analog dem Verhältnisse des Erbverzichtes zum negativen (enterbenden) Testament. Dort wird eine Delation einseitig unwiderruflich begründet, hier eine Delation einseitig unwiderruflich ausgeschlossen, die ohne den Vertrag erfolgen würde. Der Erbverzicht ist also kein obligatorischer Vertrag, wie das pactum de repudianda hereditate (vgl. S. 44); er verpflichtet nicht, sondern er schließt in bindender Weise von der Delation aus (vgl. § 538). Er ist also ein eigentümlicher erbrechtlicher Vertrag, der aber nicht etwa die sofortige Aufhebung des Erbrechtes, das ja bei Lebzeiten des Erblassers noch nicht besteht, auch keine Lösung der Erbverbindung zwischen den Kontrahenten bewirkt, sondern lediglich als ein unabhängig von einseitiger Willensänderung bestehendes Hindernis der Delation erscheint.

Durch Verzicht kann jede Delation ausgeschlossen werden (ebenso dtsch. B.G.B. §§ 2346, 2352). Historisch der wichtigste Fall ist der Verzicht auf das gesetzliche Erbrecht. Praktisch besonders wichtig ist der Verzicht auf den Pflichtteil und das Vertragserbrecht. Im letzteren Falle liegt ein den Erbvertrag aufhebender Vertrag vor. Regelmäßig geringe praktische Bedeutung hat der Verzicht auf das testamentarische Erbrecht. Der Verzicht auf die gesetzliche Erbfolge schließt auch vom Pflichtteil aus, nicht aber in der Regel umgekehrt. Der Erbverzicht kann auch (wie die testamentarische Ausschließung) ein nur teilweiser, sowie ein suspensiv oder resolutiv bedingter oder ein betagter sein. Bei bedingtem oder betagtem Verzichte finden die §§ 707 u. 708 Anwendung. Eine besondere Gestaltung des bedingten Erbverzichtes ist im Zweifel derjenige, welcher zu Gunsten bestimmter Personen erfolgt. Erbt in diesem Falle der Begünstigte nicht, so wird dem Verzichtenden deferiert. Der Verzicht zu Gunsten eines von mehreren Mitberufenen des Verzichtenden kommt, wenn dieser eine erbt, allen zugute, da es keinen translativen Verzicht giebt. Der Erbverzicht kann ein sog. entgeltlicher sein, wenn der Verzichtende vom Mitkontrahenten für den Verzicht eine Abfindung erhält. Diese kann kondiziert werden, wenn der Verzichtende trotz des Verzichtes erbt, nicht auch, wenn er auch ohne Verzicht nicht geerbt hätte.

In nicht zu billigender Weise ist der Erbverzicht gesetzlich an keine Form gebunden (anders noch die älteren Entwürfe und dtsch. B.G.B. § 2348). Verzichten kann jeder zur Annahme oder Ausschlagung einer Erbschaft Fähige (§§ 551, 805). Beschränkt Ge= schäftsfähige bedürfen der vormundschaftlichen Genehmigung (§§ 865, 233), Kridatare der Zustimmung der Gläubigerschaft (Konk.=Ordg. v. 1868 § 4). Die Fähigkeit zur Entgegennahme des Verzichtes ist nach § 865 zu beurteilen. Nicht erforderlich ist persönlicher Vertrags= abschluß (vgl. dtsch. B.G.B. §§ 2347, 2348, 2352). Freiwillige Stellvertreter des Ver= zichtenden bedürfen einer Specialvollmacht (§ 1008). Der selbst absichtlich zum Nachteile der Gläubiger des Verzichtenden erfolgte Erbverzicht ist keine anfechtbare Rechtshandlung im Sinne des Anfechtungsges. v. 16. März 1884.

Als eine Folgerung aus der in das G.B. übergegangenen, den Redaktoren desselben eigenen älteren Repräsentationstheorie (vgl. S. 36) erscheint die de lege ferenda nicht zu billigende Bestimmung, daß der Erbverzicht auch die Descendenten des Verzichtenden in demselben Umfang wie diesen von der Erbfolge ausschließt (§ 551); ein somit ohne Einschränkung geltender Grundsatz, der absolutes Recht, nicht aber eine Auslegungsregel ist (wie nach d. dtsch. B.G.B. § 2349). Die Zulässigkeit eines Verzichtes zu Gunsten der Kinder des Verzichtenden steht hiermit nicht im Widerspruch.

Der Erbverzicht kann, ähnlich wie der Erbvertrag, durch wenngleich formlosen Vertrag der Kontrahenten aufgehoben werden.

§ 44. 5. Kapitel. Eröffnung und Vollziehung von Testamenten, Erbverträgen (und verwandten Verfügungen).

Unger, Erbr., § 27; Verlassenschaftsabhandlung S. 51 ff., 84. — Krainz=Pfaff, § 532. — Stubenrauch, ad §§ 816, 817 u. d. Litt. das. — Randa, Erwerb d. Erbschaft, S. 73 ff. — Schuster v. Bonnott, Komm., ad §§ 41, 61—70, 80, 164. — Ofner, Prot. II. S. 293.

1. Verfügungen von Todeswegen — die Gesetzgebung nennt nur Testamente, Kodicille und Erbverträge — sind, selbst gegen den Willen des Erblassers, nach dessen Tode ohne unnötigen Aufschub, auch im Falle späterer Auffindung, durch das Abhandlungsgericht zu eröffnen und nach den hiefür geltenden Normen kundzumachen (Pat. v. 1854 §§ 41, 61—70, 180 u. Not.=Odg. v. 1871 § 111). Dritte Besitzer solcher Verfügungen können nach Eintritt des Erbfalls zu sofortiger Ausfolgung an das Gericht verhalten werden. Die Urschrift der eröffneten und kundgemachten Urkunden verbleibt bei Gericht (bei notariellen Urkunden beim Notar) in amtlicher Verwahrung. Die Parteien erhalten auf Verlangen Abschriften.

2. Das weit zurückreichende deutschrechtliche Institut der **Testamentsvollzieher** (Testamentsexekutoren), welches für die Entwicklung des deutschen Erbrechts von großer Bedeutung war, ging, wenn auch mehr oder minder umgestaltet, in die modernen Gesetzgebungen über (vgl. insbes. die eingehende Regelung im dtsch. B.G.B. §§ 2197—2228). Auch das geltende öst. R. (§ 816) läßt zur Vollstreckung von Verfügungen von Todeswegen sog. Testamentsvollzieher oder Exekutoren zu. Die Bestellung erfolgt durch einen mit dem Erblasser oder den Erben geschlossenen Mandatsvertrag oder durch letztwillige Anordnung des Erblassers, welche, wie ihr Widerruf, der Testamentsform nicht bedarf (vgl. §§ 196 u. 1005; anders mit Recht das dtsch. B.G.B. § 2197). Der letztwillig Ernannte, welcher das Verlassenschaftsgericht von seiner Ernennung zu benachrichtigen hat (Pat. v. 1854 § 80), ist zur Übernahme des Auftrages, ausgenommen er wäre Erbe oder Vermächtnisnehmer, nicht verpflichtet (§ 817). Die rechtliche Stellung des Testamentsexekutors, sowie die Fähigkeit zur Übernahme eines solchen Auftrages, richtet sich vor allem nach den allgemeinen Grundsätzen des Mandats (§ 816; vgl. somit insbes. §§ 1004, 1006 [daher General= und Special=Exekutoren], 1007—1015, 1017—1019, 1021, 1022, 1024—1026). Maßgebend ist außerdem, daß der Erbe als solcher zur Vollziehung des letzten Willens verpflichtet ist (§ 817) und das Abhandlungsgericht, infolge der Gestaltung des Institutes der Verlassenschaftshandlung, als oberster Testamentsvollstrecker die Vollziehung des letzten Willens zu überwachen hat (§ 817). Somit erscheint der durch Mandat des Erblassers bestellte Testamentsexekutor zwar als Mandatar des Erblassers, aber als Stellvertreter der Erben. Daher genügt auch der Testamentsvollzieher seiner Verpflichtung, wenn er den saumseligen Erben zur Vollziehung des letzten Willens betreibt; und es wird durch einen Testamentsexekutor das Recht des Erben zur Verwaltung des Nachlasses (§ 810) an sich nicht ausgeschlossen. Doch kann ersterem, selbst wenn er vom Erblasser letztwillig nicht zugleich zum Abhandlungspfleger ernannt ist, die Kuratel gemäß Pat. v. 1854 §§ 77—79 anvertraut werden (das. § 80). Eine weitere Folge des in Bezug auf die Vollziehung des letzten Willens bestehenden Verhältnisses zwischen Abhandlungsgericht, Erben und Testamentsexekutor ist, daß letzterer die sog. Testamentsausweisung (§ 817 u. Pat. v. 1854 §§ 149, 157—161), d. i. den Nachweis der Erfüllung oder Sicherstellung des letzten Willens gemeinschaftlich mit dem Erben dem Abhandlungsgerichte vorzulegen hat (Pat. v. 1854 § 164).

Aus der dargelegten Rechtsstellung des Testamentsvollziehers folgt, daß dieses Institut im öst. R. nur eine geringe praktische Bedeutung besitzt. De lege ferenda ist gewiß die — allerdings durch eine Reform der Abhandlungspflege überhaupt bedingte — Erweiterung der Rechte und Pflichten des Testamentsvollziehers und eine genauere Normierung dieses Instituts zu empfehlen.

§ 45. 6. Kapitel. Antretung und Ausschlagung der Erbschaft.

Unger, Erbr., §§ 36, 37. — Krainz-Pfaff, §§ 480, 509, 510 u. d. Litt. das. — Pfaff-Hofmann, Komm., II. S. 87, 223, 248, 249. — Stubenrauch, ad §§ 799, 800, 805, 806, 808 u. d. Litt. das. — Randa, Erwerb d. Erbschaft, S. 10 ff., 141 ff. — Steinlechner, Das schwebende Erbrecht, I. §§ 39—41. — Meissels, in Grünh. Ztschr. Bd. 19 (1892) S. 42 ff. — Unger, Verlassenschaftsabhandlung, S. 121 ff. — Schuster v. Bonnott, Komm., ad §§ 75, 76, 115—132. — Pfersche, Irrtumslehre, S. 101, 102. — Steinbach, Komm., ad §§ 13, 30. — Menzel, Anfechtungsrecht, S. 72 ff., 82 ff. — Krasnopolski, Anfechtungsrecht, S. 15 ff. — Ofner, Prot. II. S. 286, 287, 289, 290, 399, 400, 553, 554.

1. Die (nach öst. R.) ausnahmslos als Voraussetzung des Erbschaftserwerbes erscheinende Erklärung des Willens des Berufenen, die (einseitige) Berufung zu genehmigen und somit Erbe zu sein („Erbserklärung", Antretung, Annahme der Erbschaft, §§ 799, 800, vgl. S. 5), kann, sowie die Erklärung der Nichtgenehmigung des Berufungswillens (Ausschlagung, Ablehnung der Erbschaft), persönlich wie durch Stellvertreter erfolgen. Zur persönlichen, selbständigen Antretung oder Ablehnung ist, da erstere Verpflichtungen nach sich zieht, letztere aber als Verzicht erscheint, volle Geschäftsfähigkeit erforderlich (§ 805). Mindestens 7 Jahre alte Minderjährige und entmündigte Verschwender können mit Zustimmung ihres gesetzlichen Vertreters antreten wie ausschlagen (§§ 152, 244, 865). Zu unbedingter Antretung wie zur Ausschlagung ist außerdem obervormundschaftliche Genehmigung erforderlich, welcher es auch dann bedarf, wenn der Vater, Vormund oder Kurator (auch curator absentis, vgl. Pat. v. 1854 § 131) als gesetzlicher Vertreter des Minderjährigen oder Pflegebefohlenen eine solche Erklärung abgiebt (§§ 805, 233, Pat. v. 1854 § 120). Die vom Kurator eines Geisteskranken für diesen abgegebene Erberklärung bewirkt für den Vertretenen definitiven (nicht, wie nach röm. R., bloß provisorischen) Erbschaftserwerb. Für juristische Personen geben deren Vertreter die Annahme- oder Ablehnungserklärung ab. Für einen Kridatar kann der Masseverwalter mit Zustimmung des Gläubigerausschusses bedingt antreten oder ausschlagen (Konk.-Odg. § 4, Hfd. v. 8. Mai 1835 J.G.S. 19). Freiwillige Stellvertreter bedürfen zur unbedingten Antretung wie zur Ausschlagung einer Specialvollmacht (§ 1008).

2. Antretung wie Ausschlagung können nicht vor dem Erbfall, wohl aber sofort nach dessen Eintritt erfolgen, es mag der Erbanfall bereits stattgefunden haben oder nur eventuell bevorstehen. Somit kann, die Kenntnis der eventuellen Delation sowie des Delationsgrundes vorausgesetzt, eine bindende Antretungs- oder Ablehnungserklärung bei bedingter Berufung auch pendente conditione (§ 703), sowie für den Fall des Nichterbewerbens Vorberufener abgegeben werden (vgl. §§ 604, 726, 730 ff.; anders röm. R.). Die Zulässigkeit solcher bindender anticipativer Erklärungen folgt, von allgemeinen Grundsätzen abgesehen, aus der Gestaltung des Instituts der Verlassenschaftsabhandlung. Denn so lange die an den Vorberufenen erfolgte Delation nicht unwirksam geworden ist, wird dem Nachberufenen (eventuell Berufenen) nicht deferiert. Trotzdem kann aber dem letzteren auf Grund seiner Erberklärung die Erbschaft eingeantwortet werden, wenn der Vorberufene bloß die Antretungsfrist versäumt hat (Pat. v. 1854 §§ 120, 128).

3. Die Gültigkeit der Antretung wie Ausschlagung, welche weder an eine Bedingung, noch an eine Zeitbestimmung gebunden werden können, setzt während der Verlassenschaftsabhandlung eine ausdrückliche gesetzesgemäße, dem Verlassenschaftsgerichte gegenüber abgegebene Erklärung voraus (§§ 797, 799, Pat. v. 1854 § 115 ff.). Die schriftlich angebrachte oder zu Protokoll gegebene Erberklärung (vgl. Pat. v. 1854 §§ 115 ff.) bedarf inhaltlich jener Bestimmtheit, welche zur Durchführung der Verlassenschaftsabhandlung und im Interesse der Nachlaßbeteiligten als geboten erscheint. Die Erberklärung muß daher enthalten: die

Angabe des Rechtstitels (Delationsgrundes), auf Grund dessen die Antretung erfolgt (nicht auch die Größe des Erbteils); sodann die Erklärung, ob mit der Rechtswohlthat des Inventars (bedingt) oder ohne solche (unbedingt) angetreten werde (§§ 799, 800, Pat. v. 1854 §§ 121, 122). Die Antretung kann auch teils ex lege, teils ex testamento (s. pacto) erfolgen. Jede gesetzesgemäße Erberklärung muß das Verlassenschaftsgericht annehmen, ohne jedoch dieselbe der Verlassenschaftsabhandlung stets zu Grunde legen zu müssen (vgl. Pat. v. 1854 §§ 123, 125, 126). Nach Abschluß der Verlassenschaftsabhandlung können Antretung wie Ausschlagung der Erbschaft gültig auch außergerichtlich, selbst durch konkludente Handlungen erfolgen. Insbesondere ist in der Anstellung der Erbschaftsklage, in dem nach Eintritt des Substitutionsfalles an den Vorerben gerichteten Restitutionsbegehren des Nacherben, überhaupt in dem an den Erbschaftsbesitzer gerichteten Ausfolgungsbegehren des Delaten, bezw. der Übernahme der freiwillig herausgegebenen Erbschaft, die Erberklärung enthalten. Wer sich aber die Rechtswohlthat des Inventars sichern will, hat dies auch in solchen Fällen dem Gerichte gegenüber zu erklären. Eine gesetzliche F r i s t zur Antretung wie zur Ausschlagung besteht nach öst. R. nicht (vgl. dtsch. B.G.B. § 1944). Selbst auf Begehren von Nachlaßbeteiligten, namentlich Nachberufener, kann dem Berufenen eine Erklärungsfrist nicht mit der Wirkung gesetzt werden, daß er nach verstrichener Frist als Erbe oder Nichterbe zu behandeln wäre; — ein Nachberufene, insbesondere Substituten, leicht empfindlich treffender Mangel der Gesetzgebung. Zur Beschleunigung der Verlassenschaftsabhandlung hat das Verlassenschaftsgericht dem Berufenen eine bis auf ein Jahr erstreckbare Überlegungsfrist zu bestimmen (Pat. v. 1854 §§ 115, 116, 118 ff.). Verstreicht diese Präklusivfrist ohne Erklärung des Berufenen: so wird letzterer dadurch n i c h t v o m E r b r e c h t e, s o n d e r n n u r v o n d e r V e r l a s s e n s c h a f t s a b h a n d l u n g präkludiert, für welche er somit als ausgefallen zu behandeln ist. Daher kann der Präkludierte seine Erbansprüche nach geschlossener Verlassenschaftsabhandlung, selbst gegen den immittierten Erben, bis zum Ablaufe der Verjährungszeit noch immer zur Geltung bringen (Pat. v. 1854 §§ 120, 128). — Eine gesetzliche Pflicht zur Antretung oder Ausschlagung kennt das öst. R., von der Erklärungspflicht der gesetzlichen Vertreter Minderjähriger oder Pflegebefohlener abgesehen (Pat. v. 1854 § 120), nicht. Wohl aber kann vertragsmäßig eine obligatorische Verpflichtung zur Antretung oder Ausschlagung begründet werden (pactum de adeunda s. repudianda hereditate), wenn nicht der Vertrag als pactum de hereditate tertii viventis ungültig ist (§ 879 Z. 4). Der aus m e h r e r e n D e l a t i o n s g r ü n d e n Berufene kann in der Regel nach freier Wahl aus dem einen oder dem anderen antreten (vgl. dtsch. B.G.B. § 1948). Der Intestaterbe aber, der zugleich ex testamento oder ex pacto berufen ist, kann ab intestato nicht antreten, wenn durch die Ablehnung der gewillkürten Erbfolge mortis causa getroffene Verfügungen des Erblassers vereitelt würden. In solchen Fällen kann der Berufene nur als gewillkürter Erbe antreten (§ 808), eine Bestimmung, die namentlich wegen der Behandlung des test. destitutum (vgl. § 726) selten zu praktischer Bedeutung gelangt (anders röm. R.). Der Testamentserbe aber, der zugleich Noterbe ist, kann „mit Vorbehalt" seines Pflichtteils ausschlagen (§ 808). Damit wird aber nur der Gedanke zum Ausdruck gebracht, daß in der Ausschlagung der Erbschaft an sich noch kein Verzicht auf den Pflichtteil liegt. Somit scheint ein ausdrücklicher Vorbehalt des Pflichtteils zu dessen Sicherung nicht nötig zu sein. Ohne Zweifel kann der Berufene seine Erberklärung auf einen Titel stützen, für den Fall der (ihm unbekannten) Ungültigkeit des anderen Titels und mit dem Vorbehalte der Bestreitung des letzteren.

Antretung wie Ablehnung müssen der zu Grunde liegenden Berufung e n t s p r e c h e n. Wer also zur ganzen Erbschaft berufen ist, kann nur die ganze Erbschaft, und der zu einem Erbteil Berufene nur den ganzen Erbteil annehmen oder ausschlagen. Wer auf mehrere gesonderte Erbteile eingesetzt ist, kann den einen annehmen, den anderen ausschlagen. In der Annahme oder Ausschlagung des einen ist die Annahme oder Ausschlagung des anderen nicht von selbst enthalten. Somit: so viele Erbteile, so viele Antretungen oder Ablehnungen (anders röm. R.). Ob mehrere Erbteile als gesonderte anzusehen seien oder der eine Teil nur als Erweiterung des anderen, hängt von der konkreten Sachlage ab und ist namentlich eine Frage der Willensauslegung. Gesonderte Erbteile liegen im Zweifel vor, wenn die Berufungen auf verschiedenen Delationsgründen beruhen, während die in verschiedenen Testamenten derselben Person zugewiesenen Erbteile im Zweifel nicht als gesonderte gelten können (vgl. dtsch. B.G.B. § 1951). Wohl aber kann im Zweifel der antretende Inſtitut die ihm zufallende Subſtitutionsportion ausſchlagen.

4. Die während der Verlaſſenſchaftsabhandlung geſetzesgemäß erfolgte Annahme oder Ablehnung iſt, zur Sicherung der durch dieſe Erklärung entſtandenen Rechtsſtellung Dritter, ſelbſt dann **unwiderruflich**, wenn ſie durch Zwang, Irrtum oder Betrug veranlaßt wurde (§ 806). Die in der Erbſchaftsklage enthaltene Antretung dagegen kann durch Zurückziehung der Klage rückgängig gemacht werden. Die unbedingte Erberklärung kann, wegen der an dieſelbe ſich knüpfenden unbeſchränkten Haftung des Erben, nicht in eine bedingte verwandelt werden, wohl aber umgekehrt, u. zw. ſelbſt nach der Inventarserrichtung (§ 806). Zuläſſig iſt die Änderung des Erbrechtstitels im Falle irrtümlicher Annahme des Beſtandes des der Antretung zu Grunde gelegten Titels, ebenſo Umwandlung der Erb= erklärung ab intestato in eine Erklärung ex testamento, wenn dem Antretenden infolge Irrtums die Gültigkeit des Teſtaments oder ſeine Einſetzung in demſelben nicht bekannt war. In ihren Wirkungen der als poſitive Erklärung erſcheinenden Ausſchlagung (repudiatio) gleichgeſtellt iſt die **Auslaſſung (Omiſſion)** der Erbſchaft, ein negatives Verhalten des Berufenen, durch welches ihm die Erbſchaft verloren geht, z. B. Nichterfüllung einer Poteſtativbedingung, an welche die Berufung gebunden iſt, nicht auch bloße Verſäumung der gerichtlichen Überlegungsfriſt (vgl. S. 44). Antretung, Ausſchlagung und Omiſſion können wegen Benachteiligung der Gläubiger anfechtbare Rechtshandlungen ſein nach Maß= gabe des Anf.=Geſ. v. 16. März 1884, R.G.B. 36 (vgl. insbeſ. § 13 Z. 1, § 14, ſodann §§ 1, 2, 29, 30 d. Geſ.).

7. Kapitel. Rechtsſtellung des Erben.

I. Im allgemeinen.

§ 46. Unger, Erbr., § 40, § 7 i. f. — Krainz=Pfaff, II. §§ 509, 511, 514, 532, 350; I. § 65, u. d. Litt. daſ. — Pfaff=Hofmann, ad §§ 547—549 u. d. Litt. daſ. — Stubenrauch, ad §§ 547—549, 801, 1337, 1445 u. a. — Steinlechner, Das ſchwebende Erbrecht, II. Bd., insbeſ. §§ 43—45, 47 ff. — Strohal, Zur Lehre vom Eigentum an Immobilien (1876), § 8. — Randa, Eigentumsrecht, 2. Aufl. I. S. 389. — Ofner, Prot. I. S. 324; II. S. 180, 287.

I. 1. Mit dem **Erbantritte** wird, den Erbanfall (und bei betagter Erbeinſetzung den Eintritt des dies) vorausgeſetzt, die Univerſalſucceſſion des Erben perfekt (§ 547), welche jedoch nicht etwa als ein in einem Akte ſich vollziehender Komplex von Singular= ſucceſſionen erſcheint. Der Erbe wird ſomit (per universitatem) Subjekt aller im Nachlaſſe enthaltenen Rechtsverhältniſſe. Die Erbſchaft als ſolche hat aufgehört und geht in dem einheitlichen Vermögen des Erben auf. In gewiſſen rechtlichen Beziehungen (Erbſchaftsklage, fideikommiſſariſche Subſtitution) kann jedoch die Erbſchaft ſo, wie möglicherweiſe ein anderer Beſtandteil des Erbenvermögens, als eine Einheit zu behandeln ſein. Eine notwendige Folge der Verſchmelzung der Erbſchaft mit dem Vermögen des Erben (confusio bonorum) (§ 1445) iſt das Erlöſchen der zwiſchen Erblaſſer und Erben bisher beſtandenen nicht intabulierten Rechte, Verpflichtungen und Laſten durch „Vereinigung" (confusio) (§§ 1445, 1446). Die Verſchmelzung der beiden Vermögensmaſſen zu **einem** Vermögen ändert natürlich an der Thatſache nichts, daß ein Teil dieſes Vermögens ererbt, ein anderer in anderer Weiſe erworben iſt. Die Berufung auf die eine oder andere Erwerbungsart kann aber praktiſche Bedeutung erlangen. Fälle ſolcher Art können ſich z. B. ergeben, wenn der Hauptſchuldner den Bürgen oder dieſer jenen beerbt oder ein Mitſchuldner den anderen, falls die beiden Verpflichtungen „von ungleicher Stärke oder Realiſierbarkeit ſind" (vgl. auch § 1445: „Verhältniſſe von ganz verſchiedener Art").

2. Aus dem über das Weſen der Erbfolge und der hereditas iacens Bemerkten ergiebt ſich, daß die **rechtliche Lage des Erben** (von den höchſtperſönlichen Verhält= niſſen des Erblaſſers und den Veränderungen hereditate iacente abgeſehen) grundſätzlich

nicht verschieden ist von jener des Erblassers. (Nicht ganz zutreffend ist die Personeneinheitsformel in § 547 1. u. 2. S.) Der Erbe erwirbt daher alle einzelnen Vermögensrechte, sowie den hereditate iacente fortdauernden Besitz des Erblassers (S. 8, 9), ohne daß es hierzu eines speciellen Erwerbsaktes bedürfte, falls nur dem Erben die erforderliche Rechtsfähigkeit zusteht. Fehlt letztere in Ansehung von Erbschaftssachen, so gebührt dem Erben der durch Veräußerung erzielte Erlös. (Vgl. hinsichtlich der Montenegriner Just.M.E. v. 5. August 1849 R.G.B. 348, welcher ein allgemeines Princip zu enthalten scheint.) Das Gleiche hat, mit Aufrechthaltung der Rechtslage Dritter, zu gelten, wenn hereditate iacente Sachen oder Rechte erworben werden, bezüglich welcher dem Erben die erforderliche Rechtsfähigkeit fehlt. Die Streitfrage, ob der Erbe zum Erwerbe verbücherter Rechte des Erblassers der für ersteren jedenfalls praktisch wichtigen grundbücherlichen Eintragung bedürfe (vgl. einerseits § 547, andererseits §§ 436, 819, Pat. v. 1854 § 177), ist im Einklange mit dem in § 547 zum Ausdrucke kommenden Wesen der erbrechtlichen Universalsuccession wohl zu verneinen (Ausnahme vom sog. Eintragungsprincip).

3. Eine Folge der Identität der rechtlichen Lage des Erben und des Erblassers ist der Übergang der (nicht höchstpersönlichen) vermögensrechtlichen Verbindlichkeiten des Erblassers, gleichviel welchen Ursprungs, die seinem Vermögen anhaften, auf den Erben (§ 548). Dies gilt namentlich auch von der Schadenersatzpflicht (§ 1337) und, rechtskräftige Verurteilung des Erblassers vorausgesetzt, von der Verpflichtung zur Zahlung von Vermögensstrafen, insbesondere Geldstrafen, und zum Ersatze der Kosten des Strafverfahrens (§ 548, Min.-Vdg. v. 3. April 1859 R.G.B. 52, Str.Pr.Odg. v. 1873 § 389, Hfd. v. 18. Juli 1820 J.G.S. 1676; vgl. auch Gefälls-Str.G. v. 1835 §§ 470, 471). Abweichend vom älteren deutschen R., welches die Haftung des Erben für die erwähnten Verbindlichkeiten auf den Umfang des Nachlasses beschränkte, hat das öst. R., in Übereinstimmung mit dem röm. R. und den meisten modernen Gesetzgebungen, den Grundsatz der unbeschränkten Haftung des Erben auch für die Deliktsschulden des Erblassers (§ 1337, anders röm. R.) aufgenommen (§§ 801, 548), d. h.: der Erbe haftet für die ganze Schuld mit seinem ganzen, ererbten und sonstigen Vermögen. Nach dem dtsch. B.G.B. (vgl. §§ 1958, 1967, 1975 ff.) gilt dieser Grundsatz erst vom Zeitpunkte des durch die Annahme definitiv gewordenen Erberwerbes an; vorher haftet der Erbe nur mit dem Nachlaß.

Zu den Lasten des Erbvermögens, welche der Erbe zu tragen hat, gehören insbesondere die Kosten für das Begräbnis des Erblassers (§ 549). Der Erbe haftet für sie (nicht auch für die Trauerkosten) wie für eine Erbschaftsschuld (ebenso dtsch. B.G.B. § 1968). Subsidiär sind die zur Alimentation des Erblassers gesetzlich Verpflichteten in der für die Unterhaltungspflicht geltenden Reihenfolge (vgl. das Fam.-R. S. 49), und wenn der Tod durch Verschulden eines Dritten herbeigeführt wurde, der Schuldige (vgl. § 1327) zur Tragung der Begräbniskosten verbunden (vgl. auch Min.-Vdg. v. 6. Aug. 1851; ebenso dtsch. B.G.B. §§ 1617, 1713, 844, Einf.-Ges. Art. 42). Doch können dieselben selbst vor dem Erbschaftsantritt dem Nachlaß entnommen werden (Pat. v. 1854 §§ 46, 145). Das Maß des nicht letztwillig oder vertragsmäßig bestimmten Aufwandes richtet sich nach dem Ortsgebrauch, dem Stande und dem Vermögen des Verstorbenen. Bestreitung der Begräbniskosten durch einen Nichtverpflichteten berechtigt den letzteren zur Ersatzklage nach den Grundsätzen der negotiorum gestio und der in rem versio (vgl. namentlich § 1042). (Über die Haftung des Erben für Auflagen, Vermächtnisse und Noterben gegenüber, sowie für die Erfüllung gewisser gesetzlicher Verpflichtungen vgl. oben § 4.)

Als eine Anwendung des Grundsatzes, daß der Erbe für die Obligationen des Erblassers hafte, wird die Verpflichtung des Erben zur Anerkennung von das eigene Vermögen des Erben betreffenden Verfügungen des Erblassers inter vivos betrachtet. Die Wirksamkeit solcher Verfügungen (z. B. Veräußerung, Verpfändung einer Sache des Erben) ergiebt sich aber als notwendige Folge aus der juristischen Natur des Erbschaftsantrittes, welcher als Genehmigung des Erbberufungswillens auch die Genehmigung solcher Verfügungen in sich schließt.

4. Aus der juristischen Natur des Erbschaftsantrittes folgt dessen rückwirkende Kraft, das sog. Rückwirkungsprincip, von selbst (vgl. S. 8), welches sich aber vor dem

Antritte des Erben nicht verwerten läßt. Die zeitlichen Grenzen der Rückwirkung sind einer= seits der Antritt des Erben als Beginn, anderseits der Tod des Erblassers als Endpunkt der Rückwirkung, selbst im Falle späteren Erbanfalles für eine bestimmte Person. Dieser Grundsatz gilt namentlich in Ansehung des Eigentums an den Erbschaftssachen und deren Zuwachs, es mag sich um bewegliche oder unbewegliche Sachen handeln (arg. bezüglich der letzteren allg. Grundb.=G. v. 1871 § 23). Die Rückwirkung des Erbschaftsantrittes schließt einen modifizierenden Einfluß auf rechtliche Vorgänge, die in die Zeit der her. iacens fallen, nicht notwendig in sich. Der Gesichtspunkt, daß der Erbe durch seinen Antritt den ein= seitigen Willen genehmigt, welcher ihn in die Gesamtheit der beim Tode des Erblassers vorhandenen und später entstandenen Rechtsverhältnisse des Erbvermögens beruft, führt zur grundsätzlichen Aufrechterhaltung der heredite iacente eingetretenen Rechtslage der Erb= schaft, namentlich socher die letztere betreffenden Rechtshandlungen, an welchen der Erbe als Delat beteiligt war. Dieser Grundsatz ist als Postulat der Verkehrssicherheit ein durch= greifender, sofern es sich um die durch Rechtsakte heredite iacente begründete Rechts= stellung Dritter handelt (z. B. Erwerb von Erbschaftssachen oder von Rechten an solchen durch Dritte, wenn auch durch ein Rechtsgeschäft des Delaten; vgl. § 547: „in Beziehung auf einen Dritten"). Was aber die Rechtslage des Erben selbst in seiner Beziehung zur Erbschaft betrifft: so kann das heredite iacente provisorisch für die Erbschaft begründete Rechtsverhältnis durch den Antritt des Erben allerdings berührt werden, falls diesem die zum Eintritte in dasselbe erforderliche Fähigkeit fehlt (z. B. Ausschließung des Erben vom Erwerbe der heredite iacente erworbenen Erbschaftssache wegen des dem Erben fehlenden commercium, vgl. S. 46).

§ 47. Unger, Die Verlassenschaftsabhandlung in Österreich, 1862; Erbrecht, § 39. — Harrasowsky, Grundzüge der Verlassenschaftsabhandlung, 1862. — Grf. Chorinsky, Das Notariat und die Verlassenschaftsabhandlung in Österreich, 1878. — Schuster v. Bonnott, Kom= mentar z. Ges. üb. d. Verfahren außer Streitsachen, 4. Aufl., 1894, S. 59 ff. — Krainz=Pfaff, §§ 536, 511 u. d. Litt. das. — Stubenrauch, ad §§ 797, 798. — Ofner, Prot. I. S. 494, 495; II. S. 286—288.

II. Die dargelegte Rechtsstellung des (nach eingetretenem Erbanfall) erberklärten Erben wird nach öst. R. in umfassender, tiefgehender Weise durch das Institut der **Verlassenschaftsabhandlung** beeinflußt (vgl. insbes. das 15. Hptst. § 797 und das Pat. v. 9. August 1854 §§ 20 — 180). Der legislativ = politische Zweck dieses ganzen Institutes ist Rechtssicherung. Wie schon die ersten Redaktoren, sowie jene des a. b. G.B. klar ausgesprochen haben, sorgt der Staat durch seine Gerichte im Wege eines von Amtswegen durchzuführenden Verfahrens (sog. Verlassenschaftsabhandlung) für die Sicherung jener Rechte, welche bei einem Erbfall in Betracht kommen, es mag sich nun um öffentliche, namentlich staatliche (fiskalische) oder um Privatinteressen handeln. Fast allgemein wird heutzutage zugegeben, daß Umfang und Gestaltung dieser Fürsorge als eine viel zu weit= gehende staatliche Bevormundung der Parteien erscheint, als deren Angelegenheit vielmehr das Abhandlungsgeschäft seiner Natur und seinem Ursprunge nach betrachtet werden muß. An diesem letzteren Standpunkte hielt das röm. R. fest, und diese Auffassung hat auch in viele moderne Gesetzgebungen, namentlich in das dtsch. B.G.B., Eingang gefunden. Der bezeichnete Zweck des Abhandlungsverfahrens nach öst. R. enthält seinen plastischen Ausdruck in dem Grundsatze: der Erbe hat den Nachlaß aus den Händen des Gerichtes zu empfangen, welches denselben von Amtswegen sofort nach eingetretenem Erbfalle in gesetzes= gemäßer Weise vor rechtswidrigen Eingriffen zu sichern bezw. in gerichtliche Obsorge zu nehmen hat. Erst nach durchgeführter Verlassenschaftsabhandlung erfolgt die richterliche Einweisung des Erben in den Nachlaß, somit dessen Ausfolgung an den Erben, sog. gericht= licher Einsatz oder Nachlaßeinantwortung (§ 797). Ihrer ganzen Anlage nach (vgl. z. B. §§ 120, 128, 130, 180 d. Pat.) ist die Verlassenschaftsabhandlung nicht geeignet, die Person des Erben mit voller Sicherheit festzustellen. Der Nachlaß soll dem= jenigen ausgefolgt werden, dem er auch wahrscheinlich verbleiben wird: ein Wahrschein= lichkeitserfolg ist nach dieser Richtung hin das Ergebnis des sehr umständlichen Ver= fahrens. Dem wahrscheinlichen Erben soll aber nur der reine, nämlich der nach Befriedigung der Nachlaßgläubiger im weitesten Sinne (Erbschaftsgläubiger i. e. S., Vermächtnisnehmer, Pflichtteilsberechtigte, Staat, öffentliche Anstalten u. s. w.) erübrigende Rest des Nachlasses eingeantwortet werden. In erster Linie ist also der Nachlaß den **Erbschaftsgläubigern rechtlich verfangen.** Soweit es sich aber um privatrechtliche Ansprüche handelt, hat dieser Grundsatz im heutigen Rechte eine wesentliche Milderung erfahren, denn die Durchführung jenes Grundsatzes hat principiell aufgehört, eine dem Richter von Amtswegen obliegende Pflicht zu sein, wird vielmehr in die Hände der Gläubiger selbst gelegt (vgl. §§ 811, 817, 688). Mit Recht ist das Institut der Verlassenschaftsabhandlung dem dtsch. B.G.B. unbekannt. Die dem Nachlaßgerichte von Amtswegen obliegende Fürsorge für die Nachlaßinteressenten bewegt sich hier innerhalb engerer Grenzen (vgl. insbes. §§ 1960—1962, 1965).

Litt. zu §§ 48, 49: Unger, Erbr., §§ 39, 40; Verlassenschaftsabhandlung, S. 80 ff., 97 ff., 117 ff., 135 ff., 147 ff. — Krainz=Pfaff, §§ 509, 511, 514, 533, 536 u. d. Litt. das. — Pfaff=Hofmann, ad §§ 547 (3. IV), 550 (3. III). — Stubenrauch, ad §§ 810, 811, 822, 819 (3. III), 824 i. f. u. d. Litt. das. — Randa, Erwerb d. Erbschaft, S. 84 ff. — Schuster v. Bonnott, Komm., ad §§ 145—148, 149 ff.; §§ 52, 73, 179. — Steinbach, Komm. z. Anfechtungsges., ad § 14. — Menzel, Anfechtungsrecht, S. 98 ff. — Krasnopolski, Anfechtungsrecht, S. 10; — ders., Schutz des redlichen Verkehrs, 1892, S. 26 ff. — Ofner, Prot. II. S. 290, 291, 294.

§ 48. III. Das eben charakterisierte Institut der Verlassenschaftsabhandlung muß notwendig bis zur Einantwortung des Nachlasses eine weitreichende Beschränkung des erberklärten Erben in der Verfügung über das erworbene Erbvermögen zur Folge haben. Im Interesse des Erben selbst, namentlich aber der übrigen Nachlaßbeteiligten, wird kraft gesetzlicher Vorschrift die mit der Erberklärung sich vollziehende Verschmelzung der beiden Vermögensmassen gehemmt, so daß das Erbvermögen dem Erben faktisch als Sondervermögen gegenübersteht und dessen praktische Behandlung in vielen Beziehungen jener einer ruhenden Erbschaft gleichkommt. Die Grundlage für diese Scheidung der beiden Vermögensmassen bildet das Nachlaßinventar (Pat. v. 1854 § 92 ff.), in dessen Ermangelung das eidesstättige Vermögensbekenntnis des Erben (Pat. § 114). Wohl ist dem (erberklärten) Erben, der sein Erbrecht hinreichend ausweist, die Verwaltung des Nachlasses zu bewilligen (§ 810, Pat. v. 1854 §§ 122, 145). (Über die gerichtliche Sequestration während des Erbrechtsstreites vgl. § 127 d. Pat.) Doch ist die Rechtsstellung des Erben in diesem Falle jener eines Verlassenschaftskurators vergleichbar (vgl. Pat. § 145). Völlige Gleichstellung ist aber schon darum nicht vorhanden, weil ein Kurator fremde Interessen vertritt, der verwaltende Erbe aber seine eigenen (vgl. auch Pat. § 148 2. Abs.).

Der Grundsatz der **ausschließlichen rechtlichen Verfangenschaft** des Nachlasses zu Gunsten der Erbschaftsgläubiger aller Art findet seine zeitliche Schranke erst in der Einantwortung. Bis dahin haftet denselben der erberklärte Erbe nur beschränkt, nämlich nur mit dem Erbvermögen. Seinen eigenen Gläubigern aber haftet der Erbe bis zur Einantwortung mit dem Erbvermögen gar nicht, sondern nur mit seinem sonstigen Vermögen. (Die gleichen Grundsätze gelten nach dem dtsch. B.G.B. bis zur Annahmeerklärung des Erben.) Es befinden sich also die Erbschaftsgläubiger in der rechtlichen Lage von „Separatisten", da ihnen bis zur Einantwortung das gesetzliche, allerdings in ihre Hände gelegte Recht der ausschließlichen Befriedigung aus dem Erbvermögen zusteht (arg. § 822). Trotz dieser beschränkten Haftung des Erben wäre die Behauptung, die Erbschaftsgläubiger hätten die „Erbschaft", nicht den Erben zu ihrem Schuldner, unrichtig, sobald man den Erbschaftserwerb an die Antretung knüpft. Dann hat ja mit dieser die hereditas iacens ihr Ende erreicht. Die rechtliche Verschmelzung der Vermögensmassen hat sich vollzogen, und nur zur Sicherung der Nachlaßinteressenten wird die Erbschaft als ein Sondervermögen des Erben behandelt. Es greift also nur — ähnlich wie beim Konkursvermögen — eine sachliche (pfandähnliche) Haftung eines bestimmten Vermögensbestandteiles des Erben zu Gunsten eines bestimmten Personenkreises Platz. Diese Auffassung findet denn auch in der Bestimmung ihren Ausdruck, daß nach der Erberklärung Erbschaftsgläubiger nur mehr gegen den Erben bezw. den ihn vertretenden Kurator klagen können (vgl. S. 9). Weil das erwähnte Separationsrecht der Erbschaftsgläubiger mit der Einantwortung sein Ende nimmt, somit in der Befriedigung aus einem eventuellen Aktivrest des Nachlasses, wie aus dem sonstigen Vermögen des Erben, die Verlassenschaftsgläubiger mit den eigenen Gläubigern des Erben konkurrieren: so räumt das G.B. (§ 822) den letzteren das Recht ein, zur Sicherstellung ihrer künftigen Befriedigung noch vor der Einantwortung Nachlaßobjekte, selbstverständlich nicht das Erbrecht selbst (Hfd. v. 3. Juni 1846 J.G.S. 968), mit Pfändung, Vormerkung (Pfandrechtspränotation), Verbot oder Sequestration zu belegen. Diese schon nach der Delation zulässigen Sicherstellungsmittel können aber dem bezeichneten ausschließ= lichen Befriedigungsrechte der Erbschaftsgläubiger nicht nachteilig sein. Sie haben daher einen bedingten und einen betagten Charakter. Denn sie wirken nur unter der Voraussetzung der Einantwortung eines nach Befriedigung der vorher angemeldeten Erbschaftsgläubiger verbleibenden Aktivrestes der Erbschaft an den betreffenden Delaten, und sie können erst von diesem Zeitpunkte an geltend gemacht werden. Für ihre Priorität aber ist der Zeitpunkt ihrer Erwirkung maßgebend.

§ 49. IV. Mit der **Erbschaftseinantwortung**, zu deren Beweis dem Erben eine ihn als solchen **legitimierende Urkunde** ausgefolgt wird (Pat. v. 1854 § 174; vgl. hiemit die Einrichtung des „Erbscheins" nach dem dtsch. B.G.B. §§ 2353 ff.), nimmt der im Interesse der Nachlaßbeteiligten durch.die Verlassenschaftsabhandlung geschaffene Zustand sein Ende. Die Erbschaft hört nunmehr auch faktisch auf, ein Sondervermögen des Erben zu sein; die Hemmung oder Beschränkung der Ausübung seiner erbschaftlichen Rechte ist beseitigt, und es gelangt nun die unbeschränkte (persönliche) Haftung des Erben den Erbschaftsgläubigern gegenüber, die von jetzt an mit seinen eigenen Gläubigern in der Befriedigung aus dem durch die Erbschaft verstärkten Vermögen des Erben konkurrieren, zu voller Geltung.

Die Einantwortung ist **nicht** etwa ein **Akt der Besitzübertragung** der Erb= schaft, eine Auffassung, zu der die Textierung der Gesetzgebung (vgl. das 15. Hptst. „Von der Besitznehmung der Erbschaft") verleitet. Denn der Erbe, nicht das Gericht, succediert in den Besitz des Erblassers und den hereditate iacente begründeten Besitz. Das Gericht ist nur der gesetzliche Verwalter und Verwahrer des Nachlasses, somit nur Detentor in fremdem Interesse. Die nicht etwa schon früher zugestandene Detention also wird dem Erben durch die Einantwortung eingeräumt.

Die Einantwortung hat aber auch die Bedeutung eines **gerichtlichen** (Präjudicial=) **Urteils** nach durchgeführtem petitorischen (anders gem. R.) Erbschaftsprozeß. Die Ein= antwortungsurkunde macht somit solange über das Erbrecht des immittierten Erben vollen Beweis, als nicht Dritte, die ersterem nicht schon im Erbrechtsprozeß als Prozeßgegner gegenüberstanden, den Beweis eines gleichen oder besseren Erbrechtes erbracht haben (§ 823, vgl. unten § 60).

Aus dieser Rechtsstellung des immittierten Erben Dritten gegenüber wird zum Schutze des **gutgläubigen Verkehres der Grundsatz** abgeleitet: wer sich mit einem immit= tierten Putativerben in entgeltliche oder unentgeltliche Rechtsgeschäfte eingelassen hat, genießt auch den wahren, dem Putativerben verdrängenden Erben gegenüber vollen Schutz. Wer also bona fide dingliche Rechte an beweglichen oder unbeweglichen Erbschaftssachen vom immittierten Erben erworben hat, dessen Erwerb ist auch dem wahren Erben gegenüber gesichert; und Erbschaftsschuldner, welche durch bona fide vorgenommene liberatorische Rechts= akte (Zahlung, Erlaß u. s. w.) dem immittierten Erben gegenüber befreit worden sind, können auch vom wahren Erben nicht mehr belangt werden (§ 824 i. f.). (Im wesentlichen den gleichen Grundsatz enthält das dtsch. B.G.B. §§ 2366, 2367 hinsichtlich der Wirkung des Erbscheines.)

Eine an die rechtskräftige Einantwortung im öffentlichen Interesse geknüpfte Pflicht des Verlassenschaftsgerichtes ist, die durch den Erbfall notwendig gewordene Ordnung des Grundbuchstandes, soweit die erforderlichen urkundlichen Grundlagen vorliegen, von Amtswegen durchzuführen, falls bis zum Ablaufe von 6 Wochen nach Eintritt der Rechtskraft der Einantwortung kein jene Ordnung bezweckendes gesetzesgemäßes Ansuchen der

Beteiligten gestellt wird (Ges. v. 23. Mai 1883 R.G.B. 82, Erl. d. Justiz-M. v. 25. April 1884 Z. 4407).

Wesentlich verschieden von der erörterten Nachlaßeinantwortung ist die sog. jure crediti-Einantwortung, welche unter den Voraussetzungen des Pat. v. 1854 § 52 (vgl. auch § 73) zulässig ist. Hier kommt das Erbrecht gar nicht in Betracht, und es findet daher auch keine Verlassenschaftsabhandlung statt. Der Übernehmer des Nachlasses erhält denselben nur an Zahlungsstatt, bezw. mit der Verpflichtung zur Berichtigung der Nachlaß-Schulden und Lasten.

§ 50. Unger, Erbr., § 40 Anm. 20. — Krainz-Pfaff, §§ 480, 509, 511 u. d. Litt. daf. — Grf. Chorinsky, Notariat u. Verlassensch.-Abhandlung (1877), S. 126, 163 ff. — Randa, Eigentumsrecht, I. 2. Aufl. (1893), S. 382 ff. — Pfaff-Hofmann, II. S. 14 Anm. 2, S. 15 Anm. 1, ad § 550 (Z. III). — Steinlechner, l. c. I. S. 433—437; II. § 47 u. d. Litt. daf. — Strohal, Eigentum an Immobilien, § 8. — Pineles, in Grünhuts Ztschr. XIV. S. 137 ff. — Schuster v. Bonnott, Komm., ad §§ 149, 150. — Menzel, Anfechtungsrecht, S. 83. — Ofner, Prot. I. S. 287, 288; II. S. 494, 495.

V. Mit der durch die Verlassenschaftsabhandlung bewirkten Rechtsstellung des erberklärten, noch nicht immittierten Erben und der Auffassung der Erbschaftseinantwortung als Besitzübertragungsakt hängt die von namhaften Schriftstellern verteidigte (ins böhm. Land-tafelpat. v. 22. April 1794 § 7 übergegangene) Ansicht zusammen, daß sich der Erb-schaftserwerb erst mit der Einantwortung, also nicht schon mit der Antretung vollziehe, so daß die ruhende Erbschaft bis zur Einantwortung fortdauern würde. Diese auch in der Praxis häufig vertretene Ansicht (auf welche hier nicht näher eingegangen werden kann) scheint mir kein notwendiges Ergebnis der für dieselbe vorgebrachten Gründe zu sein. Sie verkennt den wahren Sinn des vor allem entscheidenden § 547, der den gemeinrecht-lichen Grundsatz zum Ausdrucke bringen soll, daß sich der Erbschaftserwerb mit dem Antritte vollzieht. Die Rechtsstellung des erberklärten Erben während der Verlassenschaftsabhandlung zwingt zu jener Ansicht durchaus nicht. Dieses ganze Institut bezweckt nur Rechtssicherung (vgl. oben § 47), nicht Rechtsbegründung. Es normiert nur die Bedingungen der Rechts-ausübung, welche für den Erben bis zur Einantwortung gehemmt erscheint. Sowie ein Konkursvermögen zu Gunsten der Konkursgläubiger, denen es rechtlich verfangen ist, der freien Verfügung des Cridatars entzogen und daher als Sondervermögen desselben behandelt wird, so gilt analog das Gleiche für die angetretene Erbschaft bis zur Einantwortung. Daraus erklärt sich von selbst die Rechtsstellung des die Erbschaft verwaltenden Erben, sowie seiner eigenen Gläubiger bis zur Einantwortung. Diese ist kein Besitzübertragungsakt — womit ein Hauptargument für die abgelehnte Ansicht entfällt — und ebensowenig konstitutiv, wie ein im Erbschaftsstreite gegen den immittierten Erben erstrittenes Urteil, wie die gericht-liche Ausfolgung eines Mündelvermögens an den volljährig gewordenen Mündel oder des Aktivrestes einer Konkursmasse an den Cridatar. Die verteidigte Ansicht findet auch in der ausdrücklichen Erklärung der Redaktoren des a. b. G.B. einen Beleg, daß der Erbe, der sich „die Erbschaft selbst übergeben müßte", ohne Übergabe Eigentümer der Erbschaftssachen werde (Ofner, Prot. II. S. 545). Und wenn in den älteren Entwürfen dem Erben erst nach der Einantwortung das „volle" oder „vollwirksame" Eigentum an den Erbschaftssachen beigelegt wird, so ist diese Redewendung der Ausdruck des Gedankens, daß dem Erben vor der Einantwortung nur ein „in seiner praktischen Geltung und Realisierung gehemmtes" Eigentum zustehe.

II. Beschränkung der Haftung des Erben gegenüber den Erbschaftsgläubigern.

Die Fälle, in welchen die auf den Nachlaß beschränkte Haftung des Erben den Nachlaß-gläubigern gegenüber eintritt, sind dem röm. R. entnommen. Doch weicht die Gestaltung in wesentlichen Beziehungen vom röm. R. ab. Einen entscheidenden, vielfach ungünstigen Einfluß auf dieselbe hat das Institut der Verlassenschaftsabhandlung ausgeübt. Vom öst. R. wesentlich verschieden sind die Fälle, in welchen nach dem dtsch. B.G.B. eine beschränkte Haftung des Erben eintritt (vgl. §§ 1970—1974, 1975 ff., 1990—1992, 2014—2017),

Das Erbrecht. [I. 6.] 51

welche aber stets voraussetzt, daß die Haftung nicht schon vorher eine unabänderlich unbeschränkte war (vgl. insbef. §§ 1994, 2005).

§ 51. A) **Gütertrennung** (separatio bonorum) (§ 812).

Unger, Erbr., § 41: Verlassenschaftsabhandlung, S. 150 ff. — Krainz-Pfaff, § 516. — Stubenrauch, ad § 812. — Randa, Erwerb d. Erbschaft, S. 90 ff. — Hofmann, in Grünh. Ztschr. VIII. S. 555 ff. — Steinlechner, l. c., II. § 47 u. d. Litt. daf. — Schuster v. Bonnott Komm., ad § 44. — Ofner, Prot. II. S. 290, 291.

Die nach der Einantwortung stattfindende Konkurrenz der Erbschaftsgläubiger mit den Gläubigern des Erben in der Befriedigung aus dessen gesamtem Vermögen kann die ersteren empfindlich benachteiligen, wenn der Erbe stark, der Nachlaß aber nur gering verschuldet ist. Wie das röm. R., so schützt auch das öst. R. aus Billigkeitsrücksichten im Interesse gesunder Kreditgewährung gewisse Erbschaftsgläubiger im w. S., nämlich die Gläubiger des Erblassers, Legatare und Noterben, vor solcher Gefährdung, indem denselben — der Erbe mag sich bedingt oder unbedingt zum Erben erklärt haben — das Recht eingeräumt wird, vor der Einantwortung, selbst vor erfolgter Erberklärung, nicht aber nach eröffnetem Konkurs über das Vermögen des Erben, zu verlangen, daß zu ihren Gunsten der Zustand faktischer Sonderung des Erbvermögens von dem sonstigen Vermögen des Erben auch nach der Einantwortung aufrecht erhalten werde (vgl. auch § 1445). Dieses niemals ipso iure zustehende beneficium separationis kann, wenn vor der Einantwortung zur Geltung gebracht, auch auf nachträglich aufgefundenes Erbvermögen ausgedehnt werden. Auch können die Erbschaftsgläubiger von ihrem Separationsrechte dem siegenden Erbschaftskläger gegenüber Gebrauch machen. Der Separationsanspruch, welcher auch bei bedingter oder betagter Forderung zusteht, setzt nicht Liquidität, sondern nur Bescheinigung der zu schützenden Forderung, nicht auch Bescheinigung einer Gefahr voraus, wenn nur eine solche nicht durch die konkrete Sachlage als geradezu ausgeschlossen erscheint.

Wird die Separation, welche die Einantwortung nicht hemmt, bewilligt, so dauert die beschränkte Haftung des Erben, die sachliche (pfandähnliche) Haftung der Erbschaft, zu Gunsten der ansuchenden Erbschaftsgläubiger fort. Diese behalten also auch nach der Einantwortung das ausschließliche Recht der Befriedigung aus dem Erbvermögen, verlieren aber, weil das Separationsbegehren als Verzicht auf die persönliche (unbeschränkte) Haftung des Erben behandelt wird, im Falle der Unzulänglichkeit des Erbvermögens das Recht, auf das sonstige Vermögen des wenngleich unbedingt erberklärten Erben zu greifen. Im Hinblick auf die Möglichkeit eines Aktivrestes nach Befriedigung der Erbschaftsgläubiger steht den Gläubigern des Erben das Sicherungsrecht des § 822 auch im Falle der Separation zu. Sofort nach Bewilligung des Separationsbegehrens hat das Gericht für die gerichtliche Verwahrung der Erbschaft, und wenn sie hiezu nicht geeignet ist, für die Aufstellung eines curator separationis zu sorgen, welchem die Verwaltung der Erbschaft, nicht auch die Befriedigung der Erbschaftsgläubiger obliegt (vgl. hiemit dtsch. B.G.B. § 1981 Abf. 2).

§ 52. B) **Bedingte Erbantretung: Antretung** cum beneficio inventarii (§§ 800, 802—807, 813—815, Pat. v. 1854 §§ 92—114, 133—136).

Unger, Erbr., § 42; Verlassenschaftsabh., S. 161 ff. — Krainz-Pfaff, § 515 u. d. Litt. daf. — Stubenrauch, ad §§ 802—806, 813—815. — Randa, Erwerb d. Erbschaft, S. 104 ff., 117 ff. — Hofmann, in Grünhuts Ztschr. VIII. S. 555—595. — Steinlechner, l. c. II. § 47 u. d. Litt. daf. — Schuster v. Bonnott, Komm., ad §§ 92—114, 133—136. — Ofner, in d. Ger.-Halle 1897 Nr. 15; — derf., Prot. II. S. 287—289, 400, 554; S. 291, 292.

Der den Gläubigern des Erblassers an sich unbeschränkt (persönlich) haftende Erbe kann sich (wie nach röm. R.) von solcher Haftungspflicht befreien, indem er von der Rechtswohlthat des Inventars Gebrauch macht. Diese steht jedem Erben, selbst gegen den Willen des Erblassers und trotz Verzichtes im Erbvertrage, auch bei erbetener Deliberationsfrist zu. (Nach dem dtsch. B.G.B. ist die Errichtung eines Inventars ohne Einfluß auf den Umfang der Haftung des Erben. Nur wird dieselbe durch Versäumung der gerichtlich festgesetzten

4*

Errichtungsfrist und durch gewisse, die Inventarisierung betreffende dolose Handlungen des Erben eine schlechthin unbeschränkte; vgl. §§ 1994, 2000, 2005.) Erfolgt die Erberklärung während der Dauer der Verlassenschaftsabhandlung der Abhandlungsbehörde gegenüber, so hat die Erberklärung, da ein nachträgliches Inventarisierungsbegehren ausgeschlossen ist, stets zu enthalten, ob die Antretung ohne oder mit Vorbehalt der Rechtswohlthat des Inventars stattfinde. Im ersteren Falle spricht man von un bedingter, im letzteren von bedingter (beschränkter) Erberklärung. Mit gleicher Wirkung kann der Erbe, auch wenn die Erb= erklärung in anderer Gestalt auftritt (vgl. oben § 45), von der Rechtswohlthat des Inventars Gebrauch machen. Zu der auf Kosten des Nachlasses vorzunehmenden Inventars= errichtung (vgl. dtsch. B.G.B. § 1993 ff.), welche nur, wenn sie vom Erben begehrt wird, nicht auch wenn sie infolge des Ansuchens anderer Personen oder von Amtswegen erfolgt, die beschränkte Haftung des Erben bewirkt, hat das Gericht, womöglich schon bei der Todfallsaufnahme, in der gesetzlich vorgeschriebenen Weise zu schreiten, eventuell mit Zuhilfenahme des Offenbarungseides von Privatinteressenten (vgl. Civ.Pr.Odg., Einf.Ges. Art. XLII). Für den Inhalt des Inventars, insbesondere für die Nachlaßbewertung, ist grundsätzlich der Stand der Nachlaßmasse zur Zeit des Todes des Erblassers maßgebend (vgl. dtsch. B.G.B. § 2001 ff.).

Das mit Recht eine „Zwitterbildung" genannte Institut der Rechtswohlthat des Inventars bezweckt den Vorteil des Erben, sowie das beneficium separationis jenen der Erbschaftsgläubiger. Dieser für die Auslegung der einschlägigen Normen entscheidende Gesichtspunkt ist insbesondere maßgebend für die Beantwortung der Streitfrage, ob der Vorbehaltserbe den Erbschaftsgläubigern auch nach der Einantwortung nur mit dem Nachlaß (cum viribus hereditatis) hafte, wie nach gemeinrechtlicher Praxis, oder ob er von diesem Zeitpunkte an zwar nicht über den inventarisierten Nachlaßwert hinaus, aber doch auch mit seinem sonstigen Vermögen hafte, wie nach justinian. Recht. Die letztere, namentlich in der Praxis vertretene Ansicht führt zu praktisch befriedi= genderen Ergebnissen und schließt einen kräftigeren Schutz der Erbschaftsgläubiger in sich. Die erstere Ansicht, deren reine Durchführung in manchen Fällen schwierig, ja unmöglich erscheint (z. B. wenn Nachlaßsachen nur mehr dem Werte nach vorhanden sind) und unter Umständen zu einem besonderen Liquidationsverfahren in der Exekutionsinstanz führt, scheint de lege lata stärkere Gründe für sich zu haben: so namentlich der Umstand, daß der Vor= behaltserbe nach der zweiten Ansicht, im Widerspruche mit dem erwähnten Zweck des benef. inventarii, den Erben vor den Nachteilen der Erbantretung zu schützen, geschädigt werden könnte (wegen der Haftung für den Nachlaßwert trotz zufälligen Unterganges von Erbschafts= stücken). Außerdem scheint der Wortlaut des § 802 („soweit, als die Verlassenschaft hin= reicht"), § 814 („wenn die Verlassenschaft durch Bezahlung erschöpft ist"), § 815 („wenn die Verlassenschaft . . . zur Befriedigung der Gläubiger verwendet worden wäre"), § 690 („reicht die Verlassenschaft nicht zu"), namentlich aber § 812 Schluß., für die Haftung nur cum viribus hereditatis zu sprechen. Auf historischem Wege, namentlich aus den Redaktions= protokollen, läßt sich ein sicheres Resultat nicht gewinnen. Nach der de lege lata vertretenen Ansicht findet somit auch nach der Einantwortung eine sachliche (pfandähnliche) Haftung des Nachlasses, der den Erbschaftsgläubigern rechtlich verfangen ist, statt. (Das dtsch. B.G.B. hat, wenn der Erbe beschränkt haftet, den Grundsatz der Haftung nur cum viribus here= ditatis aufgenommen, vgl. §§ 1975, 1973, 1990 u. a.) — Die Erbschaftsregulierung kann auf Ansuchen des Erben in die Hände eines Kurators gelegt, aber auch vom Erben selbst besorgt werden. (Nach dem dtsch. B.G.B. §§ 1975 ff. hat nicht die Inventarserrichtung, sondern die Anordnung einer Nachlaßverwaltung zur Befriedigung der Nachlaßgläubiger [ebenso die Eröffnung des Nachlaßkonkurses] die beschränkte Haftung [Haftung nur cum viribus hereditatis] zur Folge.) Das dem Erben nach der Einantwortung grundsätzlich zustehende freie Verfügungsrecht über die Erbschaft findet in der rechtlichen Verfangenschaft derselben zu Gunsten der Erbschaftsgläubiger eine notwendige Schranke (vgl. Hfd. v. 9. April 1737). Zu den Erbschafts=Gläubigern und Schuldnern kann, als Gläubiger oder Schuldner des Erblassers, der Vorbehaltserbe selbst gehören, der auch mit seinen Ansprüchen auf Ersatz der Begräbnis= und Inventarisierungskosten (§ 549, Pat. v. 1854 § 111), sowie anderer für die Erbschaft gemachter Auslagen, als Erbschaftsgläubiger in Betracht kommt (§§ 802, 1445; vgl. dtsch. G.B. §§ 1976—1978).

Während nach röm. R. der Benefiziarerbe ohne Nachteil die sich meldenden Erbschafts=gläubiger nach der Priorität der Anmeldung, ohne Rücksicht auf ihre konkursmäßige Rang=ordnung, befriedigen konnte, hat das öst. R. den Vorbehaltserben, wenn er sich vor Nachteilen schützen will, zur Erwirkung der sog. Gläubigerkonvokation und zur konkurs=mäßigen Befriedigung verpflichtet. Der Vorbehaltserbe (oder der eventuelle Verlassenschafts=kurator) ist nämlich, zunächst zum Zwecke der Feststellung des Schuldenstandes, berechtigt, vor der Einantwortung (ob auch später, ist streitig) die Erlassung eines gerichtlichen Ediktes zu begehren, durch welches die Verlassenschaftsgläubiger zur Anmeldung und Darthuung ihrer Forderungen innerhalb bestimmter Frist aufgefordert werden. (Vgl. hiermit das „Aufgebots=verfahren" des dtsch. B.G.B. §§ 1970 ff., welches die beschränkte Haftung des Erben gegen=über den „ausgeschlossenen" Gläubigern bewirkt.) Ergiebt sich aus diesem erbschaftlichen Liquidationsverfahren die Unzulänglichkeit der Verlassenschaft zur Zahlung der vor oder während der Ediktalfrist angemeldeten Forderungen: so kann vor, nicht auch nach der Ein=antwortung vom Erben (oder Verlassenschaftskurator) die Konkurseröffnung über die Verlassen=schaft begehrt werden (Pat. v. 1854 § 74, Konk.=Odg. v. 1868 § 62, Hfd. v. 27. März 1846 J.G.S. 948; über den Nachlaßkonkurs nach dem dtsch. B.G.B. vgl. §§ 1975 ff., insbes. §§ 1975, 1989, 1990). Unterbleibt die Konkurseröffnung, so obliegt dem Vorbehaltserben nach Ablauf der Ediktalfrist (vgl. dtsch. B.G.B. §§ 2015—2017, auch § 2014), die recht=zeitig angemeldeten Gläubiger „nach der gesetzlichen Ordnung", d. i. nach der im Konkurse geltenden Rangordnung, aus der Verlassenschaft, soweit diese reicht, zu befriedigen. Behauptet der Vorbehaltserbe die (von ihm zu erweisende) Unzulänglichkeit der Erbmasse, so können die Verlassenschaftsgläubiger auf gerichtliche Feilbietung des Nachlasses dringen, welche sodann der Wertermittelung und zugleich der Exekution dient. Ein schutzwürdiges Interesse, sich der Feilbietung zu widersetzen, hat der Vorbehaltserbe nicht, weil in der Behauptung der Unzulänglichkeit der Masse die Erklärung, daß ihm nichts verbleibe, enthalten ist. Das Konvokationsverfahren bildet für die angemeldeten Gläubiger einen Hemmungsgrund der Exekution auf die Bestandteile der Verlassenschaft (Exek.Odg. v. 1896 § 42 Z. 6). Nicht recht=zeitig sich anmeldende Gläubiger können sich, wenn ihre Forderungen nicht pfandrechtlich oder durch ein „Befriedigungsrecht" im S. der Exek.Odg. v. 1896 sichergestellt sind, nur an den etwa verbleibenden Aktivrest der Verlassenschaft halten. (Auch nach dem dtsch. B.G.B. § 1971 werden Pfandgläubiger und gewisse diesen gleichgestellte Gläubiger vom Aufgebotsverfahren nicht berührt.) Begehrt der Vorbehaltserbe die Gläubigerkonvokation nicht, oder befriedigt er die Gläubiger nicht nach der konkursmäßigen Rangordnung: so haftet er den nach Erschöpfung der Nachlaßmasse unbefriedigt gebliebenen Gläubigern auch mit seinem sonstigen Vermögen, aber nur in dem Maße, als letztere im Falle cridamäßiger Verteilung des Nachlasses Be=friedigung erhalten hätten. Das auch dem unbedingt erberklärten Erben zustehende Recht der Gläubigerkonvokation vermag ihm wohl praktische Vorteile zu bieten, ändert aber nichts an seiner Haftung.

III. Die Rechtsstellung mehrerer Erben.

A) Miterben.

§ 53. I. Im allgemeinen.

Unger, Erbr., § 43; Verlassenschaftsabh., S. 158 ff. — Krainz=Pfaff, § 512. — Pfaff=Hofmann, ad § 550. — Stubenrauch, ad §§ 550, 820, 821. — Randa, Erwerb d. Erbschaft, S. 124 ff. — Hasenöhrl, Das öst. Obligationenrecht, I. Bd. § 10 u. d. Litt. das. — Ofner, Prot. I. S. 323; II. S. 125, 382, 400.

Miterben stehen in einer Gemeinschaft des Erbvermögens (sog. communio incidens). Sie sind nach Verhältnis ihrer ideellen Anteile (Erbquoten), die in der Ein=antwortungsurkunde zu bezeichnen sind (Pat. v. 1854 § 174), gemeinsame Herren der Erbschaft (condomini hereditatis) und befinden sich in einer ähnlichen Stellung, wie Miteigentümer einer Sache. „In Ansehung ihres gemeinschaftlichen Erbrechtes" werden Miteigentümer

„für Eine Person angesehen" (§ 550; ähnlich bezüglich der condomini rei § 361 2. S., § 828 1. S.). Eigenmächtige Verfügungen eines Miterben über reelle Nachlaßteile sind ebenso ausgeschlossen wie eigenmächtige Verfügungen eines Miteigentümers über die gemeinschaftliche Sache (§ 828). Während aber Miteigentümer über ihr Recht (ihren ideellen Anteil) frei verfügen können (§§ 361 i. f., 829), ist eine solche Verfügung bei Miterben wegen der Unveräußerlichkeit ihres Teilerbrechtes nicht möglich. (Über die Veräußerung der Erbquote vgl. unten § 59.) Die Vermögensgemeinschaft der Miterben, auf welche bis zur Teilung der Erbschaft grundsätzlich die Bestimmungen des 16. Hptst. Anwendung finden, schließt die Gemeinschaftlichkeit aller einzelnen erbschaftlichen Sachen, Rechte und Verpflichtungen nach Verhältnis der Erbquoten in sich, so daß Eigentum und sonstige dingliche Rechte in diesem Verhältnisse ideell geteilt, Forderungen und Schulden ipso iure pro rata in so viele Forderungen und Schulden zerfallen, als Miterben vorhanden sind (vgl. §§ 888, 889). Die Unteilbarkeit einer Berechtigung oder Verpflichtung kann jedoch eine Abweichung zur Folge haben (vgl. insbes. § 890). Die Wirkungen der confusio treten für jeden Miterben nur nach Maßgabe seines Erbteiles ein (§ 1445). Wie beim Alleinerben, so tritt jedoch auch bei Miterben deren Rechtsstellung erst mit der Einantwortung praktisch hervor (vgl. oben §§ 48—50). Diese hat aber nach öst. R. zugleich eine entscheidende Bedeutung für die Art und Weise der Haftung der Miterben nach außen. Denn der nach röm. R. im Gegensatze zum dtsch. R. (vgl. auch dtsch. B.G.B. § 2058) geltende Grundsatz der Geteiltheit der Haftung nach Verhältnis der Erbquoten ist im öst. R. nur für das (interne) Verhältnis zwischen den Miterben ein durchgreifender. Nach außen hin (im Verhältnis zu den Erbschaftsgläubigern) haften Miterben vor der Einantwortung als Korrentschuldner (§ 550). Daher kann jeder Miterbe auf Zahlung der ganzen Schuld, jedoch vorläufig nur aus dem Nachlasse (vgl. S. 48), belangt werden. Auch nach der Einantwortung haften die unbedingt erberklärten Erben nach außen hin als Korrealschuldner, jedoch mit Regreßanspruch pro rata unter sich, die bedingt erberklärten Erben dagegen pro rata geteilt (§§ 820, 821, vgl. auch § 649); eine Unterscheidung, die sich wohl nicht rechtfertigen läßt. (Nach dem dtsch. B.G.B. ist in Bezug auf die Gestaltung der Haftung der Miterben zwischen der Zeit vor und nach der Teilung der Erbschaft zu unterscheiden; vgl. §§ 2059—2062.) Diese Haftungsverschiedenheit greift nach der Einantwortung auch dann Platz, wenn sich die Miterben zum Teil bedingt, zum Teil unbedingt erberklärt haben. Der Verlassenschaftsabhandlung ist aber die bedingte Erberklärung zu Grunde zu legen, somit ein Inventar zu errichten, durch welches das dem unbedingt Erberklärten zur Pflicht gemachte eidesstättige Vermögensbekenntnis (Pat. v. 1854 § 114) entfällt. (Vgl. § 807, dessen Sinn jedoch noch nicht aufgeklärt ist, da ja vor der Einantwortung die Haftung der beiden Erbengruppen ganz dieselbe ist.) Die Haftpflicht der Miterben nach außen hin kann durch Privatdisposition zum Nachteile der Gläubiger nicht geändert werden (bezüglich der Legate vgl. § 649). Wohl aber kann auf solche Weise das gesetzliche Verhältnis zwischen den Miterben eine Änderung erfahren.

§ 54. II. Die Aufhebung der Erbengemeinschaft.

Unger, Erbr., § 44. — Krainz-Pfaff, § 512. — Stubenrauch, ad § 819. — Schuster v. Bonnott, Komm., ad §§ 165—173, 175. — Randa, Erwerb d. Erbschaft, S. 144 ff.

Jeder nicht an die Gemeinschaft gebundene Miterbe (vgl. §§ 831, 832) kann in der Regel jederzeit, nur nicht „zur Unzeit oder zum Nachteile der übrigen", die Auseinandersetzung der Erbengemeinschaft begehren (§ 830). Dieser Anspruch auf Aufhebung der Erbgemeinschaft ist unverjährbar (§ 1481, ebenso dtsch. B.G.B. § 758). Die Erbteilung kann, was gewiß zu billigen ist, vor wie nach der Einantwortung erfolgen, welche grundsätzlich nicht bis nach vorgenommener Erbteilung aufzuschieben ist (Pat. v. 1854 §§ 165, 166). Wohl aber erleidet die Erbteilung (wie die Einantwortung selbst) wegen Unbestimmtheit der Erbteile einen Aufschub, wenn ein nasciturus als Miterbe in Betracht kommt (arg. Pat. v. 1854 § 174 Z. 2, vgl. auch dtsch. B.G.B. § 2043, anders röm. R.). Die Auseinandersetzung kann außergerichtlich auf Grund eines Vertrages aller Miterben geschehen und behält diesen Charakter trotz der auf Ansuchen der Miterben zu erteilenden gerichtlichen

Bestätigung (arg. Pat. v. 1854 § 171 2. Abs.). Die Auseinandersetzung kann aber auch a u f
g e r i c h t l i c h e m Wege erfolgen, und es haben die Miterben regelmäßig freie Wahl zwischen
außergerichtlicher und gerichtlicher Erbteilung. Befinden sich aber unter den Miterben nicht=
eigenberechtigte Personen, so muß die Erbteilung gerichtlich erfolgen (Pat. v. 1854 §§ 165,
166, 170). Die gerichtliche Erbteilung ist, wenn sie auf Antrag der Miterben geschieht und
alle der beantragten Auseinandersetzung zustimmen, lediglich ein Akt der freiwilligen Gerichts=
barkeit. Nur wenn eine Einigung der Miterben nicht zustande kommt, muß die Auseinander=
setzung nach durchgeführtem Prozesse (ein iudicum duplex) im Exekutionswege durchgeführt
werden (vgl. Pat. v. 1854 § 2 Z. 7, § 171 Abs. 1). Eingeleitet wird dieser Prozeß durch die
E r b t e i l u n g s k l a g e (Erbsonderungsklage, a. familiae erciscundae). Diese auf Gestattung
der Auseinandersetzung lautende Klage steht jedem Miterben zu und ist gegen alle übrigen
zu richten, setzt aber für keine der beiden Parteien den Besitz ihres Erbanteiles voraus.
Der Streit über das bestrittene Miterbenrecht des Klägers (vgl. § 827) kann im Teilungs=
prozesse selbst erledigt werden (vgl. Civ.Pr.Odg. § 236; anders unter Umständen das röm.
R.). D a s Z i e l d e r A u s e i n a n d e r s e t z u n g ist in der Regel ein doppeltes, nämlich:
1. die Verteilung des gemeinschaftlichen Erbvermögens zwischen den Miterben. Diese Seite
der Auseinandersetzung kann möglicherweise gar nicht in Betracht kommen; so z. B. wenn
durch Bestimmung des Erblassers oder der Erben die Verteilung bereits erfolgt ist, oder
wenn der Nachlaß nur aus teilbaren Forderungen besteht; 2. „die Regelung der aus dem
Miterbenverhältnis und aus der Sachgemeinschaft entspringenden gegenseitigen Rechts=
ansprüche". Unter diesen Gesichtspunkt fällt namentlich: die Anrechnung kollations=
pflichtiger Gaben, die Entrichtung von Prälegaten und Ersatzansprüchen wegen Impensen,
„wegen aus der gemeinsamen Erbschaft gezogener Vorteile oder ihr (kulpos) zugefügter
Nachteile" (§§ 830, 840).

Die V o r n a h m e d e r E r b t e i l u n g setzt vor allem die Feststellung der Teilungs=
masse zur Zeit der beabsichtigten Teilung voraus. Hiebei ist aus der Erbmasse namentlich
das einem Miterben als Erbschaftsgläubiger oder Prälegatar voraus Gebührende auszuscheiden.
Hierauf ist der Geldwert der Teilungsmasse, in welche auch die ipso iure geteilten Erbschafts=
forderungen und Schulden einzubeziehen sind, sowie jeder Erbquote zu ermitteln und sodann
erstere derart zu verteilen, daß durch Zuweisung oder Teilung der Bestandteile der Teilungs=
masse und gegenseitige Ausgleichung in Geld jeder Miterbe dem Endergebnisse nach den seiner
Erbquote entsprechenden Wertanteil erhält (vgl. Pat. v. 1854 §§ 167, 168). Die Teilung
und Verteilung der zur Teilungsmasse gehörenden Gegenstände unterliegt den allgemeinen
Grundsätzen über Teilbarkeit und über die Aufhebung einer Gemeinschaft (vgl. §§ 842—846,
Pat. v. 1854 §§ 68, 169). Insbesondere können (ähnlich röm. R.) Forderungen oder Schulden
der Teilungsmasse vom Teilungsrichter einzelnen Miterben zum Zwecke der Ausgleichung
ganz zugewiesen werden, so daß solche Miterben in die Rechtsstellung von Cessionaren oder
Schuldübernehmern kommen. Der Richter hat die Erbteilung innerhalb der gesetzlichen
Schranken nach Billigkeit und Zweckmäßigkeit vorzunehmen. Vor allem aber ist er an die
gesetzlich zulässige Anordnung des Erblassers und die Vereinbarung der Miterben gebunden (vgl.
Pat. v. 1854 § 171 1. Abs.). Die Auseinandersetzung der Erbschaft als eines Vermögens=
ganzen, namentlich die Erbteilungsklage, ist in der Regel nur einmal möglich; es wäre denn,
daß nach durchgeführter Auseinandersetzung vorher unbekanntes Erbvermögen hervorkäme, welches
dann wieder als ein Ganzes der Auseinandersetzung unterliegt (vgl. Pat. v. 1854 § 179).
Hat die Aufhebung der Erbengemeinschaft zu keiner vollständigen Auseinandersetzung geführt,
so kann letztere (wie nach röm. R.) noch immer nachträglich im Wege der Sachteilungsklage
oder der entsprechenden Ersatzklage bewirkt werden. Die Anfechtung der rechtskräftigen
gerichtlichen Erbteilung unterliegt den allgemeinen civilprozessualischen Normen (vgl. insbes.
Civ.Pr.Odg. §§ 529 ff.). Die außergerichtliche Teilung kann wegen einer „wider Willen
erlittenen Verkürzung" (§ 841) angefochten werden. Außerdem ist hier für die Anfechtungs=
frage der allgemeine Gesichtspunkt maßgebend, daß der Teilungsvertrag die juristische Natur
eines Vergleiches, eines Tausch= oder Kaufvertrages hat. Die Geltendmachung des An=
fechtungsanspruches ist aber an die Frist von 3 Jahren nach Vollziehung der Teilung
gebunden (§ 1487). Wegen physischer wie rechtlicher Mängel der bei der Auseinander=

fetzung zugewiesenen Sachen sind Miterben einander (wie nach röm. R., vgl. auch dtsch. B.G.B. § 757) nach den allgemeinen Grundsätzen pro rata zur Gewährleistung verpflichtet (§ 922).

Die Auseinandersetzung der Erbgemeinschaft regelt nur das interne Verhältnis der Teilgenossen, läßt aber das Rechtsverhältnis zu Dritten grundsätzlich unberührt (§§ 847, 848). Daraus ergiebt sich insbesondere, daß die von dem Gläubiger eines Miterben gegen diesen im Sinne des § 822 erwirkte Sicherstellung keine Änderung erleidet, wenn das von ihr betroffene Erbschaftsstück bei der Auseinandersetzung einem anderen Miterben zugewiesen oder an einen Dritten veräußert wird.

§ 55. III. Das Anerbenrecht (Höferecht).

Unger, Erbr., § 44 a u. d. Litt. daf. — Krainz-Pfaff, § 490 u. d. Litt. daf. — Pfaff-Hofmann, ad § 761. — Stubenrauch, ad § 761. — Marchet, im Öfterr. Staatswörterbuch, herausg. v. Mifchler u. Ulbrich, II. Bd. S. 89 ff. u. d. Litt. daf. — Schiffner, Gefetzl. Vermächtnisse, S. 165—169; — derf., Die geplanten Höfebücher f. Deutſchtirol, 1892. — Vgl. auch die Gutachten (von Jnama-Sternegg, Marchet, Pfaff, Randa, Mages u. a.) in den Beilagen zu den Protokollen des (öft.) Abg.-Hauſes, X. Seff. II. Bd. 1886, Beilage 70.

Zum Teil befondere Grundfätze für die Auseinanderfetzung der Miterben („Erbteilungs-vorfchriften", vgl. das R.G. v. 1. April 1889) gelten dann, wenn fich im Nachlaß ein vom Erblaffer felbft bewirtfchaftetes „Bauerngut" befindet. Diefes foll Einem der Miterben gegen Abfindung der übrigen zugewiefen werden. Diefer Grundfatz bildet auch in Öfterreich den Kern einer weit zurückreichenden, im § 761 berührten Rechtsentwicklung, welche man Anerbenrecht (bäuerliche Sondererbfolge) zu nennen pflegt. Die Anerben-gefetzgebung, deren Grundlage in Öfterreich das Grundzerftücklungs- und Erbfolgepat. Maria Therefias v. 11. Auguft 1770 und das auf diefem aufgebaute, in Deutfchtirol (de jure in ganz Tirol) noch geltende Pat. v. 9. Oft. 1795 J.G.S. 258 bildet, bezweckt heutzutage in erfter Linie die Sicherung eines kräftigen Bauernftandes, die Förderung der Bodenkultur durch Verhinderung der Bodenzerfplitterung im Wege der Erbfolge. Hiftorifch tritt in diefer Gefetzgebung die Frage des Anerbenrechtes im fteten Zufammenhange mit jener der Frei-teilbarkeit der Bauerngüter auf. An diefem an fich nicht notwendigen Zufammenhang, für welchen die Grundherrlichkeit das einigende Band bildete, hat jedoch auch die fpätere Gefetz-gebung feftgehalten. So erklärt es fich, daß das G. v. 27. Juni 1868 R.G.B. 79 in Verbindung mit den in den Jahre 1868 und 1869 fallenden Landesgefetzen auch das bäuerliche Anerbenrecht befeitigte, um die Freiteilbarkeit zur vollen Geltung zu bringen. Nur das Anerbenrecht Deutfchtirols blieb unberührt. Der feitdem immer fühlbarer werdende Nieder-gang der Landwirtfchaft drängte allmählich zur Rückkehr zum Anerbenrecht, in welchem man, geftützt auf wiffenfchaftliche Ergebniffe und praktifche Erfahrungen, eines der Mittel erblickte, um dem landwirtfchaftlichen Notftande wirkfam entgegen zu arbeiten. Auf Grund zahlreicher Gutachten und ftatiftifcher Ergebniffe kam nach langen Verhandlungen das R.G. v. 1. April 1889 R.G.B. 52 zuftande, welches im wefentlichen Anfchluffe an das ältere Recht, jedoch nur in allgemeinen Umriffen, das Anerbenrecht regelt. Berechtigterweife wird zur Ermög-lichung der Individualifierung den Kronländern anheimgegeben, innerhalb der weiten Grenzen des Reichsgefetzes das Anerbenrecht durch Landesgefetz zu regeln und hiedurch das Reichs-gefetz in den einzelnen Ländern in Wirkfamkeit treten zu laffen. Die angeftrebte landesgefetz-liche Ausgeftaltung des Anerbenrechtes hat fich aber bis jetzt noch nicht verwirklicht.

Das R.G. von 1889 bezweckt die Erhaltung von „landwirtfchaftlichen, mit einem Wohnhaufe verfehenen Befitzungen (Höfen) mittlerer Größe" als Ganzes und zugleich in der Familie. Gemeint find „Bauerngüter" im wirtfchaftlichen Sinne. Die Feftftellung des Begriffes „Hof mittlerer Größe" wird der Landesgefetzgebung überlaffen. Das Gefetz enthält keine Einfchränkung der Verfügungsfreiheit des Erblaffers, weder inter vivos, noch mortis causa, hat alfo den Charakter eines Difpofitivgefetzes. Der Schwerpunkt des Gefetzes liegt auf der feinem Zwecke entfprechenden Beftimmung, daß im Falle der Beerbung des Hofeigentümers durch mehrere Perfonen der Hof famt Zubehör (infl. Betriebsinventar) nur Einem der Erben, dem Übernehmer oder Anerben, zufallen kann. Die Person des Anerben wird durch den Erblasser oder durch Übereinkommen der Miterben und subsidiär durch die Landesgesetzgebung bestimmt, welche jedoch hiebei an das Recht und die Ordnung der gesetzlichen Erbfolge gebunden ist. Somit normiert das Gesetz keine besondere gesetzliche Erbfolge (vgl. § 761). Die Landesgesetzgebung kann dem überlebenden Ehegatten das Vorrecht zur Gutsübernahme (Aufgriffs=, Losungsrecht) unmittel= bar nach den Descendenten und vor den übrigen Verwandten des Erblassers und wenn der Hof im Miteigentum der Gatten stand, selbst vor den Descendenten einräumen. Leibliche Kinder gehen den Adoptivkindern, eheliche den unehelichen vor; legitimierte Kinder sind den ehelichen gleichgestellt. Gehören zum Nachlaß mehrere Höfe mittlerer Größe, und sind mehrere gesetzliche Erben vorhanden, so steht denselben in der landesgesetzlich bestimmten Reihenfolge das Recht zur Übernahme je eines Hofes und in derselben Reihenfolge das Wahlrecht zu. Derselbe Vorgang gilt, wenn mehr Höfe als Erben vorhanden sind. Der Anerbe hat nur ein Vorrecht auf Übernahme des Gutes, welches er mittelst der Erbteilungsklage geltend machen kann. Übernahmszwang besteht nicht. Da der Anerbe Erbe (im techn. S.) ist und nur ein ausschließliches Recht auf Zuweisung des Gutes bei der Erbteilung hat, so kann von Individualsuccession nur in dem Sinne gesprochen werden, daß der Hof immer nur Einem zugewiesen werden darf. Der Übernehmer des Hofes wird bis zur Höhe des lastenfreien Hofwertes Schuldner der Verlassenschaft. Dieser dem An= erben als Schuld angerechnete Betrag ist statt des Hofes in die Teilungsmasse einzubeziehen und der Verlassenschaftsabhandlung, insbesondere der Erbteilung, die eine gerichtliche oder doch gerichtlich genehmigt sein muß, zu Grunde zu legen.

Mit Recht hält das Gesetz, im Einklange mit seinem Zwecke, an dem Gesichtspunkte fest, daß der Anerbe bei Bestimmung des Abfindungsbetrages und der Zahlungsmodali= täten den Miterben gegenüber zu begünstigen sei. Es scheint aber, als sei in dieser Beziehung das wünschenswerte Maß der Begünstigung überschritten worden. Denn der Hofwert ist, in Ermangelung eines Übereinkommens der Beteiligten, vom Gerichte auf Grund einer Sachverständigenschätzung und nach Einvernehmung des Gemeindevorstandes, mit Be= rücksichtigung des Betriebsinventars, „nach billigem Ermessen, daß der Über= nehmer wohl bestehen kann", zu bestimmen. Die Landesgesetzgebung kann statt einer solchen Bewertung ein Vielfaches des Katastralreinertrages der Wertbemessung zu Grunde legen. Die Landesgesetzgebung kann auch bestimmen, daß vom gerichtlich festgesetzten Über= nahmswerte ein (übrigens mit vielen Kautelen ausgestatteter) Betrag als „Voraus" („Präcipuum") in Abzug gebracht werde, welcher jedoch ein Drittel des lastenfreien Hof= wertes nicht überschreiten darf. Diese Begünstigungen hinsichtlich des Übernahmswertes haben die juristische Natur eines gesetzlichen Vorausvermächtnisses. Die festgestellte Ab= findung ist in Geld zu leisten. Die Zahlungsmodalitäten sind in Ermangelung eines Über= einkommens vom Richter „nach billigem Ermessen" festzusetzen. Die Tilgung der Abfindungs= schuld muß innerhalb dreijähriger, von der Einantwortung an laufender Frist erfolgen. Veräußert der Übernehmer den Hof vor Ablauf dieser Frist an einen Dritten, so wird die Abfindungsschuld sofort fällig. Letztere begründet für die Miterben einen Anspruch auf pfandrechtliche Sicherstellung. Die Eintragung des Pfandrechtes hat gleichzeitig mit jener des Eigentums des Anerben am Hofe stattzufinden. Über das Verhältnis des Gesetzes zum Pflichtteilsrecht vgl. § 13 b. Ges., sodann unten S. 94.

§ 56. IV. Die Kollation (Anrechnung, Ausgleichung).

Unger, Erbr., §§ 45—47 u. d. Litt. das. — Krainz=Pfaff, § 513 u. d. Litt. das. — Pfaff=Hofmann, ad § 671. — Stubenrauch, ad §§ 788, 789, 790—794, 671. — Hüttner, Gesetzliche Erbfolge, 1819. — Schiffner, Gesetzliche Vermächtnisse, § 43. — Fz. Wien, in d. Ger.= Halle 1896 Nr. 25. — Ofner, Prot. I. S. 448—453, 486, 487, 493; II. S. 399, 553; I. S. 400; II. S. 390, 545.

1. Der Erblasser kann bestimmen, daß von ihm einem Miterben inter vivos gemachte Vermögenszuwendungen als Vorausempfang aus dem Nachlasse, gewissermaßen als anti= cipierter Erbteil, zu behandeln seien, so daß der Erbteil der Miterben eine Vergrößerung, jener des Vorausbedachten eine Verminderung erfährt. In solchen Fällen spricht man von

Kollation („Anrechnung des Vorausempfangenen zum Erbteil"). Begrifflich eine An=
rechnung auf den dem Empfänger zufallenden Erbteil, setzt die Kollation somit das Erbe=
werden des Bedachten voraus, dem ja die Gabe nur unter der Bedingung seines Erbe=
werdens, also nur eventuell, mit Anrechnungspflicht gewährt wurde. Ganz anderer Natur
ist daher der schon von den Redaktoren scharf geschiedene Fall einer vom Erblasser nur
credendi animo gemachten Zuwendung. Denn hier ist der Empfänger als Schuldner des
Erblassers unbedingt und im Falle seines Erbwerdens allen Miterben gegenüber pro rata
zur Zahlung verpflichtet. Es ist also eine Frage der Willensinterpretation, ob eine an den
Erben inter vivos gemachte Zuwendung credendi oder bloß donandi animo erfolgte oder
als Erbvorschuß zu behandeln sei. Die Bestimmung, daß eine Gabe Erbvorschuß sein solle,
welche namentlich bei angeordneter Einrechnung in den Pflichtteil anzunehmen ist, erscheint
als eine Auflage, welche sofort bei der Zuwendung, wie auch letztwillig in Testamentsform
verfügt werden kann. Grundsätzlich kann der Erblasser jeden vorausbedachten, gewillkürten
wie gesetzlichen Erben zur Anrechnung verpflichten. Gegenstand der Anrechnung können aber,
ihrem Wesen entsprechend, nur bei Lebzeiten des Erblassers empfangene Gaben sein,
gleichviel ob dieselben kraft Rechtspflicht oder freiwillig erfolgen. Letztwillige Zuwendungen,
namentlich Vermächtnisse, sind, dem wahrscheinlichen Willen des Erblassers gemäß, der An=
rechnung nicht unterworfen. Das einer Tochter oder Enkelin vermachte Heiratsgut ist jedoch,
wenn es nicht erwiesenermaßen Vorausvermächtnis sein soll, kraft singulärer Rechtsvorschrift
(§ 671) auf den gesetzlichen, wie testamentarischen Erbteil anzurechnen und bei der Erb=
teilung der Bedachten zuzuweisen.

2. Zu einem gesetzlich durchgebildeten Rechtsinstitute hat sich die Kollation, u. zw.
schon im röm. und älteren öst. R., bei der Intestaterbfolge der Descendenten entwickelt.
Hier findet die Kollation, dem wahrscheinlichen Willen des Erblassers gemäß, in Ansehung
gewisser Zuwendungen schon kraft Rechtsvorschrift statt. Der leitende Gedanke hiebei ist
die Vermutung gleicher Liebe der Ascendenten zu ihren Descendenten und daher die Annahme,
daß die dem wahrscheinlichen Willen des Erblassers entsprechende Gleichstellung seiner
Descendenten durch gewisse, durch Zufall schon im voraus veranlaßte Zuwendungen des
Erblassers an einzelne Descendenten nicht beeinträchtigt werden soll. Zweck der Kollation
ist also hier die „aequalitas inter liberos servanda".

Die Kollation findet (anders das spätere röm. R.) kraft Rechtsvorschrift berechtigter=
weise nur bei der gesetzlichen Erbfolge statt, bei der gewillkürten nur im Falle aus=
drücklicher Anordnung des Erblassers (§ 790; vgl die Red.=Prot. u. dtsch. B.G.B. § 2052).
Die durch Rechtsvorschrift angeordnete Kollation kann als gesetzliches Vermächtnis zu Gunsten
der miterbenden Descendenten aufgefaßt werden. Kollationsrecht wie Kollationspflicht, welche
mit dem Erberwerbe entstehen und mittelst der Erbteilungsklage zur Geltung gebracht werden
können, sind auf miterbende Descendenten des Erblassers beschränkt (§ 790, ebenso röm.
R. und dtsch. B.G.B. §§ 2050 ff.); im Zweifel selbst dann, wenn ein Nichtdescendent Mit=
erbe ist und der Erblasser einem Descendenten die Anrechnung aufgetragen hat. Aus dem
leitenden Gedanken der Kollation folgt, daß alle miterbenden Descendenten, gleichen wie
verschiedenen Grades, zur Anrechnung berechtigt und verpflichtet sind. Ein entfernterer
Descendent des Erblassers, welcher an Stelle eines vorverstorbenen näheren Descendenten
erbt, hat die Ausgleichungspflicht des letzteren zu tragen, gleichviel ob ihm dessen anrechnungs=
pflichtiger Vorempfang zukam oder nicht (§ 790, ebenso röm. R. und dtsch. B.G.B. § 2051).
Vorempfänge, die der entferntere Descendent vom Erblasser noch bei Lebzeiten des vor=
verstorbenen Zwischenparens, also vor Erlangung der Eigenschaft eines Intestaterben in
concreto, erhielt, unterliegen der Anrechnung nicht (vgl. dtsch. B.G.B. § 2053); denn die
Redaktoren haben die ganze Frage vom Standpunkte der (unrichtigen) Auffassung des
Repräsentationsrechtes behandelt. Recht und Pflicht zur Anrechnung gehen auch auf die
Transmissare über. Vulgarsubstituten und Accrescenzberechtigte sollen dem wahrscheinlichen
Willen des Erblassers gemäß im Zweifel nicht mehr erhalten als der Erbe, an dessen
Stelle sie treten, infolge seiner Ausgleichungspflicht erhalten haben würde (vgl. dtsch. B.G.B.
§§ 2051, 2053, 1935, 2095).

Aus dem leitenden Gedanken der Kollation ergiebt sich, daß der Erblasser die An=
rechnung gesetzlich anrechnungspflichtiger Gaben auch erlassen kann (§ 792). Ein solcher,
möglicherweise in der Bestimmung des Wertes der Vorausempfänge enthaltener Erlaß,
welcher der Testamentsform nicht bedarf, kann von den Noterben, wenn er als pflichtwidrige
Schenkung erscheint, auf Grund des § 951 angefochten werden. Auch ist ein miterbender
Descendent, dessen nötige Erziehung und Versorgung weder durch sein eigenes, noch durch
das Vermögen seiner Eltern gedeckt wird, berechtigt, trotz des Erlasses die Anrechnung
insoweit zu begehren, als es zu seiner Erziehung und Versorgung nötig erscheint (§ 792).

3. Die kraft Rechtsvorschrift anrechnungspflichtigen Gaben, welche das
G.B. streng taxativ aufzählt (arg. § 791) und größtenteils unter den Gesichtspunkt
einer Ausstattung oder Versorgung fallen, sind (im wesentlichen Anschlusse an das
preuß. L.R.): a) das der Tochter oder Enkelin gegebene Heiratsgut (dos necessaria, wie
voluntaria); b) die dem Sohne oder Enkel gegebene Heiratsausstattung, nicht auch
(wie nach älterem öst. R.) die Widerlage; c) der Betrag des einem Descendenten zur
Begründung oder Fortsetzung eines eigenen Gewerbes oder zum Antritt eines Amtes oder
Dienstes Gegebenen; d) aus Billigkeitsrücksichten und dem vermutlichen Willen des Erb=
lassers gemäß auch die zur Bezahlung der Schulden eines großjährigen Kindes verwendete
Summe (§ 788). Andere Gaben sind kraft Rechtsvorschrift selbst dann nicht anzurechnen,
wenn Kollationspflichtige mit bedachten, aber nicht anrechnungspflichtigen Descendenten
konkurrieren, was zu Ergebnissen führen kann, die dem Grundgedanken der Kollation
widersprechen.

4. Das öst. R. kennt grundsätzlich keine sog. Realkollation, weder eine Natural=, noch
eine Wertkollation, sondern nur die (praktisch sehr einfache) sog. Idealkollation (ebenso
dtsch. B.G.B. § 2055), bei welcher der Kapitalwert der Vorempfänge nur rechnungsmäßig
in Anschlag gebracht, nicht aber diese reell, nämlich in natura oder ihrem Werte nach,
eingebracht werden (wie nach röm. und dtsch. R.). Realkollation kann daher weder gefordert,
noch aufgedrungen werden. Für den in Anrechnung zu bringenden Wert des Vorempfanges
ist in der Regel (wie auch nach d. dtsch. B.G.B. § 2055, anders röm. R.) lediglich die Zeit
der Zuwendung maßgebend (§ 794), so daß dem Empfänger von dieser Zeit an das
commodum zu statten kommt, er aber auch das periculum rei zu tragen hat. Bei Wert=
papieren kann diese Norm zu großen Unbilligkeiten führen. Daher wird hier wohl der
Kurswert zur Zeit des Erbanfalls entscheiden. Bei zu konferierenden Privatforderungen ist,
den Mangel eines Verschuldens des Gläubigers bei Eintreibung der Schuld vorausgesetzt,
das vom Schuldner Erhaltene anzurechnen. Ist Bargeld zu konferieren, so kommt der Wert
der empfangenen Summe, jedoch mit Berücksichtigung einer mittlerweiligen Münzveränderung,
in Betracht. Der Wert beweglicher Sachen, exkluf. Bargeld, ist nach dem Zeitpunkte des
Erbanfalles zu bemessen (§ 794, anders dtsch. B.G.B. § 2055); eine dem preuß. L.R.
entlehnte, nicht zu rechtfertigende Bestimmung, welche an die Stelle der Idealkollation die
Wertkollation setzt und für die Wertbestimmung trotzdem nicht die Zeit der Erbteilung ent=
scheiden läßt. Die beim Tode des Erblassers ohne dolus desselben nicht mehr bestehenden
Mobilien kommen nicht in Anrechnung. Im Falle der Veräußerung unterliegt die noch
vorhandene Bereicherung der Kollation. Die auf Kosten des Konferenten erfolgte Wert=
erhöhung kommt gar nicht in Betracht. — Die Wertbestimmung des Erblassers kann vom
Anrechnungspflichtigen wegen Verletzung seines Pflichtteils angefochten werden.

5. Die Anrechnung wird — entsprechend der Natur des Vorempfanges als Erb=
vorschuß (anticipierter Erbteil) und dem Wesen der Anrechnung als Einrechnung — durch=
geführt: durch Hinzurechnung des anrechnungspflichtigen Wertbetrages zu dem zwischen
den kollationsberechtigten und verpflichteten Erben zu verteilenden (effektiven) Erbvermögen
und durch Abrechnung jenes Betrages von dem Erbteile, welcher von diesem um den
Wertbetrag des Vorausempfanges vermehrten Erbvermögen auf den Anrechnungspflichtigen
entfällt (vgl. Formular VI zum Pat. v. 1854 und dtsch. B.G.B. § 2055). Weil sich die
Ausgleichung nur auf die Auseinandersetzung der miterbenden Descendenten des Erblassers
untereinander beschränkt, so wird somit der Wert des Vorempfangs, wenn ein Nicht=
kollationspflichtiger (z. B. der Ehegatte) konkurriert, nur dem zwischen den Descendenten zu

verteilenden effektiven Erbvermögen hinzugerechnet, also vor Durchführung der Ausgleichung der auf den Dritten entfallende Erbteil von dem vorhandenen Erbvermögen abgerechnet. Die in § 793 (mit Berufung auf das gemeine R.) enthaltene Ausgleichungsformel kann die Berechnung erschweren und ist nicht anwendbar, wenn mit den Kindern der überlebende Gatte konkurriert, dessen Portion ja unabhängig von der Ausgleichung der Kinder zu berechnen ist; oder wenn die Vorempfänge so bedeutend sind, daß der Nachlaß zur „ausgleichenden Vorausbeteiligung" der Miterben nicht ausreicht. Endlich widerspricht jene Formel dem wahrscheinlichen Willen des Erblassers, wenn den zu ungleichen Teilen eingesetzten Descendenten die Ausgleichung aufgetragen worden ist. Hat ein kollationspflichtiger Descendent durch die Zuwendung mehr erhalten, als der nach der bezeichneten Berechnung auf denselben entfallende Erbteil beträgt, so ist er trotz der Antretung der Erbschaft zur Zahlung des Überschusses nicht verpflichtet. Der Wert der Zuwendung und der Erbteil des Miterben bleiben sodann ganz außer Ansatz (§ 793, ebenso dtsch. B.G.B. § 2056); eine unter Umständen zu unbefriedigenden praktischen Resultaten führende Bestimmung.

Unterläuft bei Durchführung der Ausgleichung ein Irrtum, so kann im Falle außergerichtlicher Erbteilung das empfangene Übermaß durch condictio indebiti zurückgefordert werden. Die rechtskräftige gerichtliche Erbteilung aber kann wegen unterbliebener oder unrichtig durchgeführter Ausgleichung nur nach den allgemeinen Grundsätzen des Prozeßrechts angefochten werden (vgl. Civ.Pr.Odg. §§ 529 ff.).

§ 57. V. **Das Anwachsungsrecht (Recht des Zuwachses, Accrescenzrecht) unter Miterben** (§§ 560—563).

Unger, Erbr., § 38. — Krainz-Pfaff, § 495. — Pfaff-Hofmann, ad §§ 560—563, 733, 734 (3. IV), 735 (3. IV) u. d. Litt. das. — Stubenrauch, ad §§ 560—563. — Strohal, Transmission, S. 89 ff., insbes. S. 138—162. — Ofner, Prot. I. S. 335, 336; II. S. 384.

Die Erbquote eines Miterben kann durch den aus was immer für einem Grunde eingetretenen Wegfall eines anderen Miterben schon infolge des Miterbenverhältnisses eine Vergrößerung erfahren. In solchen Fällen spricht man von Accrescenz (Zuwachs, Anwachsung), ein Ausdruck, der nicht nur auf die Erweiterung einer bereits erworbenen oder doch deferierten Erbportion, sondern auch auf den praktisch analogen Fall der Vergrößerung einer noch nicht deferierten Portion durch die vor der Delation erfolgte Erledigung einer anderen Portion angewendet wird. Grundlage der Accrescenz, daher auch leitender Gesichtspunkt für die Gesetzesauslegung, ist nach öst. R. (ebenso dtsch. B.G.B. § 2094) der wahrscheinliche Wille des Erblassers, im Gegensatze zum röm. R., nach welchem Accrescenz selbst gegen den Willen des Erblassers eintritt. Somit ist die Frage, ob, wem und in welchem Umfange ein erledigter Erbteil zuwachse, in erster Linie eine Frage der Willensauslegung, und es kann daher der Erblasser die Accrescenz auch direkt ausschließen. Aus dem Grundgedanken der Anwachsung ergibt sich, daß der Erblasser dieselbe bloß auf einige Miterben beschränken kann, namentlich durch Einsetzung auf einen gemeinschaftlichen Erbteil (Realkonjunktion, vgl. auch § 559), so daß, wenn ein Konjungierter entfällt, die übrigen Konjungierten ein ausschließliches oder doch bevorzugtes Anwachsungsrecht haben. Eine weitere Folge ist, daß Accrescenz nicht stattfindet, wenn feststeht, daß der Erblasser die eingesetzten Erben auf die ihnen zugewiesenen Erbteile unter allen Umständen beschränken wollte. Einen solchen Willen nimmt das Gesetz an bei Einsetzung auf, nicht etwa bloß den Teilungsmodus bezeichnende, certae partes, während bei Berufung zu incertae partes oder angeordneter Gleichteilung, die ja nur die Negation ungleicher Teile enthält, Anwachsung eintritt. Eine andere Folge ist, daß Accrescenz stattfinden kann, es mag der erledigte Erbteil eine pars certa oder incerta sein. Aus jenem Grundgedanken folgt weiter, daß der erledigte Erbteil nach Verhältnis der ursprünglichen Erbteile zuwächst; endlich daß der Accrescenzberechtigte bezüglich der anwachsenden Portion nicht besser gestellt sein soll als der ausgefallene Miterbe, wenn er dieselbe erhalten hätte. Daher der Grundsatz: pars accrescit cum suis oneribus (z. B. Legate, Auflagen, fideikommissarische Substitutionen, nicht auch Bedingungen: arg. § 702); es wäre denn, daß jene Lasten ihrer Natur nach oder dem Willen des Erblassers gemäß auf den entfallenen Miterben beschränkt sind.

Aus dem Grundgedanken der Anwachsung ist zugleich die juristische Konstruktion der Accrescenz abzuleiten, die Beantwortung der Frage nämlich, wie eine Erklärung des Erblassers juristisch aufzufassen sei, die nach dem Bemerkten als Ausdruck des Accrescenz=willens behandelt wird. Die noch herrschende Meinung nimmt an, der Erblasser, der mehrere Erben ohne Teilbestimmung zur Erbschaft beruft, wolle jeden Erben zur ganzen Erbschaft berufen, so daß die Beschränkung der Erben auf Teile nur die Folge ihres Zusammentreffens ist (partes concursu fiunt) und daher der Ausfall eines Erben für die übrigen nur den Wegfall einer Beschränkung, keinen Neuerwerb bedeute. Man sagt daher, das jus accrescendi sei eigentlich ein jus non decrescendi. Allein es scheint, daß eine solche Auffassung den wahren Willen des Erblassers verfehlt. Denn dieser will (in der Regel) jedem Erben zunächst nur einen Teil der Erbschaft zuweisen und nur, wenn ein Mit= erbe ausfällt, also bloß eventuell, auch dessen Portion. Somit bildet ein durch das Gesetz als vorhanden angenommener Substitutionswillen den Grund der Accrescenz. Diese Substitutionsportion soll aber, dem Willen des Erblassers gemäß, nur als eine Er= weiterung der Institutionsportion, nicht als gesonderter Erbteil in Betracht kommen. Die Annahme der Institutionsportion schließt somit von selbst jene der Substi= tutionsportion in sich; Ausschlagung der letzteren nach Annahme der ersteren wäre daher ausgeschlossen. Demnach erwirbt der Accrescenzberechtigte die Zuwachsportion ipso jure und — was de lege ferenda nicht zu billigen ist — unabweislich (vgl. § 806). Zum gleichen Resultate führt auch die herrschende Meinung. Weil die accrescierende Portion eigentlich keine selbständige Portion ist, daher mit der ursprünglichen Portion des Accrescenz= berechtigten als angenommen gilt, so erfolgt auch keine neue Delation der anwachsenden Portion, und braucht somit der Anwachsungsberechtigte den Accrescenzfall weder zu erleben, noch bei seinem Eintritte erbfähig zu sein. Die Accrescenz ist aber erst dann entschieden, wenn an die Stelle des wegfallenden Erben weder Transmissare, noch Substituten treten. Denn willensgemäß geht ein (anderer) Substitut, sowie ein Transmissar des aus= gefallenen Erben (vgl. § 809) dem Accrescenzberechtigten vor.

Obgleich das G.B. die Accrescenz nur bei der gewillkürten Erbfolge normiert, unter= liegt es keinem Zweifel, daß erstere auch bei der gesetzlichen Erbfolge platzgreife und im wesentlichen den gleichen Grundsätzen untersteht. Bei dieser wird die Accrescenz indirekt schon durch das Princip anerkannt, daß einer entfernteren Linie erst dann deferiert wird, wenn in der näheren Linie kein Erbe vorhanden ist (vgl. oben §§ 36, 38). Da außerdem nach der Auffassung der Redaktoren die gesetzliche Erbfolge auf den wahrscheinlichen Willen des Erb= lassers zurückgeführt wird, ersterer aber die Grundlage der Anwachsung bildet, so hat letztere auch bei der gesetzlichen Erbfolge als willensgemäß zu gelten. Bei dieser wird übrigens die Accrescenz durch die Repräsentanten und Transmissare ausgeschlossen, und es haben die Angehörigen eines Stammes oder einer Stammgruppe ein bevorzugtes Anwachsungsrecht.

Verschieden von der Anwachsung ist der auf Grund des § 726 sich vollziehende Erwerb einer vakanten Erbportion durch die nicht accrescenzberechtigten Miterben, falls gesetzliche Erben nicht in Betracht kommen. Erstere erwerben in diesem Falle die vakante Portion auf Grund einer neuen Delation durch Antritt und gehen hierin dem Fiskus wie etwa vorhandenen Legataren vor.

§ 58. **B) Vorerbe und Nacherbe** (§ 613).

Unger, Erbr., § 48; Verlassenschaftsabh., S. 100, 138 ff. — Krainz=Pfaff, §§ 504, 525. — Pfaff=Hofmann, ad §§ 613, 614, u. d. Litt. das. — Stubenrauch, ad § 613. — Randa, Erwerb d. Erbsch., S. 89 ff. — Schuster v. Bonnott, Komm., ad §§ 158, 172, 178. — Ofner, Prot. I. S. 366, 367; II. S. 387, 540.

1. Regelmäßiges Rechtsverhältnis.

a) Vor Eintritt des Substitutionsfalles. Der Vorerbe ist Erbe im techn. Sinne. Doch ist er infolge des künftigen oder doch eventuellen Erbrechtes des Nacherben nur beschränkter Eigentümer, da jede zeitliche Beschränkung zugleich eine inhaltliche in sich schließt. Dieses „eingeschränkte Eigentumsrecht" (§ 613), welches dem freien Eigentum näher steht als jenes des Fideikommißinhabers, aber nicht schlechthin unvererblich ist wie dieses (vgl. S. 25), verwandelt sich, wie jedes beschränkte Eigentum, durch Wegfall der Beschränkung, also durch Vereitelung der Substitution, von selbst in freies Eigentum. Daher ist der Vorerbe in Wahrheit nicht etwa bloß Fruchtnießer des vinkulierten Vermögens. Wohl aber ist die Rechtsstellung des Vorerben, von dem das Substitutionsvermögen womöglich unvermindert an den Nacherben gelangen soll, praktisch diejenige eines Fruchtnießers (§ 613). Bei sinngemäßer Anwendung der den ususfructus regelnden Normen ist jedoch daran festzuhalten, daß der Vorerbe selbst der Eigentümer ist, ihm also nicht, wie beim ususfructus, ein Eigentümer gegenübersteht. Unanwendbar sind daher §§ 514—516 (den Mittelsatz des § 515 ausgenommen); ebenso § 511 letzt. S., weil die Hälfte des in Sachen des vinkulierten Vermögens gefundenen Schatzes letzteres vermehrt, der Fruchtnießer aber als solcher gar kein Recht an der Schatzhälfte hat. Dem Fruchtnießer gleichgestellt ist der Vorerbe im Rechte auf den Ertrag des Substitutionsvermögens (§§ 510, 511), in den bei Verwaltung des letzteren ihm obliegenden Verpflichtungen, den ihn treffenden Lasten und seinen Ersatzansprüchen wegen Verwendungen (vgl. §§ 512, 513, 517). Aus dem Gesichts= punkte der Gleichstellung von Vorerbe und Fruchtnießer folgt, daß sich die Verfügungsmacht des Vorerben in Ansehung der Substanz des Substitutionsvermögens grundsätzlich innerhalb der für den Nutznießer geltenden Grenzen bewegt. Daher sind ungültig durch den Vor= erben vorgenommene Veräußerungen und nicht bloß quoad fructus erfolgte Verpfän= dungen von Bestandteilen des vinkulierten Vermögens, mögen sie auch nur auf Einräumung eines an die Schranken des Vorerbenrechtes gebundenen Rechtes gerichtet sein (vgl. §§ 468, 527; anders dtsch. B.G.B. §§ 2112—2115). Daher können auch Miterben, die Vorerben sind, zum Zwecke der Auseinandersetzung die Feilbietung des Substitutionsvermögens nicht begehren. Auch durch die Gläubiger des Vorerben veranlaßte exekutive Veräußerungen und Verpfändungen sind ausgeschlossen. Unter der Suspensivbedingung des Erlöschens der Sub= stitution vorgenommene Veräußerungen und Verpfändungen sind, wenn es sich nicht bloß um obligatorische Geschäfte handelt, bei Mobilien nichtig, bei Immobilien gültig nach den für einen bedingten Rechtserwerb durch grundbücherliche Eintragung geltenden allgemeinen Grundsätzen. Veräußerungen und Belastungen von Bestandteilen des vinkulierten Vermögens sind ausnahmsweise gültig, wenn sie mit Zustimmung des Nacherben oder mit Gestattung des Erblassers oder zum Zwecke der Bezahlung von Erbschaftsschulden erfolgen, außerdem in allen Fällen, welche sich aus dem Begriffe einer ordnungsmäßigen, auf Erhaltung eines Vermögens gerichteten Verwaltung ergeben. Ist die Veräußerung nichtig, so kann der Fiduciar, sowie der Fideikommissar, sobald er Erbe geworden ist, vindizieren, es wäre denn die Veräußerung wirksam infolge Eingreifens des § 367 oder des Vertrauensprincips oder eingetretener Konvalescenz. Von der eben charakterisierten Rechtsstellung des Vorerben abgesehen, ist durch eine Reihe von Normen dafür gesorgt, daß dem Nacherben, wenn es zur Restitution kommt, das Substitutionsvermögen unverändert ausgefolgt werden könne. So ist von Amtswegen auf Kosten des Vorerben jenes Vermögen zu inventarisieren (Pat. v. 1854 §§ 92, 95, 111); in Bezug auf die Tabularobjekte ist die Beschränkung des Vorerben im Grundbuche durch Eintragung des Substitutionsbandes ersichtlich zu machen (Pat. v. 1854 § 158); das bewegliche Substitutionsvermögen hat der Vorerbe pupillarmäßig und das unbewegliche im Falle seiner Gefährdung sicherzustellen (Pat. 1854 § 158, a. b. G.B. § 520); für ungeborene Substituten ist von Amtswegen ein Kurator zu ernennen und in der dem Vorerben ausgefolgten Einantwortungsurkunde die Substitution ersichtlich zu machen und der Substitut so bestimmt als möglich zu bezeichnen (Pat. v. 1854 § 77, 174).

Die mehr oder minder sichere Anwartschaft des Nacherben, welche aber kein gegenwärtiges Recht am Nachlaß und dessen Bestandteilen bedeutet, kann als solche weder veräußert, noch verpfändet werden und ist kein Gegenstand der Exekution (anders zum Teil die Praxis).

b) Mit dem Eintritte des Substitutionsfalles (Restitutionszeitpunktes) erwirbt der Nacherbe, sobald seine Erberklärung, die übrigens schon im Restitutionsbegehren enthalten ist, vorliegt, als Universalsuccessor des Erblassers das Substitutionsvermögen, so daß in Bezug auf dieses der Vorerbe gleichzeitig aufhört, Erbe zu sein. Liegt bei Eintritt des Substitutionsfalles eine Erberklärung des Nacherben noch nicht vor, so ist das im Gewahrsam des Vorerben verbleibende vinkulierte Vermögen bis zum Antritte des Nacherben wieder ruhende Erbschaft. Dem Substituten steht, sobald der Substitutionsfall sich verwirklicht hat, die Erbschaftsklage, auch gegen den Vorerben zu, außerdem aber nur gegen diesen (sowie seine Erben) ein gesetzlicher, mit Eintritt des Substitutionsfalles entstehender obligatorischer Anspruch auf Herausgabe des Substitutionsvermögens, Impensenersatz u. dergl. — Der Vorerbe ist zur Herausgabe der accrescierenden, nicht auch seiner Substitutionsportion, noch auch der Prälegate und des Pflichtteils verpflichtet. Für die Verteilung der Früchte zwischen Vor- und Nacherbe gilt § 519 (arg. § 613). Legate sind vom Vor- und Nacherben nach Verhältnis ihrer Erbteile zu tragen, wenn sie nicht bloß dem Vor- oder dem Nacherben zu tragen auferlegt worden sind. Deckt sich das Substitutionsvermögen mit dem dem Vorerben als Erben Hinterlassenen, so fallen die Legate praktisch schon dem Vorerben zur Last. Die durch den Antritt des Vorerben per confusionem erloschenen Rechtsverhältnisse sind wiederherzustellen, sobald der Nacherbe an die Stelle des Vorerben tritt.

2. Fideicommissum eius quod supererit.

Die besprochene Norm des § 613 ist dispositiver Natur. Der Erblasser kann daher, was im Zweifel anzunehmen ist (arg. § 614), dem Vorerben freie, jedoch den Nacherben nicht absichtlich benachteiligende Verfügung über das inventarisierte Substitutionsvermögen inter vivos einräumen, somit nur das von demselben bei Eintritt des Substitutionsfalles, insbesondere zur Zeit des Todes des Vorerben noch Vorhandene dem Nacherben zuwenden. Eine solche (noch im westgal. G.B. ausdrücklich normierte) Gestaltung erscheint nur als eine Modifikation des normalen Rechtsverhältnisses, benimmt aber der Anordnung nicht die Natur einer Nacherbeneinsetzung (ebenso die neueste Praxis u. dtsch. B.G.B. §§ 2137, 2138). Ein solches fideicommissum eius quod supererit kann bedingt sein, was insbesondere dann der Fall ist, wenn der Erblasser dem Vorerben auch freie Verfügung mortis causa über das Substitutionsvermögen einräumt.

§ 59. IV. Veräußerung der Erbschaft (§§ 1278—1283).

Unger, Erbr., § 49. — Krainz-Pfaff, § 534. — Stubenrauch, ad §§ 1278—1283. — Pfaff-Hofmann, II. S. 18, 53. — Steinlechner, l. c. I. S. 380—386. — Ofner, Prot. II. S. 159—161, 432, 574, 575.

Bei Lebzeiten des Erblassers ist dessen künftige Erbschaft kein Gegenstand gültiger Veräußerung (§ 879 Z. 4). Eine angefallene oder erworbene Erbschaft oder Erbquote aber kann vom Delaten bezw. Erben, selbst während des Erbrechtsstreites, ganz oder nach Bruchteilen, entgeltlich wie unentgeltlich, veräußert werden. Nach eingetretenem Erbfalle kann wohl auch der eventuelle Delat (vgl. z. B. § 703) unter der Bedingung des an ihn erfolgenden Erbanfalls eine solche Veräußerung vornehmen. Specielle Normen enthält das G.B. (wie das röm. R. u. das dtsch. B.G.B. §§ 2371—2385, 2034—2037) nur hinsichtlich des von ihm unrichtigerweise als Glücksvertrag u. zw. als Hoffnungskauf aufgefaßten Erbschaftskaufes, der häufigste Fall einer Erbschaftsveräußerung. Diese Veräußerung, welche als solche an keine Form gebunden ist (anders dagegen mit Recht dtsch. B.G.B. § 2371), enthält keine Veräußerung des (unveräußerlichen) Erbrechtes, noch auch (bei bloß deferierter Erbschaft) des Rechtes aus der Delation, sondern nur eine Übertragung des Erbvermögens. Der Veräußerer bleibt somit Erbe, ist aber verpflichtet, dem praktischen Erfolge nach dem Erwerber, der daher nicht erbfähig zu sein braucht, dieselbe Rechtsstellung zu verschaffen, als ob er und nicht der Veräußerer Erbe geworden wäre. Dieser praktische Erfolg kann nicht durch einen einheitlichen Übertragungsakt erreicht werden, sondern — vor wie nach der Einantwortung, es mag die ganze Erbschaft oder nur ein Bruchteil derselben veräußert werden — nur durch

Vornahme jener einzelnen Rechtshandlungen, welche den Übergang aller (nicht höchstpersön=
lichen) erbschaftlichen Rechte und Vorteile des Veräußerers, sowie aller diesen betreffenden
erbschaftlichen Verpflichtungen und Nachteile vermitteln; so Intabulation, Tradition, Cession,
Schuldübernahme. Aus dem dargelegten, dem Willen der Parteien entsprechenden allgemeinen
Gesichtspunkt ergiebt sich im wesentlichen das Rechtsverhältnis zwischen den Kontrahenten
und ihre Rechtsbeziehung zu Dritten.

1. Der Käufer soll in Ansehung der erbschaftlichen Vorteile an die Stelle
des Erben treten. Somit gebührt ihm alles, was dem Verkäufer, wenngleich vor Abschluß
des Kaufvertrages, als Erben zukommt; so insbesondere die Erträgnisse der Erbschaft, in
dieser verbleibende Vermächtnisse, Vorteile durch Wegfall von Auflagen oder infolge der
Kollationspflicht von Miterben; ferner was der Verkäufer auf Grund eines zur Erbschaft
gehörenden Rechtes oder als Ersatz für Verminderungen der Erbschaft oder durch ein auf
die Erbschaft sich beziehendes Rechtsgeschäft erlangt hat; die Vergütung für die Wert=
verminderung durch Verbrauch, unentgeltliche Veräußerung oder Belastung von Erbstücken
oder durch unentgeltliches Aufgeben erbschaftlicher Rechte (vgl. dtsch. B.G.B. §§ 2374,
2375); endlich sogar die accrescierende Erbportion (§ 1279), was jedoch in der Regel nicht
willensgemäß ist (anders dtsch. B.G.B. § 2373). Keinen Anspruch hat dagegen der Käufer
auf dasjenige, was dem Verkäufer infolge von Substitution, sowie nicht als Erbe, z. B.
als Vorausvermächtnis oder als Fideikommiß, zukommt. Betrifft die Veräußerung eine bloß
angefallene Erbschaft, so ist der Veräußerer zur Antretung verpflichtet. Doch steht dem
Erwerber das vom Willen des Verkäufers unabhängige gesetzliche Recht zum Erbschafts=
antritte zu (§ 1282 i. f.). Veräußerung der Erbschaft vor ihrer Einantwortung hat
für den Käufer grundsätzlich die den Verkäufer als Erben während der Verlassenschafts=
abhandlung treffenden Beschränkungen zur Folge (vgl. insbes. § 822). Die Einantwortung
kann im Namen des Veräußerers an den Erwerber erfolgen; doch ist ersterer in der Ein=
antwortungsurkunde als Erbe zu bezeichnen (Pat. v. 1854 § 174). Wurde die entgeltliche
Veräußerung auf Grund eines Inventars vorgenommen, so ist der Veräußerer nach
Maßgabe desselben gewährleistungspflichtig. Bei mangelndem Inventar ist der Erbschafts=
kauf ein gewagtes Geschäft. Denn der Veräußerer haftet dann nicht für Entwährung oder
Mängel einzelner Erbstücke, noch für einen bestimmten Erbschaftswert, sondern nur für den
Bestand des angegebenen Erbrechtes (§§ 1278, 1283; vgl. hiemit dtsch. B.G.B. §§ 2376,
2385). Weil der Käufer bei Abschluß des Kaufvertrages von der Annahme einer ordnungs=
mäßigen Verwaltung der Erbschaft auch vor dem Vertragsabschlusse wohl ausgehen darf, so
haftet der Verkäufer schon vor der Veräußerung für verschuldete Wertverminderung der
Erbschaft (§ 1283). Vom Vertragsabschlusse bis zur Übergabe befindet sich der Verkäufer
in der Rechtsstellung eines Verwalters fremden Vermögens (§ 1281).

Der Erbschaftskäufer soll in Ansehung der erbschaftlichen oder von Erbschafts
wegen übernommenen Verpflichtungen und Lasten an die Stelle des Verkäufers
treten. Daher gebührt dem Verkäufer vom Käufer die Vergütung für die Kosten des Erb=
schaftserwerbes, für erfüllte Nachlaßverbindlichkeiten, im Zweifel auch für Begräbniskosten,
für Verwaltungskosten, notwendige oder nützliche Verwendungen. Die infolge des Antrittes
des Veräußerers durch Konfusion erloschenen Rechtsverhältnisse sind wieder herzustellen. Daher
hat der Käufer die Forderungen des Verkäufers an den Erblasser zu bezahlen, erhält dagegen
auch das von ersterem dem Erblasser Geschuldete (§§ 1279, 1280; vgl. auch dtsch. B.G.B.
§ 2377).

2. Die Erbschaftsveräußerung ist ein Rechtsgeschäft bloß zwischen Veräußerer und
Erwerber, welches somit grundsätzlich die Rechtsbeziehungen Dritter, namentlich
Nachlaßbeteiligter, nicht berührt (§ 1282). Daher steht dem Verkäufer als Erben nach
wie vor die auch gegen ihn zulässige Erbschafts= und Erbteilungsklage zu; und er kann
noch immer von Erbschaftsgläubigern, Noterben und Legataren belangt werden. Solche
Nachlaßbeteiligte können aber auch, selbst wenn eine Schuldübernahme nicht stattfand, von
der erfolgten Verständigung an den Käufer belangen, da der Veräußerungsvertrag diesen
Dritten gegenüber als mandatum alieni gratia erscheint (vgl. § 1019). Erbschafts=

schuldnern steht der Erwerber der Erbschaft infolge der Veräußerung als Cessionar gegen=
über. Ihm stehen die Erbschaftsklage, wie die Erbteilungsklage zu, welche jedoch auch gegen
ihn zulässig sind.

8. Kapitel. Die Klagen des Erben.

A) Arten derselben. Verjährung.

Unger, Erbr., § 50. — Krainz=Pfaff, §§ 536, 537. — Stubenrauch, ad §§ 823, 824,
1487. — Schuster v. Bonnott, Komm. II. S. 75, 76; ad §§ 123--127. — Randa, Erwerb d.
Erbschaft, S. 43 ff. — Ofner, Prot. II. S. 277—279, 293, 294.

§ 60. I. **Die Erbrechtsklage i. e. S.**

Für die Gestaltung des Erbrechtsschutzes ist in Österreich vor allem das Institut der
Verlassenschaftsabhandlung von Bedeutung. Aus dem über dieses Institut bereits
Bemerkten ergiebt sich, daß dasselbe dem Erben einen intensiven Schutz zu bieten vermag,
namentlich indem es dem Erben durch die Einantwortungsurkunde ein wertvolles Beweis=
mittel seiner Erbenqualität verschafft. Die Einantwortung an einen bestimmten Delaten
kann das Ergebnis eines während der Verlassenschaftsabhandlung durchgeführten, diese
hemmenden Erbrechtsstreites sein. Werden nämlich von mehreren Delaten einander
widersprechende (kollidierende) Erberklärungen abgegeben, so hat zwar der Ab=
handlungsrichter in der Regel alle anzunehmen, zugleich aber zur Entscheidung der Frage,
welchem der Erbprätendenten die Einantwortung des Nachlasses ganz oder zum Teil gebühre,
die Einleitung des Erbrechtsprozesses zwischen denselben zu veranlassen. Die Verteilung der
Parteirollen hat der Richter, nach vorläufiger summarischer Erhebung, nach dem Grundsatze
vorzunehmen: die Beklagtenrolle ist demjenigen zuzuweisen, für welchen die größere
Wahrscheinlichkeit der Erbberechtigung spricht. Wer somit z. B. auf Grund
eines Testamentes oder Erbvertrages sich zum Erben erklärt hat, die in ihrer Echtheit
unbestritten und äußerlich formgerecht sind, und wenn auch sonst keine Umstände feststehen,
welche die Wahrscheinlichkeit der Erbberechtigung eines solchen Erben ausschließen (z. B.
Testierunfähigkeit des Erblassers), der hat dem gesetzlichen oder dem im älteren Testamente
eingesetzten Erben gegenüber als Beklagter aufzutreten (vgl. jedoch § 716). Unter der gleichen
Voraussetzung ist die Beklagtenrolle dem Vertragserben zuzuweisen, der dem Testamentserben
gegenübersteht, und sie gebührt dem näheren gesetzlichen Erben, wenn mehrere Intestaterben
zusammentreffen (Pat. v. 1854 §§ 125, 126). In manchen Fällen, z. B. (in der Regel)
bei Testamenten ohne oder von gleichem Datum (vgl. § 715), sowie bei gleich nahen Intestat=
erben, wird der Richter zur Verteilung der Parteirollen das Los entscheiden lassen müssen.
Die Erbrechtsklage, deren Anstellung bei sonstiger Präklusion von der Verlassenschaftsabhandlung
innerhalb der vom Richter gesetzten Frist angestellt werden muß (Pat. v. 1854 § 125),
ist auf Anerkennung des vom Kläger behaupteten Allein= oder Teilerbrechtes gerichtet und
somit eine Feststellungsklage (Anerkennungs= oder Präjudicialklage).

§ 61. II. **Die Erbschaftsklage** (§ 823).

Als Gesamtnachfolger hat der Erbe zum Schutze der erbschaftlichen Rechte grundsätzlich
dieselben Einzelansprüche (Einzelklagen), welche dem Erblasser zustanden. Überdies
aber wird dem Erben, der die Erbschaft oder Teile derselben in Anspruch nimmt, unter
Umständen die Stellung eines (absoluten) Gesamtanspruchs (einer Gesamtklage), der sog.
Erbschaftsanspruch, die der röm. hereditatis petitio nachgebildete Erbschaftsklage
zugestanden, welche als Vindikation des Nachlasses erscheint (vgl. dtsch. B.G.B. §§ 2018 ff.).
Aus der Gestaltung des Instituts der Verlassenschaftsabhandlung folgt, daß diese Klage,
die somit zum Schutze des Allein=, wie des Miterbenrechtes dient (her. pet. totalis s.
universalis u. partiaria), den Abschluß der Verlassenschaftsabhandlung voraussetzt. (Das
Wort „auch" in § 823 soll nur ausdrücken, daß selbst gegen den immittierten Erben die

Erbschaftsklage zulässig sei.) Grund der Erbschaftsklage ist das Erbrecht. Kläger ist daher vor allem der Erbe als solcher, der immittierte Erbe wie ein Dritter, aber auch, wer die Erbschaft vom Erben durch Veräußerung erworben hat, insbesondere der Erbschaftskäufer (vgl. S. 65 oben). Der Erbschaftsstreit ist ein zwischen Erbprätendenten stattfindender „Successions= streit". Geklagter ist daher jeder, der ein dem angeblichen Erbrecht des Klägers wider= sprechendes Erbrecht zu haben behauptet und aus diesem Grunde, also titulo universali, die Herausgabe der Erbschaft, ganz oder zum Teil, oder die Bezahlung einer Erbschaftsschuld verweigert (sog. possessio pro herede) (vgl. § 532: „der Verlassenschaft" — recte Erb= folge — „anmaßt"; westgal. G.B. II. § 637). Im Falle bloßer Negation der Erben= eigenschaft des Klägers, der Zugehörigkeit eines Objektes zur Erbschaft oder des Bestandes der behaupteten Erbschaftsforderung ist somit die Erbschaftsklage ausgeschlossen. Solcher Weige= rung gegenüber ist der Erbe nur durch die entsprechenden erbschaftlichen Singularklagen (Eigentumsklage, Schuldklage u. s. w.) geschützt. Wer also eine einzelne Erbschaftssache besitzt, kann, je nachdem er dieselbe titulo universali oder singulari vorenthält, mit der Erbschaftsklage oder der die Herausgabe bezweckenden Einzelklage belangt werden. (Irre= führend ist die Textierung des § 823 i. f.) Zweifelt der Kläger, ob die Erbschaftsklage oder nur eine Einzelklage zulässig sei, so wird er zu seiner Sicherheit beide Klagen kumulieren. Geklagter kann auch der immittierte Erbe sein (§ 823; Pat. v. 1854 §§ 120, 128, 125, 180). Nur kann derselbe von demjenigen mit der Erbschaftsklage nicht belangt werden, der während des Abhandlungsverfahrens das Erbrecht des immittierten Erben anerkannt hat oder in dem mit ihm geführten Erbrechtsprozesse unterlegen ist. Selbstverständlich steht die Erb= schaftsklage auch gegen den Erben eines Erbprätendenten zu. Sie ist außerdem zulässig gegen den Verkäufer, wie gegen den Käufer der Erbschaft (vgl. oben § 59 Z. 2, sodann § 823, der auf die Herausgabe der „Erbschaft" das Hauptgewicht legt). Zweifelhaft ist, ob das öst. R., wie das römische, die Erbschaftsklage auch gegen jenen zuläßt, der Erb= schaftssachen bloß „pro possessore" besitzt, nämlich ohne Angabe eines Rechts= grundes vorenthält. §§ 532 und 823 sprechen dagegen; auch die herrschende Meinung verneint die Frage. Unzweifelhaft aber besteht ein praktisches Bedürfnis der Zulassung der Erbschaftsklage auch in solchen Fällen. Das dtsch. B.G.B. (§ 2018) hat jedoch diesem Bedürfnisse nicht Rechnung getragen. Eine der Erbschaftsklage analoge Universalklage steht auch dem zurückgekehrten Verschollenen zu gegen jene, die als Erbprätendenten die Herausgabe von dem ersteren gehörenden Vermögensobjekten verweigern (vgl. dtsch B.G.B. § 2031). Wie nach röm. R. findet die Erbschaftsklage auch gegen ficti possessores statt, gegen jenen nämlich, qui dolo malo desiit possidere und qui liti se obtulit (arg. §§ 824, 377, 378).

Der dem röm. R. eigentümliche provisorische Schutz des Erbrechtes durch besondere Rechtsmittel (missio Hadriana, interdictum quorum bonorum) wird dem Erben nach öst. R. in der Gestalt der Verlassenschaftsabhandlung zu teil. An die Stelle der römischrechtlichen besonderen Gestaltungen des Schutzes bloß möglichen Erbrechtes (bonorum possessio furiosi nomine, ex Carboniano edicto und bei bedingter Erbeinsetzung endlich missio in posessionem ventris nomine) ist im öst. R. eine gänzlich abweichende Behand= lung getreten (vgl. insbes. oben §§ 24, 45 Abs. 1).

§ 62. III. Verjährung.

Erbrechts= wie Erbschaftsklage sind verjährbare Klagen. Wer Präjudizialklagen als unverjährbar erklärt, wird ein gleiches von der Erbrechtsklage behaupten müssen. Ist die Klage des Erbprätendenten gegen den gewillkürten Erben gerichtet, und behauptet der Kläger, gleichviel aus welchem Grunde, die Nullität des Testamentes oder Erbvertrages, so verjährt diese sog. Testamentsumstoßungsklage in drei Jahren (§ 1487); eine (wie die Red.=Prot. beweisen) zum Zwecke rascher Ordnung der Erbverhältnisse getroffene, im wesentlichen dem böhm. R. (Landtafelpat. v. 1794) entnommene Bestimmung. Voraus= gesetzt wird ein äußerlich fehlerfreies, in seiner Echtheit unbestrittenes Testament (oder ein solcher Erbvertrag); denn im entgegengesetzten Falle wird der Testamentserbe angewiesen, im Erbrechtsprozesse als Kläger aufzutreten. Zu einer Testamentsumstoßungsklage kann es auch dann nicht kommen, wenn der im anfechtbaren Testamente eingesetzte Erbe aus einem anderen Grunde zum Erbrechtskläger bestimmt wurde; wenn er die Erbschaft ex testamento nicht antritt, oder wenn das ungültige Testament erst nach beendeter Verlassenschaftsabhand=lung aufgefunden wird. Im letzteren Falle ist ja der Erbschaftsbesitzer in der Lage, der Erb=schaftsklage des Testamentserben die unverjährbare Einrede der Nichtigkeit entgegenzusetzen. Tritt die Gesamtklage des Erben nicht in Gestalt der Testamentsumstoßungsklage auf, so gilt für sie die gewöhnliche 30jährige Verjährungszeit. Streitig ist der Ver=jährungsbeginn. Nach der auch in der Praxis herrschenden Ansicht beginnt die Ver=jährung der Impugnationsklage mit der Testamentspublikation, nach der Meinung einiger Schriftsteller mit dem Antritte des Testamentserben. In den übrigen Fällen wird der Verjährungsbeginn bald von der Zeit der Erbrechtsanmaßung des Gegners, bald, u. zw. für die Erbschaftsklage, von der Einantwortung oder dem Erbanfall gerechnet.

§ 63. B) Der Beweis im Erbprozeß.

Unger, Erbr., § 51. — Krainz=Pfaff § 537 (S. 620—622). — Pfaff=Hofmann, II. S. 99, 102, 104, 105, 119, 131, 148—150, 162, 163, 173—175, 183; ad § 601; Exkurse, II. S. 78 —88 u. d. Litt. daf. — Stubenrauch, ad §§ 586, 823, 824. — Schuster v. Bonnott, Komm., ad §§ 66, 67, S. 201—204; ad §§ 123—127. — Strohal, Transmission, S. 170—173. — Ofner, Prot. I. S. 350—353; II. S. 386, 539.

Im Erbrechtsprozeß siegt diejenige Partei, welche das relativ stärkere Erbrecht beweist. Das Gleiche gilt im allgemeinen auch im Erbschaftsprozeß. Nur ist hier zu beachten, daß der Kläger vom Beklagten die Herausgabe der in seinem Besitze befindlichen Erbschaft begehrt, daher die Abweisung des Klägers eine andere praktische Bedeutung hat als im Erbrechtsprozeß (vgl. § 823 u. Pat. v. 1854 §§ 125, 126). Der Erbschaftskläger hat, wenn er nicht gegen den immittierten Erben klagt, die possessio pro herede des Beklagten, eventuell den bösen Glauben desselben (vgl. § 328) zu beweisen. Ableugnung des Besitzes seitens des besitzenden Beklagten hat für ihn den Rechtsnachteil des § 376 zur Folge. Der Erbprätendent hat erforderlichenfalls das von ihm behauptete Allein= oder Teilerbrecht (der klagende Erbschaftskäufer jenes des Verkäufers) durch den Beweis der Berufung zur Erbfolge zu beweisen. Der Eintritt des Erbfalles bedarf als aktenmäßig feststehende That=sache keines Beweises. In der Regel entfällt der Beweis des Erbschaftsantrittes, da die Klageanstellung als Antrittserklärung erscheint. Wer sein Erbrecht auf ein Testament oder einen Erbvertrag stützt, hat dessen Errichtung und Inhalt durch Vorweisung der betreffenden Urkunde zu beweisen. Bei mündlichen Privattestamenten aber kann dieser Beweis nur durch die (wenigstens im wesentlichen) übereinstimmende eidliche Aussage der drei Testamentszeugen oder, dafern Einer von ihnen nicht mehr vernommen werden kann (z. B. wegen Tod, Verschollenheit, Geisteskrankheit, im Zweifel dagegen nicht wegen Verweigerung der Aussage), der zwei übrigen Zeugen erbracht werden (§ 586; vgl. auch Pat. v. 1854 §§ 65—67, 123). Bei privilegierten Testamenten, die bloß zwei Testaments=zeugen erfordern, genügt wohl ihre übereinstimmende eidliche Aussage. Nicht beweiskräftig ist die schriftliche Aufzeichnung des mündlichen Testamentes (§ 585; anders gem. R.). Im Falle des Verlustes oder zufälliger Vernichtung der Testamentsurkunde gilt die Beweisvorschrift des § 722 (vgl. oben § 33 Z. 2 a). Wer sein Erbrecht auf ein Privattestament stützt, hat die bestrittene Echtheit der Schrift oder Unterschrift des Erblassers wie der Zeugen zu beweisen (Civ.Pr.Odg. v. 1895 § 312 Abs. 2). Dagegen obliegt in der Regel dem Gegner des Testamentserben der Beweis der von ihm behaupteten Unechtheit eines öffentlichen Testamentes (ebenda § 310). Die gleiche Verteilung der Beweislast gilt auch hinsichtlich der bestrittenen Beobachtung der äußerlich hervortretenden Formen. Fehlt die normale Form, so hätte der Testamentserbe den Beweis der Eigenschaft des Testamentes als eines privilegierten zu führen. Dem Gegner des Testamentserben obliegt dagegen der Beweis der Ungültigkeit des Testamentes, insbesondere wegen Testierunfähigkeit des Erblassers oder Unfähigkeit der Testamentszeugen, wegen des Fehlens eines gesetzlich geforderten Mehr an Form (§§ 580, 581), wegen (materieller) Willensmängel, wegen späteren Wegfalls des

Teſtamentes, Verletzung des Noterbenrechtes (§ 778), endlich der Beweis der Erbunfähigkeit oder Erbunwürdigkeit oder eines Erbverzichtes des Teſtamentserben. Dem Beweiſe der Teſtierunfähigkeit des Erblaſſers vor und nach der Teſtamentserrichtung gegenüber hätte der Teſtamentserbe die Teſtierfähigkeit zur Zeit derſelben zu beweiſen (arg. § 567). Das hin=ſichtlich des Teſtamentserben Bemerkte findet analoge Anwendung auf den Vertragserben. Wer als geſetzlicher Erbe auftritt, hat zunächſt nur die rechtserzeugende Thatſache, nämlich das erforderliche Verwandtſchafts= oder Ehegattenverhältnis, zu beweiſen. Den Gegner dagegen trifft der Nachweis rechtshindernder Thatſachen, wie das Vorhandenſein eines Teſta=mentes oder Erbvertrages, eines näheren Inteſtaterben oder der Ausſchließung des Erb=prätendenten infolge von Erbunfähigkeit, eines Erbverzichtes oder negativen Teſtamentes. Solchem Beweiſe gegenüber könnte der geſetzliche Erbe allenfalls beweiſen: die Ungültigkeit des Teſtamentes oder Erbvertrages, die Ausſchließung des Teſtamentserben infolge perſön=licher Hinderniſſe, den Wegfall des näheren geſetzlichen Erben u. ſ. w.

§ 64. C) Gegenſtand der Erbſchaftsklage und Gegenanſprüche.

Unger, Erbr., § 52. — Krainz=Pfaff, § 537 (B, C). — Stubenrauch, ad §§ 823, 824.

1. Dem Petit der Erbſchaftsklage entſprechend iſt der Erbſchaftsbeſitzer verpflichtet, dem ſiegenden Kläger die Erbſchaft oder einen Bruchteil derſelben herauszugeben (§§ 823, 824). Bei dieſer Reſtitution, welche ohne neuerliche Verlaſſenſchaftsabhandlung ſtattfindet (Pat. v. 1854 § 180), kommt die Erbſchaft als ein beſonderes, den verſchiedenſten Veränderungen unterworfenes Vermögen in Betracht. Gegenſtand der Herausgabe iſt daher im allgemeinen alles, was der Erbſchaftsbeſitzer durch die Erbſchaft erlangt hat. Auch die vom Erblaſſer bloß detenierten Sachen ſind der Herausgabe unterworfen; ebenſo die vom Erb=ſchaftsbeſitzer erwieſenermaßen für die Erbſchaft, nicht auch die für ſein ſonſtiges Vermögen erworbenen Sachen oder Rechte. Der unterliegende immittierte Erbe hat die Einantwortungs=urkunde auszufolgen (vgl. hinſichtlich des Erbſcheins das dtſch. B.G.B. §§ 2361, 2362). Auch kann der Erbſchaftsbeſitzer als Schuldner des Erblaſſers oder der Erbſchaft dem Erben zur Zahlung verpflichtet ſein.

Im einzelnen geſtaltet ſich die Reſtitutionspflicht verſchieden, je nachdem der Geklagte ein unredlicher oder redlicher Erbſchaftsbeſitzer iſt, nämlich den Mangel der eigenen Erb=berechtigung kennt oder nicht. Die Kenntnis bloß möglichen Erbrechtes eines Dritten genügt dagegen für ſich allein zur mala fides noch nicht. In jedem Falle ſind die für den Vindikationsprozeß geltenden Normen analog auf die Reſtitutionspflicht des Erbſchafts=beſitzers anzuwenden. Daß § 824 in dieſer Beziehung bloß Früchte und Koſten nennt, berechtigt noch zu keiner Einſchränkung jenes Grundſatzes. Aus dieſer principiellen Gleich=ſtellung ergiebt ſich, daß den redlichen Erbſchaftsbeſitzer bis zur Zuſtellung der Klage gar keine Verantwortung trifft (§ 329). Er hat nicht mehr zu erſtatten, als wodurch er durch die Erbſchaft zur Zeit ſeiner Verurteilung noch bereichert iſt, daher insbeſondere das Entgelt für veräußerte Erbſchaftsſachen nur, ſoweit es noch vorhanden iſt (vgl. weſtgal. G.B. II. § 639). Die Beſchränkung der Reſtitution auf die Bereicherung iſt jedoch, zum Nachteile des Klägers, nicht rein durchgeführt (§ 330; anders röm. R. und dtſch. B.G.B. §§ 2018—2021). Nach Zu=ſtellung der Erbſchaftsklage iſt die Rechtslage des redlichen Erbſchaftsbeſitzers, mit Ausnahme der Haftung für den Zufall und für die nach den Verhältniſſen des Klägers ziehbaren Früchte, die gleiche wie jene eines unredlichen Erbſchaftsbeſitzers (§ 338). Die Reſtitutionspflicht des unredlichen Erbſchaftsbeſitzers umfaßt vom Beginne der mala fides an (anders das röm. R. und dtſch. B.G.B. § 2024) nicht nur alles, was er ſelbſt durch die Erbſchaft erlangt hat, ſondern auch alles, was der Kläger ohne die rechtswidrige Vorenthaltung der Erbſchaft haben würde (§ 335). Somit haftet erſterer insbeſondere für jenen Zufall, der die Erbſchaft bei unterbliebener Entziehung nicht getroffen hätte; und für den Erſatz der Früchte ſind die Verhältniſſe des Klägers maßgebend (§ 335).

Als Grundlage für die Feſtſtellung des Reſtitutionsobjektes dient das amtliche Nachlaßinventar oder das eidesſtättige Vermögensbekenntnis (vgl. S. 52), wenn

der immittierte Erbe der Beklagte ist, in allen Fällen außerdem, nach Maßgabe der civil=
prozessualischen Grundsätze, der Manifestations= oder Offenbarungseid. Die Klage auf dessen
Ablegung kann mit der Erbschaftsklage verbunden werden (Einf.Ges. z. Civ.Pr.Odg. v. 1895
Art. XLII). Ein von zwei Erbprätendenten mit der Erbschaftsklage zugleich belangter Erb=
schaftsbesitzer kann durch gerichtliche Hinterlegung der Erbschaft den Prozeß von sich abwenden
(§ 348). Erstattet er die Erbschaft dem zuerst siegenden Kläger, so hat dieser an Stelle
des Erbschaftsbesitzers in den mit dem anderen Erbprätendenten noch schwebenden Prozeß
einzutreten.

2. Gegenansprüche des Beklagten können sich auf für die Erbschaft gemachte Ver=
wendungen gründen, wozu insbesondere auch der Kaufpreis der mit eigenem Gelde für
die Erbschaft angeschafften Sachen gehört. Die Behandlung solcher Gegenansprüche richtet
sich nach den im Eigentumsprozeß geltenden Grundsätzen (§§ 824, 331—333, 334, 336,
338; vgl. aber auch § 1042). Daher besteht kein Retentionsrecht (anders röm. R. und
dtsch. B.G.B. § 2022), wohl aber Klage= und Abzugsrecht. Gegenansprüche können sich
weiter ergeben aus der Befriedigung von Erbschaftsgläubigern und Legataren, der Berichtigung
der Begräbniskosten oder Nachlaßgebühren. Solche Auslagen kann der Erbschaftsbesitzer in
Abzug bringen oder deren Ersatz begehren. Vom redlichen Erbschaftsbesitzer zuviel gezahlte
Nachlaßgebühren können kondiziert werden. Forderungen des Erbschaftsbesitzers gegen den
Erblasser sind als Erbschaftsschulden zu behandeln und können von der zu erstattenden Erb=
schaft in Abzug gebracht werden, vom unredlichen Erbschaftsbesitzer aber nur mit Einwilligung
des Klägers. Auf ordentliche Ersitzung kann sich der Beklagte, da ein Putativtitel nicht
genügt, zur Verweigerung der Restitution nicht berufen. Außerordentliche Ersitzung aber
kommt wegen der Verjährung der Erbschaftsklage praktisch nicht in Betracht.

§ 65. D) Verhältnis des Erbstreites zu den Einzelklagen des Erben und zu dritten Personen.

Unger, Erbr., § 53. — Krainz=Pfaff, § 537 (D). — Stubenrauch, ad §§ 823, 824.

Der Erbschaftsanspruch schließt alle erbschaftlichen Einzelansprüche in sich (vgl.
oben § 61); daher steht während des Erbschaftsprozesses nicht nur der Erbschaftsklage des
Beklagten gegen den Kläger, sondern auch den erbschaftlichen Einzelklagen der einen Prozeß=
partei gegen die andere die Einrede der Litispendenz entgegen. Nach beendetem Erbstreit
oder abgewiesener erbschaftlicher Einzelklage ist der Beklagte dem unterlegenen Kläger gegen=
über gegen dessen Erbschaftsklage oder erbschaftliche Singularklage durch die exceptio rei
judicatae ebenso geschützt, wie der siegende Erbschaftskläger gegen die Erbschafts= oder
Einzelklage des Beklagten.

Stellt der Erbe gegen den Erbschaftsbesitzer (possessor pro herede) statt der Erb=
schaftsklage die erbschaftlichen Einzelklagen an, so kann der Beklagte durch eine Einrede
(exceptio ne singulis judiciis vexaretur oder ne praejudicium fiat hereditati) die Ab=
weisung der Einzelklage und die Anstellung der Erbschaftsklage begehren (arg. § 823 i. f. u.
westgal. G.B. II. § 637). Denn der Beklagte soll nicht zu seinem Nachteile in eine Reihe
von Einzelprozessen verwickelt werden, welche ihm die Geltendmachung seiner erbschaftlichen
Gegenansprüche mindestens erschweren (ebenso röm. R.; einen anderen Schutz gewährt das
dtsch. B.G.B. § 2029). Der Erbschaftskäufer, der sich der gleichen Einrede bedienen kann,
ist außerdem berechtigt, einredeweise die Anstellung der gegen ihn erhobenen Erbschaftsklage
gegen den Verkäufer zu begehren, um seinen gutgläubigen Auctor vor Nachteilen infolge
von Regreßansprüchen zu schützen. Die gleiche Einrede zu gleichem Zwecke kann dem mit
der Einzelklage belangten dritten Erwerber einzelner Erbschaftsstücke (vgl. § 824 i. f.)
zustehen.

Erbschaftsgläubiger und Legatare werden durch einen bevorstehenden oder
anhängigen Erbstreit an der Geltendmachung ihrer Rechte nicht gehindert. Während des
Erbrechtsstreites sind solche Klagen gegen den Verwalter des Nachlasses (Erbe, Kurator,
Sequester, vgl. oben § 48) zu richten, während des Erbschaftsstreites aber nach freier Wahl

gegen den Kläger oder gegen den Beklagten. Unterliegt sodann im Erbschaftsstreite jene Partei, welche den Dritten befriedigt hat, so kann sie vom Sieger Ersatz begehren. Dingliche Klagen Dritter auf Herausgabe bestimmter Erbschaftssachen können nur gegen den Beklagten als Erbschaftsbesitzer gerichtet werden. Erbschaftsschuldner und Besitzer von Erb=schaftssachen können auch während des Erbstreites belangt werden. Während des Erb=rechtsstreites steht dieses Recht nur dem Nachlaßverwalter als solchem zu, während des Erbschaftsstreites aber beiden Parteien. Der belangte Erbschaftsschuldner ist aber, um vor doppelter Zahlung gesichert zu sein, nur gegen Kaution zu zahlen verpflichtet. Auch kann er, sowie der Sachbesitzer, durch gerichtliche Hinterlegung des Leistungsobjektes den Prozeß von sich abwenden (§§ 1425, 348). Eine andere Ansicht geht davon aus, daß der immittierte Erbe, so lange nicht der Nichtbestand seines Erbrechtes urteilsmäßig feststeht, als Erbe zu behandeln sei. Hienach könnten Erbschaftsgläubiger und Legatare während des Erbschaftsstreites nur den immittierten Erben, er mag in diesem Kläger oder Beklagter sein, belangen, und nur er könnte gegen Erbschaftsschuldner und Besitzer von Erbschaftssachen klagen.

Das im Erbstreite erflossene Urteil macht, allgemeinen Grundsätzen gemäß, nur jus inter partes (§ 12). Erbringen also Erbschaftsgläubiger den Beweis, daß der im Erbstreite unterlegene Erbprätendent der wahre Erbe sei, so können sie diesen wirksam belangen, welcher dann seinen Regreß am Sieger nehmen mag. In wesentlich gleicher Rechtslage befinden sich Legatare, da ja grundsätzlich Legate in ihrem Bestande von der Erbeinsetzung unabhängig sind. Die Ungültigerklärung der Erbeinsetzung berührt daher das Recht der Legatare nicht. Vor einem durch letztere eingeleiteten wiederholten Rechtsstreit sind also die Erbprätendenten nur gesichert, wenn die Legatare am Erbstreite selbst teilnehmen.

§ 66. ## 2. Abteilung. Die Nachfolge kraft Heimfallsrechtes
(§ 760).

Unger, Erbr., § 90. — Krainz=Pfaff, § 491 u. d. Litt. das. — Pfaff=Hofmann, ad § 760 u. d. Litt. das. — Schuster v. Bonnott, Komm., S. 212; ad §§ 128—130. — Meisel, „Heimfälligkeiten", im öff. Staatswörterb. II. S. 78 ff.; „Kaduzität", ebdas. II. S. 202 ff. u. d. das. cit. Litt. — Schiffner, Gesetzl. Vermächtnisse, §§ 59, 61. — Ofner, Prot. I. S. 455.

Die „erblose Verlassenschaft", d. i. ein Nachlaß, auf welchen kein Erbe Anspruch macht und der auch von keinem Legatar erworben wird (§ 726), gebührt kraft Heimfalls= (Kaduzitäts=) Rechtes dem Staate (Fiskus). Diese äußerste Zurückdrängung des fis=kalischen Heimfallsrechtes ist erst im westgal. G.B. zu voller Geltung gelangt. Von den zahlreichen älteren Heimfallsrechten, welche insbesondere Städten und den Grundherrschaften zustanden, ist heutzutage nur das schon dem röm. und älteren deutschen, wie öst. Rechte bekannte fiskalische Heimfallsrecht übrig geblieben. Die Streitfrage, ob die (bis ins 14. und 15. Jahrh. zurückreichenden) Heimfallsrechte der Städte Wien und Prag fortbestehen, wird derzeit von Theorie und Praxis bereits überwiegend verneint. Die Fälle, in welchen man sonst noch von erbrechtlichem Heimfallsrecht spricht (vgl. die Zusammenstellung bei Pfaff=Hofmann II. S. 798, 799), sind keine echten Kaduzitätsfälle, weil entweder der Fiskus die Verwandten des Erblassers ausschließt oder eine Universalsuccession nicht vorliegt. Daher sind die gesetzlichen Ansprüche gewisser öffentlicher Anstalten (vgl. Pfaff=Hofmann S. 799) auf gewisse Güter keine Kaduzitätsrechte, sondern gesetzliche Vermächtnisse (Schiffner l. c.).

Erblosigkeit eines Nachlasses wird erst dann angenommen, wenn entweder das Nichtvorhandensein von Erben feststeht oder die vom Verlassenschaftsgericht veranlaßte gesetzesgemäße Ediktalcitation erfolglos geblieben ist (Pat. v. 1854 §§ 128 ff.). In diesem Falle ist der Nachlaß von der Abhandlungsbehörde ohne weitere Erbverhandlung dem Fiskus zu überweisen und zu diesem Zwecke an die zuständige Behörde die Anzeige zu erstatten. Die Kaduzität des Nachlasses kann auch eine teilweise sein. Solche Fälle sind: wenn eine vakante Erbportion weder von Erben, noch von Legataren erworben wird (§ 726); sodann, wenn ein katholischer Weltgeistlicher erblos verstirbt (vgl. oben §§ 30, 42).

Der Fiskus erwirbt den erblosen Nachlaß nicht infolge ausschließlichen Okkupations=
rechtes, schon aus dem Grunde nicht, weil er in die Obligationen des Erblassers succediert.
Der Fiskus ist aber auch nicht — worauf schon der Ausdruck „erblose Verlassenschaft"
hindeutet — subsidiärer gesetzlicher Erbe, wie nach dem dtsch. B.G.B. (§ 1936) und wohl
auch nach der Auffassung der älteren Entwürfe des a. b. G.B. Der Fiskus ist viel=
mehr, wie nach röm. R., gesetzlicher Universalsuccessor von Todeswegen, dessen
Rechtsstellung grundsätzlich dieselbe ist wie jene eines Erben. Die neueste
Wissenschaft neigt sich stark der Auffassung zu, daß der Heimfall auch bei erblosen Ver=
lassenschaften eine Erwerbsart des öffentlichen Rechtes sei, so daß die Universalsuccession
des Staates heredis loco kraft öffentlichen Rechtes erfolgt. Der Fiskus kann auch die
Stelle eines Vorerben einnehmen, wenn bei bedingter oder einer Erbeinsetzung ex die vor
Eintritt der Bedingung oder des dies niemand als Vorerbe in Betracht kommt. Umgekehrt
kann der Fiskus auch die Stelle eines Nacherben einnehmen (anders dtsch. B.G.B. § 2104),
wenn nicht der Wille des Erblassers entgegensteht.

Wo nicht aus dem Subjekte des Heimfallrechtes eine Ausnahme sich ergibt oder das
Gesetz eine solche macht, ist der Fiskus einem Erben gleichgestellt. Daher succediert
derselbe grundsätzlich, u. zw. schon nach altem Rechte, in die Obligationen des Erblassers.
Auch ist der Fiskus vermächtnispflichtig (Pat. v. 1854 § 129). Ihm ist womöglich der reine
Nachlaß zu übergeben. Alle Klagen, die gegen einen Erben zustehen, können auch gegen
den Fiskus gerichtet werden, insbesondere die Erbschaftsklage. Alle einem Erben zustehenden
Klagen sind auch dem Fiskus gegeben, insbesondere die Erbrechts=, wie die Erbschaftsklage,
welche als Klagen des Fiskus, die 3jährige Verjährungsfrist der Testamentsumstoßungsklage
ausgenommen, in 40 Jahren verjähren (§ 1485). Der Fiskus erwirbt den Nachlaß —
wie ein Erbe — nicht ipso iure; es bedarf einer Annahmeerklärung. Schlägt der Fiskus
aus, so kommt es entweder zur iure crediti-Einantwortung oder zum Nachlaßkonkurse.
Die Unterschiede zwischen der Rechtsstellung des Fiskus und jener eines Erben sind
folgende. Sobald der Heimfall feststeht, erfolgt ohne weitere Erbverhandlung die gerichtliche
Überweisung der Verlassenschaft, die aber hier nicht als Einantwortung i. techn. S. erscheint.
Der Fiskus haftet, zumal der Nachlaß von Amtswegen zu inventarisieren ist, stets nur
wie ein Vorbehaltserbe (Pat. v. 1854 § 92). Der Fiskus kann übrigens die Gläubiger=
konvokation veranlassen. Die Annahmeerklärung des Fiskus steht der gerichtlichen Erb=
erklärung während der Verlassenschaftsabhandlung nicht durchgehends gleich (vgl. z. B.
a. b. G.B. §§ 799, 800). Wird gegen den Fiskus die Erbschaftsklage angestellt, deren
Verjährung mit dem Erbanfall beginnt, so hat ersterer stets die Rechtsstellung eines
redlichen Erbschaftsbesitzers (Hfd. v. 12. Okt. 1835, J.G.S. 90). Ein weiterer Unter=
schied betrifft die Verpflichtung des Fiskus zur Leistung der Erbschaftsgebühren (Pat. v. 1854
§ 155). Nicht zu billigen ist, daß der Fiskus auch in die Ansprüche aus verletztem Not=
erbenrecht succediert. Nimmt man dies an, so scheint es wohl nicht bedenklicher, das fis=
kalische Heimfallsrecht auch auf ein zum erblosen Nachlasse gehörendes jus succedendi (Recht
aus der Delation, § 536) zu beziehen. Von dem Grundsatze der Gleichstellung von Fiskus
und Erbe macht das Gesetz hier keine Ausnahme. Daß das G.B. bei der Transmission
nur vom „Erben" spricht, kann nicht entscheidend sein (anders die Praxis). Die Natur
des fiskalischen Heimfallsrechtes steht nicht entgegen. De lege ferenda wäre aber gewiß
richtig, in solchen Fällen die Delation als vereitelt zu behandeln.

Zwischen der Behandlung kaduker Nachlässe von Civil= und von Militärpersonen
besteht heutzutage kein Unterschied (J.M.Erl. v. 26. Sept. 1875, Z. 12 922).

II. Teil. Das Vermächtnisrecht.

Unger, Erbr., §§ 54—77, § 8. — Krainz=Pfaff, System, II. §§ 517—526; sodann II. S. 475, 476, §§ 502, 505, 507. — Pfaff=Hofmann, Komm., II. S. 386 ff., ad §§ 647—694; sodann insbef. ad §§ 552, 553, 559, 565; S. 109, 110; ad §§ 570—572; S. 137, 585—587; ad §§ 703—716, 720, 724—726; Exkurse II. S. 316 ff. — Stubenrauch, Komm., ad §§ 647—694; ad § 956; sodann insbef. ad §§ 535, 703—716, 724, 725. — Vgl. auch die Kommentare von Zeiller, Nippel, Winiwarter, Kirchstetter. — Ofner, Prot. I. S. 326, 330, 331, 388—415, 426—428, 433, 435—437, 439, 444; II. S. 27, 29, 30, 387—394, 396, 432—435, 536, 544—546, 548—551, 561.

1. Abteilung. Allgemeiner Teil.

§ 67. Einleitung.

Unger, Erbr., § 54. — Pfaff=Hofmann, II. S. 386—392 u. ad § 649 I.; Exkurse II. S. 316 ff.; sodann Komm. II. ad §§ 552, 553, 647 u. b. Litt. daf. — Krainz=Pfaff, § 517. — Schiffner, Vermächtnisbegriff, 1873; — derf., Die sog. gesetzl. Vermächtnisse, 1895. — Ofner, Prot. I. S. 326, 330, 331; II. S. 536.

Das öst. Vermächtnisrecht ist, im Einklange mit der modernen Rechtsentwicklung, viel einfacher gestaltet als das römische. Wie das deutsche B.G.B., so kennt auch das öst. Recht nur Einzelvermächtnisse; denn das Universalvermächtnis ist in der successiven Erbfolge (dem Nacherbenrecht) aufgegangen. Das justinianische Recht hatte infolge der Verschmelzung der legata und fideicommissa die Vermächtnisse zu einem einheitlichen Institute gestaltet, die zwei Arten von Vermächtnissen aber, nämlich bloß obligatorisch und dinglich wirkende (Vindikationslegate), beibehalten. Das öst. R. und das deutsche B.G.B. sind noch um einen Schritt weiter gegangen: sie haben das Vindikationslegat beseitigt. Grundsätzlich erzeugt ein Vermächtnis zunächst nur eine obligatorische Forderung des Bedachten gegen den Belasteten.

Auch noch in einer anderen Beziehung tritt uns im öst. Vermächtnisrecht (wie in jenem des dtsch. B.G.B.) die Tendenz zur Ausgleichung entgegen. Das röm. R. charakterisiert die erst in der späteren Entwicklung abgeschwächte Verschiedenheit in der Behandlung von Erbeinsetzung und Vermächtnis. Das öst. R. hat dagegen berechtigterweise beide grundsätzlich, wenn auch naturgemäß nicht vollständig, gleichgestellt. Die Gleich=stellung betrifft insbesondere die Fähigkeit des Erblassers, jene des Bedachten, die Form der Verfügung (§ 647), die materielle Beschaffenheit derselben, namentlich die Behandlung von Zwang, Betrug, Irrtum (§§ 564, 565, 570—572; vgl. aber § 564 mit § 651), von Bedingung, Zeitbestimmung und Auflage, grundsätzlich auch von Substitutionen (§ 652), sowie den für das Erfordernis der Existenz und Erbfähigkeit des Bedachten maß=gebenden Zeitpunkt. Auch hinsichtlich der nachträglichen Ungültigkeit der Vermächtnisse besteht größtenteils Übereinstimmung (vgl. aber §§ 713, 714, 778; sodann §§ 724, 725).

1. Kapitel. Errichtung der Vermächtnisse.

§ 68. I. Personen.

Unger, Erbr., §§ 55, 57 u. b. Litt. daf. — Pfaff=Hofmann, ad §§ 647—651 u. b. Litt. daf. — Krainz=Pfaff, §§ 517, 521. — Stubenrauch, ad §§ 648—651. — Ofner, Prot. I. S. 388—390; II. S. 388, 389.

1. Vermächtnisgeber kann jeder testierfähige Erblasser sein (§ 647). Vermächtnis=träger (Onerierter, Belasteter, Beschwerter) kann sein, wer „durch die Gunst" des Erblassers einen Vermögensvorteil von Todeswegen „erhält oder behält". Belastungsfähig ist somit der Erbe, gleichviel welcher Art (§ 649), der Erbeserbe, sowie wer den erblosen Nachlaß kraft Heimfallsrechtes erwirbt, somit der Fiskus (S. 71); ferner ein Vermächtnis=

nehmer (§ 649), in welchem Falle man von Weitervermächtnis oder Sublegat spricht; endlich ein widerruflich auf den Todesfall Beschenkter, oder wer conditionis implendae causa etwas erhält (vgl. § 649 mit dem dtsch. B.G.B. § 2147). Wer nur erhält, was ihm ohnedies gebührt (Erbschaftsgläubiger, Noterbe, gesetzlicher Erbe im Falle des § 568), ist somit nicht belastungsfähig. Welcher Belastungsfähige in concreto vermächtnispflichtig ist, hängt von der Anordnung des Erblassers ab. Es ist eine Frage der Willensauslegung, in welchem Verhältnisse mehrere vom Erblasser Onerierte vermächtnispflichtig sein sollen und ob eine korreale Verpflichtung der Mehreren gewollt sei. Die Unteilbarkeit des Vermächtnisgegenstandes kann hiebei für das Verpflichtungsverhältnis entscheidend sein (§ 890). Im Zweifel, wie auch bei gänzlich fehlender Anordnung des Erblassers, gilt der Maßstab der Honorierung auch für die Onerierung, u. zw. Belastung sämtlicher Erben (nach Verhältnis der Erbteile), selbst wenn die einem Miterben gehörige Sache vermacht ist (§ 649; vgl. dtsch. B.G.B. § 2148). Entfällt der Onerierte, so trifft, wenn nicht der Wille des Erblassers oder die Beschaffenheit des Vermächtnisses entgegensteht, die Vermächtnislast denjenigen, dem der Wegfall des zunächst Beschwerten unmittelbar zu statten kommt (Accrescenzberechtigter, § 563, Transmissar, Repräsentant, Substitut, § 606, gesetzlicher Erbe, § 726, Fiskus) (vgl. dtsch. B.G.B. § 2161). Grundsätzlich kann die Onerierung nicht weiter reichen als die Honorierung. Dieser Grundsatz gilt zunächst vom Erben (vgl. westgal. G.B. II. § 441), der sich somit diese beschränkte Haftung durch bedingte Erberklärung nur „sichert", während er sich hiedurch von seiner principiell unbeschränkten Haftung für die Schulden des Erblassers „befreit". Eine Modifikation erleidet dieser Grundsatz bei Sublegaten. Die Annahme eines belasteten Legates verpflichtet nämlich den Belasteten zur Entrichtung des ihm zur Zeit jener Annahme bekannt gewesenen Sublegates, selbst wenn dieses den Wert des belasteten Vermächtnisses übersteigt (§ 650).

2. Vermächtnisnehmer (Legatar) kann sein, wer fähig ist, zum Erben eingesetzt zu werden (§ 647). Ob ein Honorierter ein Vermächtnisnehmer sei, ist eine im Anschluß an den Vermächtnisbegriff zu entscheidende Auslegungsfrage. Hiebei hat die Frage nach der Begünstigungsabsicht des Erblassers eine große Rolle zu spielen. Auch mehrere Personen können mit einem Vermächtnis bedacht werden. Diese sind dann Kollegatare, wenn ihnen konjunktiv dasselbe Objekt ohne Teilangabe oder unter dem allgemeinen Ausdrucke gleicher Teilung vermacht ist (§ 689); bei alternativer (disjunktiver) Zuwendung dagegen sind sie (in der Regel) Korrealgläubiger (§§ 892 ff.). Die Bedenkung mehrerer kann auch ein Verteilungs-(Distributions-)Vermächtnis sein (§ 651; vgl. dtsch. B.G.B. §§ 2151—2153), bei welchem der Erblasser dem Erben oder einem Dritten zu bestimmen überläßt, wer aus dem vom Erblasser bezeichneten Personenkreise das Vermachte erhalten, oder was jeder der Bedachten hievon bekommen soll. In der Zulässigkeit eines solchen, im Zweifel dem Erben zustehenden Wahlrechtes, welches im Falle des Unterbleibens der Wahl seitens des Wahlberechtigten dem Gerichte zukommt (§ 659 per analog.), liegt eine Abschwächung des im übrigen auch für Legate geltenden Grundsatzes des § 564 und somit eine Ausnahme von dem Grundsatze der Gleichstellung von Erbeinsetzung und Vermächtnis. Wird ein Erbe mit einem Vermächtnisse bedacht, so spricht man von Vorausvermächtnis (Prälegat, Ausscheidungsvermächtnis) (§ 648, dtsch. B.G.B. § 2150). Jeder Belastungsfähige kann auch mit einem Prälegat oneriert werden. Im Zweifel gilt die Verlassenschaft als belastet (§ 649), so daß sämtliche Erben, somit auch der Erblegatar, nach Verhältnis ihrer Erbteile zum Prälegat beizutragen haben. Ersterer erhält aber — abweichend vom röm. R. — auch den auf seine Erbquote entfallenden Vermächtnisteil als Legatar (nicht als Erbe), so daß das Vorausvermächtnis seinem ganzen Betrage nach wie ein anderes Vermächtnis zu behandeln ist. Die praktische Bedeutung des Prälegates zeigt sich in allen Fällen, in welchen der Unterschied zwischen Erbteil und Vermächtnis in Betracht kommt (Überschwerung des Nachlasses mit Legaten, Restitution an einen Nacherben, Veräußerung, Ausschlagung, Transmission). Daher kann auch ein Prälegat zu Gunsten eines Alleinerben für diesen eine Wirkung äußern. Coprälegatare teilen im Zweifel nach Köpfen, nicht nach Erbteilen. Die durch den Erblasser verfügte Zuweisung eines Nachlaßobjektes an einen Erben kann auch eine bloße Verteilungsanordnung sein. Dies gilt im speciellen

Falle des § 671 (vgl. S. 58). Für andere Fälle ist es eine Frage der Willensauslegung, ob ein Prälegat oder nur die Einbeziehung eines Objektes in den Erbteil beabsichtigt sei. Wie aus diesen Bemerkungen hervorgeht, ist das Prälegat im öst. R. (wie im dtsch. B.G.B.) viel einfacher und dem Willen des Erblassers mehr entsprechend gestaltet als im röm. R., worin ohne Zweifel ein auch vom logischen Standpunkte zu rechtfertigender Fortschritt liegt.

§ 69. II. Gegenstand (§§ 653, 654).

Unger, Erbr., § 60. — Pfaff=Hofmann, ad §§ 653, 654. — Krainz=Pfaff, § 517. — Stubenrauch, ad §§ 653, 654. — Ofner, Prot. I. S. 388, 389.

Die möglichen Vermächtnisobjekte ergeben sich aus dem Begriffe des Vermächtnisses und seiner obligatorischen Wirkung. Was somit Gegenstand einer (gültigen) obligatorischen Leistung sein kann (vgl. § 878), ist grundsätzlich auch mögliches Vermächtnisobjekt. Dieser Gesichtspunkt ist auch entscheidend für das Erfordernis genügender Bestimmtheit des Vermächtnisgegenstandes. Ungültig ist das Vermächtnis einer zur Zeit seines Anfalls verkehrsunfähigen Sache. An ihre Stelle tritt auch nicht ihr Geldwert. Fehlt aber nur dem Legatar das commercium rei, so gebührt ihm ihr „ordentlicher Wert" (§ 305). Auf andere Fälle rechtlicher oder faktischer Unmöglichkeit des Vermächtniserwerbes ist diese zu billigende, vom röm. R. abweichende Bestimmung nicht anwendbar (arg. § 654 und die Redaktionsgeschichte; anders röm. R.).

§ 70. III. Materielle Beschaffenheit der Vermächtnisverfügung.

Unger, Erbr., §§ 57—59 u. d. Litt. das. — Krainz=Pfaff, §§ 501, 502, 525. — Pfaff=Hofmann, ad §§ 655, 681—683, 695—712, 564, 652 u. d. Litt. das., auch ad § 647. — Stubenrauch, ad §§ 655, 681—683, 695—712, 652 u. d. Litt. das. — Ofner, Prot. I. S. 404, 407, 388, 408; II. S. 390, 391.

In dieser Beziehung gilt der Grundsatz der Gleichstellung von Erbeinsetzung und Vermächtnis (vgl. jedoch bereits S. 73 Abs. 2).

1. Der Vermächtniswille braucht nicht ausdrücklich erklärt zu sein; es genügt, wenn er aus einer Erklärung erschlossen werden kann. So enthält die Einsetzung eines Universalerben excepta re ein stillschweigendes Vermächtnis zu Gunsten der gesetzlichen Erben, ein letztwilliges Veräußerungsverbot zu Gunsten einer bestimmten Person ein Vermächtnis an diese letztere, ein Vermächtnis an den Schuldner des Erblassers (möglicherweise) ein legatum liberationis. Die Auslegung einer Vermächtnisverfügung, welche den Zweck hat, den wahren Willen des Erblassers festzustellen, kann große Schwierigkeiten bieten. Das a. b. G.B. hilft nicht nur durch eine allgemeine Auslegungsregel (§ 655), sondern auch für eine Reihe von speciellen Fällen durch besondere, im Zweifel maßgebende, nicht selten in der Gestalt von Vermutungen auftretende Interpretationsvorschriften (vgl. § 683 i. f.). Diese gesetzlichen Auslegungsregeln betreffen teils den Gegenstand und Inhalt der Vermächtnisse (§§ 656—680), teils die bedachten Personen (§ 681—683; bezüglich der Vermächtnisse an die Armen oder zu anderen frommen Zwecken vgl. Manz-Schey ad § 651 u. diesen selbst). Dadurch, daß die §§ 681—683 bloß die gesetzliche Interpretation von Kollektivbezeichnungen enthalten, grenzen sie sich scharf ab von § 651 (vgl. S. 73 Abs. 2).

2. Auch für in der Vermächtnisverfügung enthaltene Bedingungen, Befristungen und Auflagen gilt der Grundsatz der Gleichstellung von Erbeinsetzung und Vermächtnis (ebenso dtsch. B.G.B., anders röm. R.) (vgl. §§ 695—712 und für Vermächtnisverträge § 1251). Im Zweifel ist ein Vermächtnis nicht als ein bedingtes zu behandeln (§ 655 i. f.), daher die Bedingung einer Erbeinsetzung nicht auf das diesem Erben zugewendete Vermächtnis und die Bedingung eines von mehreren kumulativen Vermächtnissen nicht auch auf die anderen auszudehnen ist. Der dem Vermächtnis gemachte Zusatz „wenn der Legatar will" kann intentionsgemäß vim conditionis haben, was aber im Zweifel nicht anzunehmen ist. Ungültig ist die Bedingung, „wenn der Erbe oder ein Dritter will", gültig aber eine Potestativbedingung, die in einer Willkürhandlung dieser Person besteht (§ 564, vgl. oben § 19).

Auch bei Vermächtnissen ist die Bedingung der Nichtverehelichung des Legatars regelmäßig unzulässig (§ 700 u. oben § 24). Verschieden hievon und gültig ist aber die vermächtnisweise Zuwendung des Nießbrauchs selbst an der ganzen Verlassenschaft oder einer Rente auf die Dauer des ledigen oder des Witwenstandes (Hfd. v. 23. Mai 1844 J.G.S. 807 u. a.). Eine (unzulässige) Resolutivbedingung der Nichtverehelichung liegt hier nicht vor, sondern nur ein zulässiger Endtermin, bis zu dessen Eintritt eine vermächtnisweise Versorgung dauern soll. Praktisch kann es leicht zweifelhaft sein, welcher der beiden Fälle vorhanden sei.

3. Auch bei Vermächtnissen kann eine gemeine, wie eine fideikommissarische, wenn auch nur stillschweigend angeordnete Substitution vorkommen, auf welche grundsätzlich die für Substitutionen bei Erbeinsetzungen geltenden Normen sinngemäße Anwendung finden (§ 652; vgl. auch dtsch. B.G.B. §§ 2190, 2191). Ausnahmen ergeben sich aus § 651, nach welchem dem Vorlegatar vom Erblasser ein an die Schranken dieser Bestimmung gebundenes Wahlrecht hinsichtlich der Person des Nachlegatars eingeräumt werden kann; sodann aus dem ipso iure-Erwerb der Vermächtnisse (vgl. S. 78), welcher zur Folge hat, daß im Zweifel die Erben des Legatars, wenn sie nur den dies cedens legati erlebt haben, dem Substituten vorgehen. Die fideikommissarische Substitution tritt bei Vermächtnissen nur dann rein auf, wenn Fiduciar und Fideikommissar Legatare sind (sog. successives Vermächtnis). Es kann aber ein fideikommissarisches Verhältnis auch in der Gestalt vorkommen, daß der Vormann Erbe, der Nachmann Legatar ist. Dieser Fall ist vorhanden, wenn Sachen oder Rechte des Nachlasses bei Eintritt eines bestimmten Zeitpunktes oder Ereignisses vom Erben einem anderen als Vermächtnisnehmer auszufolgen sind (§ 707).

IV. Der Errichtungsakt.

§ 71. A) Errichtung durch einseitiges Rechtsgeschäft.

Unger, Erbr., § 56. — Krainz-Pfaff, §§ 492, 496 ff. — Pfaff-Hofmann, ad § 552, 553, 647; II. S. 137. — Stubenrauch, ad § 553, 647.

Dieses kann ein Testament oder ein Kodicill, nämlich eine letztwillige Verfügung sein, welche keine Erbeinsetzung enthält (§ 553; vgl. oben § 10). Kodicille können neben einem Testamente errichtet werden (testamentarische K.), aber auch ohne ein solches (Intestatkodicille). Die Gültigkeit der Kodicille setzt Testierfähigkeit des Erblassers und Beobachtung einer Testamentsform voraus (§ 647). Diese Gleichstellung von Testament und Kodicill bedeutet eine wesentliche, aber wohl zu billigende Abweichung vom röm. R. (vgl. auch das dtsch. B.G.B.). Somit gelten alle Einteilungen der Testamente nach der Form, mit Einschluß der Bestimmungen über die Fähigkeit der Zeugen und des Testamentsschreibers, auch für Kodicille. Aus der formellen Gleichheit von Testament und Kodicill einerseits und dem Grundsatze der Unabhängigkeit der Vermächtnisse von der Erbeinsetzung anderseits ergiebt sich die Bedeutungslosigkeit der sog. Kodicillarklausel (vgl. röm. R.), sodann die im wesentlichen gleiche Behandlung aller Arten von Kodicillen (anders röm. R.) und der Nichtbestand der sog. kodicillarischen Fiktion. Die durch den Willen des Erblassers geschaffene Beziehung zwischen einem testamentarischen Kodicill und dem Testamente kann allerdings juristisch bedeutsam sein (vgl. S. 77).

§ 72. B) Errichtung durch Vertrag: Vermächtnis-(Legats-)Vertrag.

Schiffner, Der Vermächtnisvertrag nach öst. R., 1891 u. d. Litt. das.; — ders., Gesetzliche Vermächtnisse, § 45. — Anders, Familienrecht, §§ 31, 40 IV. — Randa, Eigentumsrecht, 2. Aufl. (1893) I. S. 501 ff. — Ofner, Prot.: vgl. die Stellen üb. d. Erbvertrag (Litt. oben zu § 35), insbes.: I. S. 415, 439. 444: II. S. 432—435, 548—551.

Die Entscheidung der Streitfrage nach der Gültigkeit von Vermächtnisverträgen im öst. R. kann wohl nur lauten: solche Verträge sind — wie nach dem dtsch. B.G.B. § 1941 — allgemein (nicht bloß unter Ehegatten) gültig. Zu diesem Ergebnisse drängt bereits

die rechtshistorische Entwicklung des Vermächtnisvertrages, welcher, wie der Erbeinsetzungs=
vertrag, deutschrechtlichen Ursprunges ist und trotz des Eindringens des röm. Rechtes in
Gesetzgebung, Doktrin und Praxis bald feste Wurzel faßte (anders der Erbeinsetzungsvertrag),
zumal die Doktrin in ihm vielfach nur eine besondere Gestaltung der römischen Schenkung
von Todeswegen erblickte. Insbesondere der Umstand, daß das a. b. G.B. nirgends ex
professo den Legatsvertrag behandelt, die mangelhafte Einsicht der Redaktoren und selbst
der späteren Doktrin in das Wesen des Vermächtnisvertrages, sowie eine allzu ängstliche
Interpretation des G.B., haben jene Streitfragen hervorgerufen. Wenige Kontroversen
werden durch die Redaktionsprotokolle des a. b. G.B., das hier mit denselben weder „im
offenen, noch im latenten Widerspruche" steht, so sicher entschieden, wie gerade diese. Die
Redaktoren waren nur dem „eigentlichen" Erbvertrag abgeneigt, der daher auch nach wieder=
holter Debatte nur unter Ehegatten als gültig erklärt wurde. Volle Einigkeit bestand aber
hinsichtlich der allgemeinen Geltung des „teilweisen" Erbvertrages (Legatsvertrag), der nicht
„über die ganze Verlassenschaft oder einen in Beziehung auf das Ganze bestimmten Teil
derselben" (§ 602) geschlossen wird. Eine specielle Regelung dieses Vertrages, der vielfach
mit der Schenkung auf den Todesfall in Verbindung gebracht wurde, hielt man für über=
flüssig und nur eine besondere Normierung des Advitalitätsvertrages als geboten. Bei
Erörterung des letzteren haben die Redaktoren eine Reihe von wesentlichen Merkmalen des
Vermächtnisvertrages hervorgehoben. Schon aus diesen kurzen Bemerkungen ergiebt sich:
nur Erbverträge, nicht auch Vermächtnisverträge, sind auf Ehegatten beschränkt (arg. a contr.
aus § 602). Wenn der Advitalitätsvertrag, der (von § 1256 abgesehen) zweifellos ein
Vermächtnisvertrag ist, gültig ist, weshalb sollten dann andere Vermächtnisverträge ungültig
sein? Ein rechts= und dogmengeschichtlich, sowie vom Standpunkte der Auffassung der
Redaktoren gewiß berechtigtes arg. a maiori ad minus ergiebt sich aus § 956. Dieser
läßt (richtiger Ansicht gemäß) ein als Schenkung unter Lebenden zu behandelndes, durch
den früheren Tod des Schenkers bedingtes Schenkungsversprechen von Todeswegen zu.
Wenn nun ein solcher Vertrag, der ja die Verfügungsfreiheit des Zuwendenden inter vivos
einschränkt, gültig ist, so muß umsomehr die ähnliche Vermächtnisvertrag gültig sein, der
keine solche Einschränkung der Verfügungsfreiheit inter vivos erzeugt, also schwächere Wir=
kungen hat.

Weil der Legatsvertrag im Sinne der Redaktoren zu jenen Schenkungsverträgen gehört,
„deren Erfüllung erst nach dem Tode des Schenkenden erfolgen soll" (§ 956), so gilt auch
die für solche Verträge vorgeschriebene Form (vgl. unten § 88). Testamentsform ist daher nicht
erforderlich, wohl aber ist ausdrückliche Bindungserklärung des Erblassers, nach dem Ges.
v. 25. Juli 1871 R.G.Bl. 76 („Schenkungsverträge ohne wirkliche Übergabe") die Aufnahme
eines Notariatsaktes und die Einhändigung einer Ausfertigung des letzteren an den Hono=
rierten erforderlich. (Anders mit Recht das dtsch. B.G.B., in welchem sich die Form des
Erbvertrages mit jener des Legatsvertrages deckt.) Der Vermächtnisvertrag bildet das
Seitenstück des Erbeinsetzungsvertrages. So wie sich dieser zum Testamente
verhält, so verhält sich jener zur einseitigen Vermächtnisverfügung. Grundsätzlich findet
daher die Konstruktion und die rechtliche Behandlung des Erbvertrages sinngemäße An=
wendung auf den Vermächtnisvertrag (vgl. daher auch dtsch. B.G.B. §§ 2274 ff.). Ab=
weichungen von dieser analogen rechtlichen Behandlung ergeben sich, ganz abgesehen von der
Form, aus der Verschiedenheit der Begriffe „Erbe" und „Vermächtnisnehmer", sodann aus
dem Umstande, daß Vermächtnisverträge auch unter Nichtgatten gültig und nicht auf $3/4$
des Nachlasses beschränkt sind (vgl. §§ 602, 1249 und 1253 mit § 1258; ebenso dtsch.
B.G.B.). Vermächtnisverträge können isolierte Geschäfte (sog. selbständige V.V.) sein, aber
auch Bestandteil anderer Verträge, namentlich von Erbeinsetzungsverträgen (sog. unselbständige
V.V.). Sie können auch Vorausvermächtnis= (oder Prälegats=)Verträge, sowie korrespektive
V.V. (vgl. § 1248) sein. Auch Vermächtnisverträge zu Gunsten Dritter sind wohl gültig
(ebenso dtsch. B.G.B.; anders nach öst. R. bei Erbverträgen, vgl. S. 32 Abs. 2). Solche
Verträge binden die Kontrahenten dem honorierten Dritten gegenüber erst mit dessen gehöriger
Benachrichtigung (arg. § 1019; über die Aufhebung von V.V. vgl. das Folgende).

§ 73. 2. Kapitel. Ungültigkeit und Unwirksamkeit der Vermächtnisse.

Unger, Erbr., § 61. — Krainz-Pfaff, §§ 505, 507. — Pfaff-Hofmann, insbef. ad §§ 713—726 u. d. Litt. daf.; vgl. auch ad §§ 647, 575, 576. — Stubenrauch, ad §§ 713—726. — Ofner, Prot., insbef. I. S. 331, 426—428; II. S. 392; I. S. 433; II. S. 394, 548.

Vermächtnisse, deren Gültigkeit wegen ihrer grundsätzlichen materiellen Unabhängigkeit von der Erbeinsetzung selbständig zu beurteilen ist, können im allgemeinen aus denselben Gründen wie Erbeinsetzungen von Anfang an ungültig sein. Nur entfallen beim Vermächtnisvertrage die aus den Beschränkungen des Erbvertrages sich ergebenden Nichtigkeitsgründe (vgl. S. 33). Weil dem öst. R. die regula Catoniana fremd ist, kommen für ersteres auch die aus derselben sich ergebenden Fälle anfänglicher Ungültigkeit nicht in Betracht. Nach öst. R. ist hier die Sachlage der Todeszeit des Erblassers maßgebend. Der Geltendmachung der Ungültigkeit eines Vermächtnisses durch Klage bedarf es nicht, weil der Onerierte jederzeit der Vermächtnisklage die Einwendung der Nichtigkeit entgegensetzen kann. Die Nichtigkeitsklage des § 1487 pr. bezieht sich somit nicht auch auf Vermächtnisse.

Ein gültig errichtetes Vermächtnis kann durch unabhängig von dem Willen des Erblassers eintretende Umstände entkräftet, d. i. ungültig oder unwirksam werden; so möglicherweise durch Wegfall des Vermächtnisträgers oder des Legatars vor dem Vermächtnisanfall oder auch später durch Erbunwürdigkeit; durch Wegfall, nicht durch bloße Änderung des Vermächtnisgegenstandes vor dem Anfalle; bei korrespektiven Vermächtnisverfügungen schon durch die Ungültigkeit der Verfügung des einen Erblassers. Die Fälle der nachfolgenden Ungültigkeit von Erbeinsetzungen „kraft Rechtsvorschrift" (oben § 32) finden im allgemeinen auch auf Vermächtnisse Anwendung (vgl. jedoch § 778).

Vermächtnisse können auch durch einen Willensakt des Erblassers hinfällig werden. Eine solche Aufhebung heißt Widerruf, Ademtion (Zurücknahme). Zur Ademtion eines Vertragsvermächtnisses bedarf es eines auf Aufhebung desselben gerichteten Vertrages, der in denselben Gestaltungen auftreten kann wie die Aufhebung eines Erbvertrages (vgl. S. 33). Einseitige Vermächtnisse sind frei widerruflich. Doch kann die Widerrufsfreiheit, wie bei Erbeinsetzungen, durch eine derogatorische Klausel eingeschränkt werden (§ 716, vgl. S. 29). Mit Recht hat das öst. R., abweichend vom röm. R., den Widerruf von Vermächtnissen auf bestimmte Akte eingeschränkt. Wie bei Erbeinsetzungen kann der bloße Widerruf nur durch den testierfähigen Erblasser entweder ausdrücklich in Testamentsform oder stillschweigend durch Vertilgung der Verfügung erklärt werden (§§ 717—719, 721—723; vgl. oben § 33). Kraft gesetzlicher Auslegungsregel werden gewisse, die vermachten Gegenstände unmittelbar betreffende Handlungen als Widerrufsakte betrachtet („vermuteter Widerruf", §§ 724, 725; vgl. unten § 80 Z. 1 u. § 84 Z. 1). Bei Vertragsvermächtnissen dagegen können solche und ähnliche Akte, da einseitiger Widerruf wirkungslos ist, nur eine Änderung des Gegenstandes des fortbestehenden Vermächtnisses bewirken (vgl. § 725). Ob eine spätere Vermächtnisverfügung eine frühere aufhebe, ist im allgemeinen eine Frage der Willensauslegung und hängt weiter von der Art der zusammentreffenden Anordnungen ab. Ein Kodicill hebt frühere Vermächtnisverfügungen eines Kodicilles oder Testamentes nur auf durch widersprechenden Inhalt oder im Falle erwiesener Widerrufsabsicht (§ 714). Dagegen hebt ein Testament grundsätzlich frühere testamentarische Vermächtnisse auf (§ 713, vgl. S. 29). Ein Intestatkodicill wird durch ein späteres Testament „eo ipso" wohl nicht entkräftet, namentlich darum, weil die Auslegungsregel des § 713 eine verfehlte ist und es daher nicht angeht, sie über ihren Wortlaut auszudehnen. Legt man dagegen das entscheidende Gewicht bloß auf die materielle Unabhängigkeit der Vermächtnisse, so wird man dieselben im Falle ihres Zusammentreffens mit einem späteren Testamente ganz gleich behandeln müssen, mögen sie in einem Testamente enthalten sein oder nicht. Wer der ersteren Meinung beipflichtet, wird die Frage, ob ein Testament ein früheres testamentarisches Kodicill aufhebt, als eine (im Zweifel wohl zu bejahende) quaestio voluntatis betrachten, deren Beantwortung von dem beabsichtigten Maße der Selbständigkeit des Kodicills in concreto abhängt. Ein

Vermächtnisvertrag beseitigt frühere Vermächtnisse nur durch ausdrückliche Aufhebung oder durch widersprechenden Inhalt. Läßt sich nicht feststellen, welches Vermächtnis das spätere sei, oder sind beide gleichen Datums, so ist § 715 anzuwenden (vgl. S. 29). Wie weit die Ademtion, welche auch eine beschränkte sein kann, reicht, ist Auslegungsfrage. Im Zweifel gilt mit dem abimierten Legate auch das auf ihm lastende Sublegat als zurückgenommen. Die Ademtion ist wirkungslos, wenn der Onerierte nicht beweisen kann, daß sie stattfand und welches Vermächtnis dieselbe betrifft. — Der Erblasser kann (auch vertragsmäßig) an die Stelle eines abimierten Vermächtnisses ein anderes setzen. Ein solches Doppelgeschäft, die sog. **Übertragung, Translation** (Surrogierung, Vermächtnisnovation) kann eine Änderung des Objektes (translatio a re in rem), sowie der Person des Onerierten oder des Honorierten (transl. a persona in personam) in sich schließen. Im Zweifel gilt das alte Vermächtnis durch die in der Translation enthaltene Ademtion selbst dann als aufgehoben, wenn das neue, wenngleich formgerechte Vermächtnis von Anfang an ungültig ist.

3. Kapitel. Der Vermächtniserwerb.

§ 74.   I. Zeitpunkt und Art des Erwerbes. Folgen des Nichterwerbes.

Unger, Erbr., §§ 62, 63. — Krainz-Pfaff, § 518. — Pfaff-Hofmann, ad §§ 684, 689 u. d. Litt. daf.; auch ad § 650. — Stubenrauch, ad §§ 684, 685, 689. — Strohal, Transmission, S. 1 ff. — Menzel, Anfechtungsrecht, S. 72 ff., 82 ff. — Krasnopolski, Anfechtungsrecht, S. 15 ff. — Ofner, Prot. I. S. 390—393, 408, 409; II. S. 391, 545; I. S. 389, 390, 411, 412.

1. Die römischrechtliche Unterscheidung von **dies cedens** und **veniens legati** ist auch ins öst. R. übergegangen, hat jedoch in diesem einen wesentlich anderen Sinn. Der Grund hievon liegt in der grundsätzlichen Unabhängigkeit der Vermächtnisse vom Erbantritt (vgl. § 726). Damit mußte der dies cedens seine Bedeutung, Sicherungsmittel gegen mögliche Zwischenfälle zu sein, verlieren, und die Perfektion des Vermächtniserwerbes war nicht mehr an den Erbschaftsantritt gebunden. So erklärt es sich, daß im öst. R. (so auch dtsch. B.G.B. § 2176) der **Vermächtniserwerb am dies cedens** (Anfallstag) in dem Sinne **perfekt** wird, daß die Vermächtnisforderung zur Existenz gelangt, und der **dies veniens** nur mehr den Zeitpunkt der Fälligkeit der Vermächtnisforderung bezeichnet. Der dies cedens tritt (wie nach röm. R. und dem dtsch. B.G.B.) in der Regel (auch bei Sublegaten, vgl. § 650) mit dem Erbfalle, bei (suspensiv) bedingten Vermächtnissen aber mit der (späteren) Erfüllung der Bedingung, und wenn ein noch nicht Erzeugter bedacht ist, mit dessen Geburt ein, während eine reine Befristung nur den dies veniens aufschiebt (§§ 684, 703, 705; vgl. dtsch. B.G.B. § 2176—2178).

Die praktisch nicht bedeutungslose Streitfrage, ob es zum Vermächtniserwerbe der **Annahme** bedürfe, oder ob derselbe **ipso iure**, aber nicht unabweislich sich vollziehe (wie nach röm. R. und dem dtsch. B.G.B. § 2176), ist wohl im letzteren Sinne zu beantworten. Diese Ansicht verdient schon aus praktischen Gründen den Vorzug. Überdies findet sich im a. b. G.B. keine Norm, welche dem noch im westgal. G.B. II. § 472 enthaltenen, von den Redaktoren des a. b. G.B. nicht angefochtenen Grundsatze des ipso iure-Erwerbes widersprechen würde. Auch die Wortwendung des § 684 „Recht auf das Vermächtnis" ist kein Gegenbeweis, die Analogie des Lebensversicherungsvertrages zu Gunsten Dritter dagegen ein weiteres Argument für den ipso iure-Erwerb. Dieser ist jedoch zunächst nur ein provisorischer, der erst durch die **Annahmeerklärung** des Bedachten zu einem definitiven, durch die **Ablehnung** (Ausschlagung) aber rückgängig wird. Annahme wie Ausschlagung, die nur unbedingt und unbetagt, auch durch konkludente Handlungen und nach Eintritt des Erbfalles auch anticipative erfolgen können, sind grundsätzlich unwiderruflich (arg. § 806; Ausnahme § 693; vgl. dtsch. B.G.B. § 2180). Die Fähigkeit zu solchen Akten ist nach §§ 805 und 865 zu beurteilen. Für Kridatare gilt § 4 d. Konk.Ordg. v. J. 1868. Die „unterbliebene Annahme" eines Vermächtnisses kann eine von den Gläubigern des Bedachten anfechtbare Rechtshandlung sein gemäß § 13 3. 1 u. § 30 3. 1 des Ges. v. 16. März 1884, R.G.B. 36. Ungültig ist die teilweise Annahme und Ausschlagung desselben Vermächtnisses, während von mehreren Vermächtnissen das eine angenommen, das andere ausgeschlagen werden kann, falls nicht der Wille des Erblassers entgegensteht. Gültig ist ein obligatorisches pactum de repudiando legato, welches dem pactum de repudianda hereditate analog zu behandeln und an dessen Schranken gebunden ist (vgl. § 879, Z. 4). Der Vermächtnisanfall kann durch einen nach Analogie des Erbverzichts zu konstruierenden und zu behandelnden Vermächtnis = Verzichtsvertrag gehindert werden (vgl. daher auch § 551, dessen Schlußsatz jedoch hier nicht gilt, sodann § 879, Z. 4).

2. Der mit einem Vermächtnis Belastete wird in der Regel entlastet (exoneriert), wenn das Legat aus was immer für einem Grunde unwirksam wird (§ 689 Schlußsatz, der nur der unpassende Ausdruck des Gedankens der Entlastung ist). Wird ein mit einem Sublegat belastetes Vermächtnis, gleichviel aus welchem Grunde (zu enge § 650, 2. S.), erledigt, so trifft denjenigen die Vermächtnislast, dem das erledigte Legat zufällt (anwachsungsberechtigter Kollegatar, Substitut, Entlasteter). Doch kann sich derselbe von der Verpflichtung zur Leistung des Sublegates durch Entrichtung des erledigten Vermächtnisses, selbst gegen den Willen des Sublegatars, befreien (§ 650) (facultas alternativa auf der Schuldnerseite). In zwei Fällen (§ 689) bewirkt die Erledigung eines Vermächtnisses keine Exonerierung: a) wenn an die Stelle des weggefallenen Legatars ein Substitut tritt (vgl. auch §§ 652, 606); b) wenn mehreren dasselbe Objekt derart vermacht ist, daß sie Kollegatare sind. Entfällt ein Kollegatar, an dessen Stelle kein Substitut tritt, so erwerben die übrigen den vakanten Teil kraft Anwachsungsrechtes ipso iure und unabweislich und in der Regel cum onere (§§ 689, 563; vgl. dtsch. B.G.B. §§ 2157—2159). Die im Begriffe „Kollegatare" enthaltene Realkonjunktion ist insbesondere dann vorhanden, wenn dasselbe Objekt mehreren ohne Teilangabe oder unter dem allgemeinen Ausdruck gleicher Teilung vermacht wird (§ 689). Im übrigen ist es eine Frage der Willensauslegung, ob mehrere mit demselben Objekt Bedachte Kollegatare, also anwachsungsberechtigt sein sollen. Dadurch allein, daß die Anteile am Honorierten vom Erblasser festgesetzt worden sind, wird die Accrescenz noch nicht ausgeschlossen (vgl. auch oben § 57 u. dtsch. B.G.B. § 2158). Der Erblasser kann mehrere der Kollegatare zu einer engeren Gruppe verbinden, innerhalb welcher sich bei Ausfall eines derselben angehörenden Legatars das Anwachsungsrecht zunächst bewegen soll (vgl. auch oben § 57).

II. Der Vermächtnisanspruch (die Vermächtnisobligation).

Litteratur zu §§ 75—77: Unger, Erbr., § 64. — Krainz = Pfaff, §§ 519, 521—523. — Pfaff = Hofmann, ad §§ 684—686 u. d. Litt. daf. — Stubenrauch, ad §§ 684—786. — Steinlechner, Das schwebende Erbrecht, II. insbef. § 51. — Ofner, Prot. I. S. 390—393, 408, 409; II. S. 391, 545.

§ 75. 1. Von dem Grundsatze ausgehend, daß es zum derivativen Erwerbe eines dinglichen Rechtes der „Übergabe" (Tradition, Intabulation) bedürfe, haben die Redaktoren des a. b. G.B. das dem röm. R. und noch dem westgal. G.B. (II. §§ 442—444) eigene Vindikationslegat beseitigt (ebenso dtsch. B.G.B. § 2174). Ohne Rücksicht auf den Willen des Erblassers kann der am dies cedens erworbene Vermächtnisanspruch stets nur in einer obligatorischen Forderung gegen den Onerierten bestehen (§§ 684, 688, 437 u. a.). Vor erfolgter „Übergabe" hat daher der Legatar gegen Dritte keinen Vindikationsanspruch; eine bedenkliche, in der Regel dem Willen des Erblassers widersprechende Folge der Abschaffung des Vindikationslegats. Entsteht auch das aus der Vermächtnisanordnung sich ergebende Schuldverhältnis zwischen dem Onerierten und dem Legatar erst durch die Erbantretung bezw. die Annahme (Nichtausschlagung) des belasteten Legates, welche als Genehmigung der Vermächtnisanordnung erscheinen, so ist doch der Erwerb des Vermächtnisanspruchs grundsätzlich unabhängig von der Erbantretung durch bestimmte Erben. Die Vermächtnisschuld wird eben — abweichend vom röm. R. — als eine qualifizierte, den Erbschaftsschulden i. e. S., wie der Pflichtteilsschuld nachstehende Erbschaftsschuld behandelt, die daher selbst hereditate iacente gegen den Verlassenschaftskurator geltend gemacht werden kann und den Erben als solchen trifft (Pat. v. 1854 § 129,

a. b. G.B. §§ 726, 563, 606). Nur wo die Vermächtnisschuld nach ihrem Inhalte oder willensgemäß an die Person eines bestimmten Erben gebunden ist, bildet dessen Erbantretung eine Voraussetzung des Legatserwerbes, die jedoch als conditio iuris den dies cedens nicht hinausschiebt.

§ 76. 2. **Fälligkeit des Vermächtnisanspruchs** (dies legati veniens) (§ 685). In erster Linie ist der Wille des Erblassers und der Inhalt der Vermächtnisobligation entscheidend. Durch (dispositive) Rechtsnorm ist der dies veniens („Zahlungstag") bereits in der Vdg. v. 12. April 1737 (Cod. Austr. IV), der Grundlage des § 685, bestimmt worden (vgl. auch westgal. G.B. II. § 472). Ausgehend von dem Gesichtspunkte der leichteren oder schwereren Erfüllung, scheidet das G.B. die Legate in zwei Gruppen. a) „Sogleich", d. i. „ohne unnötigen Aufschub" (§ 904) kann die Erfüllung begehrt werden bei Vermächtnissen „einzelner Verlassenschaftsstücke", nämlich von speciell bestimmten (individuali= sierten) Sachen des Erblassers, oder bei Vermächtnissen, welche Rechte desselben betreffen oder auf Verlassenschaftsstücke sich beziehende Rechte zu Gunsten des Legatars begründen sollen; b) die Erfüllung der übrigen Legate, namentlich also der Geldlegate, kann erst „nach einem Jahre", den Todestag nicht mitgezählt, gefordert werden. Ob Alternativvermächtnisse in die Gruppe a) oder b) gehören, hängt davon ab, in welche Gruppe die disjunktiv legierten Objekte einzureihen sind. Folgende der Gruppe b) angehörende Vermächtnisse sind „sogleich" oder doch vor Ablauf der Jahresfrist zu erfüllen: a) im Verhältnis zum Nachlaß „kleine" Belohnungen des Dienstgesindes; b) „fromme Vermächtnisse" („legata pia" im Sinne der Vdg. v. 1737, wie des gemeinen Rechts), namentlich Legate an die Kirche, die Armen und alle Wohlthätigkeitsanstalten; c) das Vermächtnis des Unterhaltes (§ 691); d) nach der Natur der Sache das leg. liberationis und Vermächtnisse mit negativer Leistung des Onerierten; e) das Vermächtnis des Pflichtteiles (arg. § 774), welches ohne unnötigen Aufschub zu erfüllen ist; f) möglicherweise das Rentenvermächtnis (§ 687, vgl. unten § 87) und das leg. debiti (§ 665, vgl. unten § 85).

§ 77. 3. **Die Vermächtnisobligation**, deren möglicher Inhalt sich aus dem Ver= mächtnisbegriffe ergiebt und im speciellen Teile des Vermächtnisrechtes genauer erörtert wird, unterliegt, soweit nicht Abweichungen bestehen, den allgemeinen Grundsätzen des Obligationenrechtes. Insbesondere hat der Belastete in der Regel das Ver= mächtnisobjekt selbst, nicht dessen Wert zu leisten und kann sich durch die Leistung dieses Wertes oder eines anderen als des geschuldeten Gegenstandes nicht befreien. Ausnahmen enthalten §§ 661, 662, 650, 654. Der Legatar hat gegen den Onerierten als Legats= klage die gewöhnliche Schuldklage auf Vornahme der zur Erfüllung der Vermächtnis= obligation erforderlichen Akte. Die Erfüllung kann nach den allgemeinen Grundsätzen auch im Exekutionswege erwirkt werden; und bei Nachlaßimmobilien steht die Mitwirkung des Verlassenschaftsgerichtes im Vordergrunde (Pat. v. 1854 § 178). Die (erworbene) Ver= mächtnisforderung ist, wie andere Obligationen, vererblich (§ 684), verpfändbar und ver= äußerlich, somit auch ein Gegenstand der Exekution. Voraussetzungen und Wirkungen des Verzuges richten sich gleichfalls nach den allgemeinen Grundsätzen. Im Verzug befindet sich aber der Belastete nicht schon dann, wenn er den in § 685 bezeichneten „Zahlungstag" verstreichen läßt. Denn dieser ist kein Zahlungstag im Sinne des § 1334, so daß die Regel „dies interpellat pro homine" gelten würde (anders im Falle des § 687), sondern nur jener Zeitpunkt, von welchem an die Erfüllung gefordert werden kann. Unrichtig ist daher gewiß die Ansicht der Praxis und die Bestimmung des übrigens nicht bindenden Hfkd. v. 27. Juni 1822 J.G.S. 1880, daß bei Geldlegaten Verzugszinsen mit Ablauf der Jahresfrist und bei frommen Vermächtnissen vom Todestage des Erblassers an zu zahlen seien. Regelmäßig gebühren dem Legatar Früchte und Zinsen des Vermächtnisobjektes erst vom Zeitpunkte seines Erwerbes oder dem Eintritte des Verzuges. Nur bei Vermächtnissen „einzelner Verlassenschaftsstücke" und „darauf sich beziehender Rechte" (vgl. § 685) gebührt das commodum dem Legatar, sobald er den Vermächtnisgegenstand erworben hat, schon vom Todestage des Erblassers an. Von dieser Zeit an trägt der Legatar aber auch das periculum, Lasten und Abgaben des Vermächtnisgegenstandes (§ 686). Aus dieser Norm

scheint sich der Rechtssatz zu ergeben: hat der Legatar bei den eben erwähnten Vermächt=
nissen das vermachte Recht erworben, so gilt dasselbe als schon am Todestage des Erb=
lassers erworben.

§ 78. 4. Besonderer Schutz des Vermächtnisanspruches.

Unger, Erbr., § 65 u. Verlassenschaftsabhandl. Nr. X, XI, S. 135 ff. — Krainz=Pfaff,
§ 524. — Pfaff=Hofmann, ad § 688. — Stubenrauch, ad § 688 u. d. Litt. das. — Randa,
Erwerb d. Erbschaft, S. 84 ff. — Schuster v. Bonnott, Komm., ad §§ 158—161, auch ad §§ 83,
84. — Ofner, Prot. I. S. 411; II. S. 546.

Die öst. Rechtsentwicklung zeigt die Tendenz, den besonderen Schutz, welcher dem
Legatar durch gesetzliches Pfandrecht (ebenso röm. R.), sowie mittelst umfassender amtlicher
Fürsorge des Verlassenschaftsgerichtes zu teil wurde, möglichst abzuschwächen. Im allgemeinen
ist der Legatar heutzutage in Bezug auf die Sicherung seiner Vermächtnisforderung e i n e m
a n d e r e n   G l ä u b i g e r   g l e i c h g e s t e l l t (§ 688). Die offiziöse gerichtliche Fürsorge ist
grundsätzlich in Wegfall gekommen, und es wird die Nachlaßeinantwortung nur mehr von
der dem Abhandlungsgericht gegenüber vom Erben ausgewiesenen, ihm obliegenden Ver=
ständigung der Legatare von ihrer Honorierung abhängig gemacht (§ 817, Pat. v. 1854
§ 161). In gewissen Beziehungen genießen jedoch Legatare auch heutzutage noch besonderen
Schutz. Dieser besteht in einem Anspruch auf gesetzmäßige Sicherstellung (§§ 1373, 1374),
wenn die Erfüllung der Vermächtnisforderung „aus was immer für einem Grunde einen Auf=
schub erleidet" oder in einer fortdauernden Leistung besteht (Pat. v. 1854 § 161). Außerdem
findet noch in folgenden Ausnahmsfällen eine Fürsorge von Amtswegen durch das Verlassen=
schaftsgericht statt: a) bei frommen Vermächtnissen und solchen zu gemeinnützigen Zwecken (Pat.
v. 1854 § 159; vgl. auch § 84); b) wenn der Legatar unter väterlicher Gewalt, Vor=
mundschaft oder Kuratel steht, oder seine Person noch ungewiß oder sein Aufenthalt unbekannt
ist (Pat. v. 1854 § 160); c) bei Substitutionen oder denselben gleichstehenden Anordnungen
(§§ 707 — 709), sowie bei vermachtem Fruchtgenuß (Pat. v. 1854 § 158). Über das
den Legataren zustehende beneficium separationis (§ 812) vgl. oben S. 51.

§ 79. 5. Einfluß der Größe des Nachlasses auf den Umfang des Vermächtnisanspruches (§§ 690—693).

Unger, Erbr., § 66. — Krainz=Pfaff, § 519 u. d. Litt. das. — Pfaff=Hofmann,
Komm., ad §§ 690—693 u. d. Litt. das. — Stubenrauch, ad §§ 690—693. — Schuster
v. Bonnott, Komm., ad § 163. — Ofner, Prot. I. S. 410—415; II. S. 391, 546.

Von einem solchen Einfluß kann nur dann die Rede sein, wenn der Erbe sich seine
principiell beschränkte Haftung für die Vermächtnisse durch Antritt der Erbschaft cum beneficio
inventarii gesichert hat, oder wenn die Legatare von ihrem Separationsrecht Gebrauch gemacht
haben. Denn im Falle unbedingter Erbantretung oder unterbliebener Separation ist die Haftung
des Erben für Vermächtnisse eine ebenso unbeschränkte wie grundsätzlich für die Erbschafts=
schulden (§§ 801, 802, 812). Als R e i n n a c h l a ß erscheint hier der nach Deckung der
den Vermächtnissen vorgehenden Ansprüche und Lasten verbleibende Aktivrest des Nachlasses.
Die Priorität aber haben: Erbschaftsschulden und Lasten (Begräbniskosten, öffentliche Ab=
gaben, § 694), Liquidierungskosten, Pflichtteilsansprüche (§ 786). Für die juristische Be=
trachtung im Falle bedingter Erbantretung ergeben sich die zwei Hauptfälle: a) der R e i n =
n a c h l a ß   r e i c h t zur Deckung aller Vermächtnisse gerade a u s , so daß der Erbe als solcher
leer ausgeht. In diesem Falle sind die Vermächtnisse u n v e r k ü r z t zu entrichten. Das
a. b. G.B. (§ 690) hat somit die noch dem früheren Rechte eigene sog. Quarta Falcidia
(des röm. R.) beseitigt. Mit Recht; denn ihr historischer Grund war mit der veränderten
Behandlung des testamentum destitutum (vgl. § 726) in Wegfall gekommen. (Ebenso
das dtsch. B.G.B.) Infolge der gesetzlichen Ansprüche des Erben aus § 690 können jedoch
die Legatare einen Abzug erleiden; b) der auf Grund des Inventars gerichtlich festgestellte
Schätzungswert des Reinnachlasses ist geringer als jener der Legate; der N a c h l a ß   i s t   m i t
V e r m ä c h t n i s s e n   ü b e r s c h w e r t . In diesem Falle ist der Reinnachlaß unter die Legatare
nach Verhältnis des Wertes ihrer Vermächtnisse zu verteilen. Nur gewisse Legate sind (falls

der Nachlaß hinreicht) abzugsfrei zu entrichten (§§ 691, 692). In dem Verhältnisse, in welchem ein oneriertes Legat gekürzt wird, kann der Hauptlegatar auch das Sublegat herab= mindern. Schwierigkeiten können sich, da eine ausdrückliche Norm fehlt, bei Feststellung des Abzuges von Nutzungs= oder Rentenlegaten ergeben (vgl. die Litt.; die Redaktoren scheinen hiebei an das preuß. L.R. I. 12. §§ 346—351 gedacht zu haben). Bei bedingten Ver= mächtnissen ist pendente conditione durch Kautionsleistung zu helfen, welche dem Erben oder den übrigen Legataren obliegt, je nachdem vorläufig die Suspensivbedingung als erfüllt oder als vereitelt behandelt wird. Resolutiv bedingte Legate sind vorläufig als unbedingte zu behandeln, daher der Erbe kautionspflichtig ist. Der Erblasser kann innerhalb der Schranken des Reinnachlasses den Abzug bei einzelnen Vermächtnissen ganz oder teilweise ausschließen oder ein anderes als proportionelles Abzugsverhältnis anordnen. Kraft gesetz= licher Bestimmung (§ 691) sind nur die in §§ 672, 673 normierten Legate („Legat des Unterhaltes" i. w. S.) vom dies cedens legati an abzugsfrei zu entrichten. Der Unter= halt ist aus den Einkünften des Nachlasses, falls diese aber nicht genügen, auch aus dessen Stammvermögen, soweit dasselbe reicht, zu decken. Der nach Endigung der Unterhalts= leistung verbleibende Nachlaß gebührt den übrigen (unbefriedigten) Legataren bezw. dem Erben. Streitig ist die im G.B. nicht ausdrücklich entschiedene Frage, ob die Legatare, wenn der Erbe auf Grund des Inventarwertes die unverkürzte Entrichtung der Legate ver= weigert, die öffentliche Feilbietung des Nachlasses begehren können, um nach dem auf solche Weise erhobenen Nachlaßwert die Vermächtnisse zu bemessen. Für die Bejahung dieser Frage scheint insbesondere folgende Erwägung zu sprechen. Aus den bisherigen Ausführungen ergiebt sich, daß der Erbe, welcher die volle Entrichtung der Legate verweigert, hiemit zugleich erklärt, daß er selbst vom Nachlaß nichts erhalte. Somit kann ein solcher Erbe kein schutz= würdiges Interesse daran haben, sich der von den Legataren verlangten Veräußerung, die sodann der Wertermittelung und zugleich der Befriedigung dienen würde, zu widersetzen. Schaden könnte die Veräußerung nur den Legataren; nützen aber kann sie diesen, wie dem Erben, wenn nämlich der Erlös den Inventarwert übersteigt.

Der die Legatare treffende Abzug wird bewerkstelligt durch Auszahlung im verminderten Betrage oder durch Entrichtung des ganzen Vermächtnisgegenstandes gegen Herausgabe des Abzugsbetrages in Geld. Der Beitragsberechnung ist der Wert des Vermächtnisgegenstandes zur Zeit des Empfanges zu Grunde zu legen. Auch die mittlerweile gezogenen Nutzungen sind in Anschlag zu bringen (§ 693). Stellt sich die Überschwerung des Nachlasses erst nach Befriedigung von Legataren heraus, so kann trotzdem der auf diese entfallende Abzugs= betrag durch Klage auf Beitragsleistung in Geld erwirkt werden. Dieser Klage gegenüber, welche entweder Vertragsklage oder condictio indebiti oder bloß sog. condictio ex lege (§ 693) ist, steht dem Legatar das Recht zu, sich des Vermächtnisses zu entschlagen und sodann durch Rückstellung des empfangenen Gegenstandes samt den mittlerweile bezogenen Nutzungen von der Beitragsleistung sich zu befreien (facultas alternativa, § 693). „Arglose Veräußerung des Empfangenen kann dem Legatar nicht zum Nachteile gereichen"; ebensowenig der Untergang oder die Verschlechterung des empfangenen Gegenstandes ohne dolus des Legatars. Im ersteren Falle wird letzterer „von aller Beitrags= und Rückerstattungspflicht frei". Etwa bezogene Nutzungen sind zurückzustellen. Hinsichtlich seiner Gegenansprüche wegen Impensen, sowie in Bezug auf Verschlimmerungen, wird er als redlicher Besitzer behandelt; falls er aber die künftige Rückstellung vor Augen haben mußte, wie ein redlicher Besitzer nach Zustellung der Klage (§§ 693, 338).

Ist es zweifelhaft, ob der Nachlaß zur Deckung aller Vermächtnisse hinreicht, so ist der Vorbehaltserbe berechtigt, die Entrichtung selbst fälliger Vermächtnisse aufzuschieben, bis der Reinnachlaß und der Betrag aller zu entrichtenden Legate festgestellt ist. Will ein Legatar nicht warten, so muß er dem Erben Sicherstellung für eine eventuelle Rückzahlung bieten (§ 692). Ist der Nachlaß mit Vermächtnissen überschwert, so muß der Vorbehalts= erbe dem Abhandlungsgericht eine Berechnung des Reinnachlasses und des verhältnismäßigen Abzugs von jedem Legate zur Prüfung und Genehmigung vorlegen (Pat. v. 1854 § 163). Unterzieht sich der Vorbehaltserbe der Erbschaftsregulierung, so ist er im Falle der Erschöpfung wie der Überschwerung des Nachlasses berechtigt, für seine zum Besten des

Erbvermögens vor wie nach der Einantwortung gemachten Auslagen Ersatz und für seine
Mühewaltung eine angemessene Belohnung zu fordern (§ 690). Diese nach Analogie der
neg. gestio zu behandelnden, auf § 690 sich gründenden Ansprüche stehen dem Erben zunächst
gegen die Legatare zu, im Nachlaßkonkurse und im Liquidationsverfahren nach §§ 813 ff.
aber auch gegenüber den Erbschaftsgläubigern, weil ja die Erbschaftsregulierung auch in
ihrem Interesse geschieht. Eine Verpflichtung des Erben zur Durchführung der Erbschafts=
regulierung besteht nicht. Diese kann er auch einem auf sein Verlangen oder auf Ansuchen
anderer Interessenten zu bestellenden Kurator überlassen (§ 690; unrichtig: „muß" i. f.).

    Über die Kürzung von Vermächtnissen zum Zwecke verhältnismäßiger Deckung einer
Pflichtteilsschuld durch den Erben und die Legatare vgl. unten § 93.

2. Abteilung. Besonderer Teil.

Einzelne Arten von Vermächtnissen. Schenkungen auf den Todesfall.

§ 80. A) Vermächtnis einer bestimmten (individuell bezeichneten) Sache (species legata).

Unger, Erbr., § 67. — Krainz=Pfaff, §§ 519—523, S. 543 Z. 3. — Pfaff=Hofmann,
ad §§ 660—662, 724, 725, 649 u. d. Litt. daf. — Stubenrauch, ad §§ 660—662, 724, 725. —
Ofner, Prot. I. S. 395—398, 427; II. S. 389, 544; I. S. 433; II. S. 394, 548.

    Die rechtliche Behandlung eines solchen Legats, dessen Wiederholung im Zweifel nicht
als Vervielfältigung gilt (§ 660), hängt vor allem davon ab, ob die Sache dem Erblasser
gehört (leg. rei propriae) oder dem Onerierten (leg. rei heredis) oder dem Legatar
oder endlich einem Dritten (leg. rei alienae s. tertii). Für die Frage, welcher dieser vier
Fälle vorliegt, ist im allgemeine die Sachlage zur Zeit des dies legati cedens, nur aus=
nahmsweise (vgl. sub. 3) die Zeit der Errichtung des Legats maßgebend (vgl. dtsch. B.G.B.
§ 2169). Der Legatar erhält mit Recht die Sache grundsätzlich „in dem rechtlichen Zu=
stande, in dem sie sich zur Zeit des Todes des Erblassers befindet", also mit den zu
Gunsten des Onerierten oder Dritten darauf haftenden dinglichen Lasten, zu deren Nicht=
geltendmachung bezw. Ablösung der Onerierte daher nicht verpflichtet ist (§§ 662, 686;
vgl. dtsch. B.G.B. §§ 2165 ff.; anders röm. R.). Ist somit die vermachte Sache ver=
pfändet, so befindet sich der Legatar in derselben Rechtslage, wie jeder Eigentümer einer
verpfändeten Sache, der nicht zugleich Personalschuldner ist (vgl. § 1358). Bei zu Gunsten
des Legatars auf der Sache haftenden Lasten tritt confusio ein. Anspruch auf Wert=
vergütung für das hiedurch erloschene Recht steht dem Legatar nicht zu. Für physische, wie
rechtliche Mängel der legierten Sache haftet der (schuldlose) Onerierte nicht, ebensowenig für
Eviktion. — Ob Veränderungen der Sache, selbst ihre „allmähliche gänzliche Erneuerung",
den Wegfall des Vermächtnisses bewirken, hängt davon ab, ob man im konkreten Falle „die
Fortdauer oder das Aufhören der Honorierungsabsicht" des Erblassers anzunehmen habe.
Translatio a persona in personam enthält im Zweifel das spätere Vermächtnis derselben
Sache an eine andere Person. Mehrere mit derselben Sache zugleich bedachte Personen sind
im Zweifel Kollegatare.

    1. Legatum rei propriae. Dieses ist auch dann gültig, wenn der Erblasser die Sache
irrtümlich für eine fremde hielt. Da dem öst. R. das Vindikationslegat fremd ist, so
erwirbt der Legatar das Eigentum erst durch die „Übergabe" (Tradition, Intabulation), deren
sofortige Bewirkung vom Onerierten gefordert werden kann (§§ 684, 685 u. a, vgl. oben § 76).
Das erworbene Eigentum wird auf den Zeitpunkt des Todes des Erblassers zurückbezogen,
daher von dieser Zeit an das commodum wie periculum rei auf den Legatar übergeht
(§ 686, vgl. oben § 77 u. dtsch. B.G.B. §§ 2164, 2184). Kraft gesetzlicher Auslegungs=
vorschrift gilt das leg. r. pr. als widerrufen (sog. „vermuteter Widerruf"), wenn der

Erblaffer die Sache freiwillig an einen Dritten veräußert oder durch den Erblaffer oder doch mit seiner Einwilligung eine Specifikation (Neugestaltung) der Sache vorgenommen wird. Bloße Veräußerungs= oder Specifikationsabsicht kommt im Zweifel nicht in Betracht. Durch Wiedererlangung der veräußerten Sache lebt das Vermächtnis im Zweifel wieder auf. Unfreiwillige Veräußerung (z. B. im Exekutions= oder Enteignungswege) hebt das Ver= mächtnis im Zweifel nicht auf, ebensowenig Specifikation ohne Wissen und Willen des Erblaffers (§§ 724, 725; vgl. dtsch. B.G.B. §§ 2172, 2169). Diese zum Teil nicht unbedenklichen Auslegungsregeln, welche in vielen Fällen den Willen des Erblaffers verfehlen werden, bringen die Veräußerung, wie die Specifikation der vermachten Sache unter den Gesichtspunkt des Widerrufes (der Ademtion). Wo nun jene Akte nicht als Widerrufsakte in Betracht kommen, da besteht somit das ursprüngliche, also seine Identität nicht verlierende Vermächtnis, nur mit verändertem Gegenstande, fort. Nicht aber tritt an die Stelle des Legates ein anderes, so daß eine translatio a re in rem (Surrogierung) vorläge; denn dieses zweite, erst im Momente der Veräußerung oder Specifikation entstehende Vermächtnis würde der Vermächtnisform entbehren und käme zustande ohne Rücksicht auf Honorierungs= absicht und Testierfähigkeit in jenem Zeitpunkte. Besteht trotz der Veräußerung oder Specifi= kation das Legat fort, so verwandelt sich das leg. rei propriae nicht etwa in ein wirksames leg. rei alienae, sondern es tritt an die Stelle der veräußerten Sache der Preis, an die Stelle der specifizierten Sache die neue Sache. Da ein durch Vermächtnisvertrag zugewendetes Legat vom Erblaffer nicht einseitig widerrufen werden kann, so können Veräußerung, Specifi= kation oder absichtliche Zerstörung der Sache durch den Erblaffer, falls der Legatar nicht zustimmt, das Vermächtnis nicht aufheben.

2. **Legatum rei heredis.** Gehört die Sache dem Onerierten, so ist das Vermächtnis gültig, selbst wenn der Erblaffer die Sache für sein Eigentum hielt. Der Onerierte ist zur „Übergabe" der Sache an den Legatar verpflichtet (§§ 649, 662), welche jedoch in der Regel erst nach Ablauf eines Jahres vom Todestage des Erblaffers an gefordert werden kann (§ 685). § 686 findet auf das leg. rei heredis keine Anwendung. Arglose Veräußerung der Sache durch den Onerierten bei Lebzeiten des Erblaffers bewirkt in der Regel, dem wahrscheinlichen Willen des Erblaffers gemäß, den Wegfall des Legates. Den Onerierten nicht befreiende Unmöglichkeit der Leistung nach Eintritt des dies cedens verpflichtet den= selben zur Leistung des Interesses, im Falle schuldloser Veräußerung „zur Ausfolgung des empfangenen Äquivalentes", des gemeinen Wertes der Sache aber, wenn sie der Onerierte verschenkte.

3. **Vermächtnis einer Sache des Legatars** (§ 661). Bei diesem Vermächtnis ist der allgemeine Gesichtspunkt entscheidend: die vermachte (bestimmte) Sache soll der Legatar, dem Willen des Erblaffers gemäß, nur einmal, aber unentgeltlich erhalten. Außerdem sind zwei Zeitpunkte maßgebend, jener der Errichtung des Vermächtnisses und der dies cedens. Gehörte die Sache dem Legatar schon zur Zeit der Vermächtniserrichtung, so ist das Vermächtnis ungültig, wenn nicht dasselbe in concreto dem Legatar doch einen Vorteil verschaffen kann und soll. Das Vermächtnis bleibt in der Regel (wie nach röm. R., aber nicht wegen der dem öst. R. unbekannten regula Catoniana) selbst dann ungültig, wenn dem Legatar zur Zeit des dies cedens die Sache nicht mehr gehört. Denn meist wird ein unter § 572 i. f. fallender Irrtum des Erblaffers vorliegen (alias legaturus non fuisset). Anders verhält es sich daher, wenn der Erblaffer wußte, daß die Sache dem Legatar gehöre, in welchem Falle der Zweck des Legates entscheidet. Stellt man sich nicht auf diesen sub= jektiven, sondern lediglich auf den objektiven Standpunkt, so wird man sich für das Wirksam= werden des Legates entscheiden müssen, weil das objektive Hindernis der Wirksamkeit, die Unmöglichkeit der Zuwendung einer Sache an jenen, der sie schon hat, hinweggefallen ist. Hat der Legatar die vermachte Sache erst nach der Vermächtniserrichtung erworben, so verwandelt sich das Legat in der Regel in ein Geldlegat, dessen Maß den ordentlichen Wert nicht übersteigt. Der an die Spitze der Ausführungen sub 3 gestellte Gesichtspunkt wird hier nicht konsequent festgehalten. Denn hat der Legatar die Sache unmittelbar vom Erblaffer u. zw. entgeltlich erworben, so gebührt dem ersteren der „ordentliche Wert" zur Zeit des dies cedens (nicht also der gegebene Preis), worin zugleich eine bedenkliche Ausnahme

von der Ademtionsvorschrift des § 724 enthalten ist. Im Falle unentgeltlichen Erwerbes entfällt mit Recht das Vermächtnis. Letzteres gilt auch, wenn der Legatar die Sache vom Onerierten bei Lebzeiten des Erblassers unentgeltlich erworben hat, während bei entgeltlichem Erwerbe dem Legatar der von ihm gezahlte Preis gebührt. Hat der Legatar die Sache von einem Dritten erworben, so hat er, im Widerspruch mit dem erwähnten Gesichtspunkt, selbst im Falle unentgeltlichen Erwerbes auf den ordentlichen Wert Anspruch.

4. **Legatum rei alienae** (§ 662). Ein solches Legat kann, wenn sich die Sache im Nachlasse befindet und vom Erblasser als eigene vermacht wurde, nach erfolgter Übergabe an den Legatar durch den Onerierten mittelst Ersitzung zum Eigentumserwerb führen (vgl. dtsch. B.G.B. § 2169). Steht dem Erblasser oder dem Onerierten ein Recht in Ansehung der fremden Sache zu, so gilt im Zweifel nur dieses Recht als vermacht (§ 662). Von solchen besonderen Fällen abgesehen, entspricht der Grundsatz der Ungültigkeit und zugleich Wirkungslosigkeit des leg. rei alienae der (namentlich von Zeiller) energisch betonten Auffassung der Redaktoren (ebenso Code civil Art. 1021; vgl. dtsch. B.G.B. § 2169). Dem jedenfalls auffallenden, häufig nicht verständigen Legat einer fremden Sache wird fast ausnahmslos ein Irrtum des Erblassers, der dieselbe für sein gehalten hat, zu Grunde liegen. Ohne diesen Irrtum wäre das Vermächtnis höchstwahrscheinlich unterblieben (§ 572). War aber ein solcher Irrtum nicht vorhanden, so muß man annehmen, daß der Erblasser dies deutlich erklärt hätte. Der Grundsatz der Ungültigkeit eines ohne solche Erklärung ausgesetzten Vermächtnisses einer fremden Sache „wegen des wirklichen oder doch vermuteten Irrtums" ist schon aus diesen Gründen zu billigen. Hieraus folgt zugleich, daß, wo jener Irrtum fehlt, das leg. rei alienae gültig sein kann, daß man es aber mit dem Beweise des fehlenden Irrtums strenge nehmen müsse. Mit Recht enthält daher § 662 die Bestimmung, daß der Mangel des Irrtums aus dem Wortlaute der Anordnung hervorgehen müsse (§ 662: „ausdrücklich verordnet"). Ist das leg. rei alienae gültig, so ist der Onerierte verpflichtet, die Sache dem Legatar zu verschaffen. Wenn aber der Dritte dieselbe gar nicht oder nicht höchstens um den „Schätzungspreis" („ordentlichen Wert") hergiebt, so muß dem Legatar dieser Wert entrichtet werden (vgl. dtsch. B.G.B. § 2170). Wird die dem Legatar verschaffte Sache eines Dritten ersterem evinziert, so muß der Onerierte seinen Eviktionsanspruch dem Legatar cedieren. Hat der Erblasser die einem Miterben gehörende Sache irrtümlich als sein betrachtet, so sind trotzdem im Zweifel alle Miterben verhältnismäßig vermächtnispflichtig, obgleich die Sache für die übrigen Miterben eine res tertii ist (§ 649; Ausnahme von § 662).

§ 81.   B) Vermächtnis einer Mehrheit von Sachen.

Ad 1.: Unger, Erbr., § 69. — Krainz-Pfaff, § 520. — Pfaff-Hofmann, ad §§ 674 —680 u. d. Litt. das. — Stubenrauch, ad §§ 674—680. — Ofner, Prot. I. S. 402—406; II. S. 390.

Ad 2.: Unger, Erbr., § 70. — Krainz-Pfaff, § 520. — Pfaff-Hofmann, ad § 656 —660 u. d. Litt. das. — Ofner, Prot. I. S. 393—396; II. S. 389.

1. Kein Vermächtniskomplex, sondern ein einziges Vermächtnis liegt vor, wenn eine **Sachgesamtheit** vermacht wird. Im Zweifel gebühren dann dem Legatar alle zur Todeszeit des Erblassers die Sachgesamtheit bildenden Sachen, selbst der nicht mehr als Sachgesamtheit erscheinende Rest derselben (arg. § 655 i. f.). Der Erblasser kann auch eine Mehrheit von Sachen, die keine Sachgesamtheit sind, unter einer Gesamtbezeichnung zusammengefaßt, vermachen. Für den Umfang auch eines solchen Vermächtnisses ist im Zweifel die Todeszeit des Erblassers maßgebend, selbst wenn er z. B. sein Gold und Silber, sein Vieh vermacht hätte (anders röm. R.). Welche Objekte ein solches Vermächtnis umfaßt, ist eine in concreto zu entscheidende Frage der Willensauslegung. In einer Reihe von Fällen kommt das G.B. (wie das röm. R.) durch Auslegungsregeln zu Hilfe; vgl. §§ 674—680 (und hiezu Pfaff und Hofmann im Kommentar). Ist die Sachgesamtheit oder der sonstige Inbegriff nicht als selbständiges Vermächtnis gedacht, sondern nur als Erweiterung eines anderen vermachten Gegenstandes, so hängt der Bestand des Nebenvermächtnisses von jenem des Hauptvermächtnisses ab.

2. **Geldvermächtniffe,** die nicht Specieslegate find, fowie Vermächtniffe **vertretbarer Sachen** einer beftimmten Gattung find verfchieden zu behandeln, je nachdem der Erblaffer das Legat auf die Sachen des Nachlaffes befchränkt hat oder nicht. Ift im erfteren Falle bares Geld ohne Angabe der Summe oder find die vertretbaren Sachen ohne Beftimmung der Quantität vermacht worden, fo umfaßt das Vermächtnis alles, aber auch nur das im Nachlaffe Befindliche diefer Art. Lautet im zweiten Falle das Legat auf eine beftimmte Summe Geldes, fog. Summenvermächtnis, oder auf eine beftimmte Quantität vertretbarer Sachen, fo gebührt dem Legatar jene Summe oder Quantität, felbft wenn fich kein Geld oder keine Sachen folcher Art im Nachlaffe finden (§§ 657, 658). Ift die Qualität der letzteren nicht beftimmt, fo fteht deren Wahl innerhalb der Schranken des § 658 im Zweifel dem Erben zu. Hat der Erblaffer die Summe oder Quantität mit Angabe des Bedeckungs= fonds vermacht, fo hat man fich, wenn letzterer nicht ausreicht, im Zweifel doch für die Vollwirkfamkeit des Legates zu entfcheiden (§ 655 i. f.). Fehlt bei einem Summen= vermächtnis die Währungsangabe, fo gilt im Zweifel öft. Währung. Über das Vermächtnis der Barfchaft vgl. § 680, über das Legat flüffiger Sachen § 677 i. f. In derfelben oder in getrennten Anordnungen enthaltene Summen= oder Quantitätsvermächtniffe find im Zweifel als ebenfo viele felbftändige Vermächtniffe zu behandeln, mag die Summe oder Quantität in allen gleich groß fein oder nicht (§ 660).

§ 82. C) **Vermächtniffe mit unbeftimmtem Leiftungsgegenftande: Wahl= vermächtniffe** (§§ 656—659, 660 i. f.).

Unger, Erbr., §§ 68, 76. — Krainz=Pfaff, § 520. — Pfaff=Hofmann, ad § 656—660 u. d. Litt. daf. — Stubenrauch, ad §§ 656—659, 660, 661. — Ofner, Prot. I. S. 393—396; II. S. 389.

Hängt die Beftimmung des zu leiftenden Individuums willensgemäß von der Auswahl aus einem beftimmten Kreife von Gegenftänden ab, fo fpricht man von Wahlvermächtniffen im weiteften S., deren Normierung im öft. R. vom röm. R. vielfach abweicht. Diefelben find ent= weder Gattungs= oder Alternativvermächtniffe (vgl. hiezu dtfch. B.G.B. §§ 2154, 2155, 2182, 2183). Ein **Gattungsvermächtnis (genus legatum)**, welches ftets nur ein Legat (kein Ver= mächtniskomplex) ift, liegt vor, wenn die vermachte Sache nicht individualifiert, fondern nur nach Gattungsmerkmalen beftimmt ift. Für die Behandlung eines folchen Vermächtniffes ift es vor allem von Bedeutung, ob „das genus im Nachlaffe vertreten ift oder nicht"; fodann, ob der Erblaffer die Wahl auf die Sachen des Nachlaffes befchränken wollte oder nicht. Ift nämlich das genus im Nachlaß vertreten, fo befchränkt fich die Wahl, wenn nicht ein anderer Wille des Erblaffers nachweisbar ift, auf den Nachlaß. Fehlt aber das genus in letzterem, fo ift das Legat wirkungslos, falls der Erblaffer die eben erwähnte Befchränkung gemacht hat. Befteht diefe nicht, fo ift der Onerierte, falls nicht das Vermächtnis wegen allzu unbeftimmter Bezeichnung ungültig ift, zur Verfchaffung einer Sache der bezeichneten Gattung verpflichtet. Die auf den Nachlaß befchränkte Wahl entfällt, wenn das genus in demfelben nur durch eine Sache vertreten ift. Wird die geleiftete Sache evinziert, fo muß eine andere Sache diefer Gattung geleiftet werden, u. zw. aus dem Nachlaß, falls das Legat auf diefen befchränkt ift. Daher kann die Eviktionspflicht auch entfallen (vgl. § 657). Die Wiederholung des Vermächtniffes einer Gattungsfache gilt im Zweifel als Vervielfältigung (§ 660).

Ein **Alternativvermächtnis (leg. alternativum)** ift vorhanden, wenn der Erblaffer verfchiedene, individuell oder generifch beftimmte Gegenftände (Sachen, Rechte) bezeichnet, zwifchen welchen gewählt werden foll. Das Alternativvermächtnis ift ein Vermächtnis= komplex: es find fo viele Vermächtniffe vorhanden, als disjunktiv vermachte Gegenftände. Jedes diefer Vermächtniffe hat feinen eigenen dies cedens. Aber willensgemäß ift der Legatar doch nur mit einem diefer Vermächtniffe bezw. Gegenftände bedacht; und diefes Vermächtnis, fomit der in obligatione wie in solutione befindliche Gegenftand, foll durch Wahl beftimmt werden. Die Konzentration auf ein Vermächtnis kann aber auch durch Wegfall der übrigen Vermächtniffe herbeigeführt werden.

In Ermangelung einer anderen Verfügung des Erblassers steht bei Wahlvermächtnissen das **Wahlrecht** konsequenterweise (§ 906) dem Erben (Onerierten) zu. Doch kann es vom Erblasser auch dem Legatar eingeräumt sein (Wahlvermächtnis im engeren S., optio vel electio legata) oder einem Dritten zustehen (§§ 656, 659). Für mehrere wahlberechtigte Legatare oder Onerierte, die sich nicht einigen können, gilt § 841 3. S., für mehrere wahl= berechtigte Dritte deren Majoritätsbeschluß (arg. § 838), subsidiär die Wahl durch den Richter (§ 659). Im allgemeinen hat der Wahlberechtigte freie Wahl zwischen den Gegenständen des Wahlkreises. Ist die Gattungssache dem Nachlasse zu entnehmen und der Legatar nicht wahlberechtigt, so muß eine nach dessen Stande und Verhältnissen für den Legatar brauchbare Sache gewählt werden. Diese Schranke gilt auch dann, wenn der Onerierte eine im Nachlaß nicht befindliche Gattungssache beschaffen soll (§§ 656, 658, 659). Die getroffene, dem Gegenteil mitgeteilte Wahl ist grundsätzlich einseitig unabänderlich (arg. § 906). „Von da an trifft das periculum rei den Legatar (§ 1447)," während vor diesem Zeitpunkte der zufällige Untergang eines Wahlstückes die Vermächtnislast mit Recht nicht aufhebt (anders § 907). Das Wahlrecht ist unvererblich und unveräußerlich. Stirbt der Onerierte vor der Wahl, so steht seinen Erben als Schuldnern nach § 906 das Wahl= recht zu. Versäumt der wahlberechtigte Legatar die ihm gesetzte Wahlfrist, so verliert er im Zweifel nur das Wahlrecht, welches nun dem Erben zusteht. In allen übrigen Fällen, in welchen der Wahlberechtigte sein Wahlrecht nicht ausübt, wegen Tod, Ablehnung der Wahl oder Versäumung der Wahlfrist, hat das Gericht zu wählen (§ 659). Subsidiär gelten für die Vermächtnisobligation aus Gattungs= und Alternativlegaten die allgemeinen Grundsätze der Gattungs= und Alternativobligationen; vgl. daher insbes. § 1436.

§ 83. D) Vermächtnis dinglicher Nutzungsrechte und von Pfandrechten.

Unger, Erbr., § 71. — Pfaff=Hofmann, ad § 689 Z. VII. — Stubenrauch, ad § 689 Anm. 1.

Ein solches Vermächtnis kann sich 1. auf **bestehende**, dem Erblasser, dem Onerierten oder einem Dritten zustehende **Rechte** beziehen oder 2. die **Begründung** solcher Rechte bezwecken. Im ersten Falle kann die Übertragung des Rechtes, wenn und soweit diese möglich ist, an den Legatar oder die Aufhebung des seine Sache belastenden Rechtes verfügt sein. In diesen Fällen ist der Onerierte zur Vornahme jener Akte verpflichtet, welche die Übertragung bezw. Entlastung bewirken (insbes. Ermöglichung der Intabulation, bezw. grund= bücherliche Löschung des Rechtes). Steht das Recht einem Dritten zu, so gelten die Grundsätze des leg. rei alienae sinngemäß. Auch im Falle der Begründung von Rechten der erwähnten Art durch Vermächtnis erwirbt der Legatar unmittelbar stets nur einen obliga= torischen Anspruch gegen den Onerierten auf Einräumung des vermachten Rechtes (§§ 684, 449—451, 480, 481). Soll das Recht einem Dritten gegenüber begründet werden, so ist § 662 analog anzuwenden. Über den dies veniens bei Vermächtnissen der in Frage stehenden Rechte vgl. S. 80. Beim Vermächtnis von Personalservituten wird (in der Regel) weder die Vermächtnisforderung, noch die erworbene Servitut transmittiert (§ 529). Die Nutzungen aus der vermachten Servitut gebühren dem Legatar und seinen Erben (von dem Falle des Verzuges abgesehen) erst vom Zeitpunkte des perfekten Rechtserwerbes, wenn aber das Recht an einer Sache des Erblassers erworben wurde, von dessen Todestage an (§ 686). Von besonderer Bedeutung ist das Vermächtnis des **Nießbrauches** (ususfructus), das verschieden ist von dem bloßen Vermächtnis der Einkünfte einer Sache oder eines Vermögens. Der Nießbrauch kann an der ganzen Erbschaft, wie an einem Teile derselben (pars quota oder einzelne Objekte) vermacht werden. Ist der ususfructus an einer Erbschaftsquote ver= macht, so kann der Erbe denselben auch an dem der Quote entsprechenden Geldbetrag ein= räumen. Ist der Nießbrauch an einer Sache vermacht, so hat im Zweifel deren Eigentümer nur die nuda proprietas (anders röm. R.). Der ususfructus kann auch mehreren am selben Objekte, zu bestimmten Anteilen oder gemeinschaftlich, vermacht werden. Das An= wachsungsrecht bei legiertem ususfructus weist im röm. R. zwei dem Wesen des Nießbrauches und dem wahrscheinlichen Willen des Erblassers entsprechende Eigentümlichkeiten auf, die aus dem letzteren Grunde im Zweifel auch für das öst. R. gelten. Anwachsen kann nämlich hier auch ein nach erfolgtem Erwerbe erledigter Anteil. Die Anwachsung kann aber nur einem zur Zeit des Accrescenzfalles noch lebenden Kollegatar zu gute kommen, gleichviel übrigens, ob dieser seinen Anteil noch hat oder nicht (anders bei Miterben).

§ 84. E) Vermächtnisse in Bezug auf Schuldforderungen.

Unger, Erbr., § 72. — Krainz-Pfaff, §§ 520, 523, 505 Z. 3. — Pfaff-Hofmann, ad §§ 665—668, 724, 725 u. d. Litt. daf. — Stubenrauch, ad §§ 663—668 Z. I, II; ad §§ 724, 725. — Ofner, Prot. I. S. 398, 399; II. S. 389, 390; I. S. 433; II. S. 394, 548.

1. Forderungsvermächtnis (leg. nominis) (§§ 664, 668, 724, 725). Vermacht der Erblasser eine ihm oder dem Erben gegen einen Dritten zustehende Forderung oder den auf dieselbe sich beziehenden Schuldschein, so ist der Erbe zur Cession der Forderung an den Legatar, zur Ausfolgung der „vorhandenen Rechtsbehelfe und Sicherstellungsmittel", eventuell zur Ermöglichung der grundbücherlichen Umschreibung verpflichtet. Der Forderungs= erwerb setzt die perfekte Cession voraus (§§ 664, 684). Der Legatar hat Anspruch auf alle Nebenrechte der Forderung, insbesondere auf die Zinsen, sie mögen fällig sein oder nicht. Weil die Cession eine unentgeltliche und unfreiwillige ist, so haftet der Erbe weder für die Richtigkeit, noch für die Einbringlichkeit der Forderung (§ 1397). Daher ist das Legat wirkungslos, wenn die Forderung nicht besteht, mag auch ein bestimmtes Objekt als geschuldet bezeichnet worden sein. Hat der Erblasser die Forderung eines Dritten vermacht, so ist § 662 i. f. analog anzuwenden. Kraft gesetzlicher Interpretationsregel gilt das Forderungsvermächtnis als widerrufen („vermuteter Widerruf", § 724, 725), wenn der Erblasser die Forderung „eingetrieben und erhoben" oder die Schuld erlassen hat (die bloße Absicht genügt nicht); dagegen nicht, wenn der Schuldner aus eigenem Antriebe gezahlt hat. Wenn nach dieser nur im Zweifel anzuwendenden Auslegungsregel, die in vielen Fällen den Willen des Erblassers verfehlen wird, der Onerierte nicht entlastet wird, so tritt nicht etwa an die Stelle des leg. nominis ein neues Vermächtnis, u. zw. des Schuld= gegenstandes (Surrogierung, translatio a re in rem), sondern es besteht das ursprüngliche Vermächtnis, nur mit verändertem Gegenstande, fort (vgl. oben § 80 Z. 1). Das Vermächtnis „aller ausstehenden Forderungen", welches im Zweifel nur auf zur Todeszeit noch bestehende Forderungen bezogen werden muß, ist nach der erklärten Absicht der Redaktoren und dem Geiste des § 668 in Übereinstimmung mit dem gewöhnlichen Sprachgebrauch und dem wahrscheinlichen Willen des Erblassers sehr einschränkend auszulegen. Ein solches Legat ist daher nicht auf dingliche Ansprüche, dingliche Rechtstitel, Löschungstitel und Restitutions= ansprüche zu beziehen und grundsätzlich auf die sog. laufenden Geldforderungen zu beschränken. Ausgeschlossen sind daher die sog. festen, nämlich die Forderungen aus öffent= lichen Kreditpapieren und die hypothekarisch sichergestellten Kapitalien. Somit dachten die Redaktoren an den Unterschied zwischen „ausstehenden und angelegten Geldern".

2. Vermächtnis der Schuldbefreiung (leg. liberationis) (§§ 663, 667). Inhalt dieses Vermächtnisses ist die Befreiung des Legatars von einer Schuld gegenüber dem Erb= lasser, dem Erben oder einem Dritten. (Juristisch unrichtig ist die Formulierung: Ver= mächtnis einer Forderung des Erblassers an den Schuldner; vgl. §§ 663, 664.) In allen drei Fällen wird der Legatar nicht unmittelbar befreit, sondern erwirbt zunächst nur einen obligatorischen Anspruch gegen den Onerierten auf Befreiung von der Schuld samt den rückständigen und weiterlaufenden Zinsen, was übrigens nur im dritten Falle von praktischer Bedeutung ist. In diesem letzteren Falle ist nämlich der Legatar gegen die Schuldklage nicht schon durch das Vermächtnis geschützt, sondern erst durch die Zahlung der Schuld durch den Onerierten, zu welcher dieser verpflichtet und zu deren Annahme der Dritte ver= bunden ist (§ 1422). In den beiden ersten Fällen des leg. liberationis, das auch in schlüssigen Äußerungen enthalten sein kann, ist der Onerierte zur Rückstellung des Schuld= scheines, zur Quittierung, zur Ausfolgung etwaiger Faustpfänder, sowie zur Ermöglichung der Löschung im Falle einer Hypothek verpflichtet. Seiner Natur entsprechend setzt die Wirk= samkeit des leg. liberationis den Bestand der Schuld voraus. Im Zweifel erlischt es durch ihre Zahlung, nicht aber durch Zahlung an den Erben in Unkenntnis des Legates (§ 1431). Im Zweifel ist das leg. liberationis nur auf die zur Zeit der Vermächtniserrichtung bestehenden Schulden zu beziehen (§ 666). Wie weit die Begünstigung des Erblassers reichen solle, ist eine Frage der Willensauslegung; zwei berechtigte Auslegungsregeln enthält § 666. Das leg. liberationis kann eine „anfechtbare Rechtshandlung" sein nach § 3 Z. 1 und § 30 Z. 1 des Anf.G. v. 16. März 1884 R.G.B. 36.

§ 85.　F) Schuldvermächtnis (leg. debiti) (§§ 665, 667).

Unger, Erbr., § 72. — Krainz-Pfaff, § 520. — Pfaff-Hofmann, ad §§ 665—668 u. d. Litt. daf. — Stubenrauch, ad §§ 663—668 Z. III. — Ofner, Prot. I. S. 398, 400; II. S. 389, 390.

Wenn der Erblasser dem Legatar einen ihm angeblich geschuldeten Gegen=stand vermacht, so gebührt letzterer, falls nur der Vermächtniswille feststeht, dem Legatar, selbst wenn der Erblasser nichts, nicht einmal naturaliter, schuldet (arg. § 572). Somit ist beim leg. debiti kein obligatorisches Verhältnis Objekt des Vermächtnisses, wie beim leg. nominis und liberationis (ungenau daher § 665 pr.). Der Erbe hat das angeblich Geschuldete zu leisten nicht infolge eines Geständnisses des Erblassers, sondern weil dieser befohlen und der Erbe sich diesem Befehle unterworfen hat. Fehlt im leg. debiti die genaue Angabe des Geschuldeten, so ist das Vermächtnis der Schuld nur dann und nur insoweit wirksam, als letztere durch Geständnis oder Beweis festgestellt wird (§ 665). Wenn die vom Erblasser angegebene Schuld besteht, so kann der Honorierte entweder als Gläubiger mit der Forderungsklage, oder als Legatar mit der Legatsklage auftreten. Im ersteren Falle bildet für den zu beweisenden Forderungsanspruch die Vermächtnisverfügung kein taugliches Beweismittel. Im zweiten Falle obliegt dem Bedachten der jeden Legatar treffende Beweis. Forderungs= und Legatsanspruch bestehen grundsätzlich selbständig nebeneinander. Hat aber der Legatar für den einen Anspruch Befriedigung erhalten, so ist der andere Anspruch kon=sumiert. Kumulierung der Forderungs= und der Vermächtnisklage ist wohl zulässig. Bei leicht erweislicher, unbedingter und unbetagter, der Angabe des Erblassers entsprechender Schuld gewährt das leg. debiti keinen Vorteil. Doch ist es im Zweifel so auszulegen, daß es Vorteile bringt (§ 655 i. f.), die auch meistens vorhanden sind. § 665 enthält einen solchen Vorteil für den Fall, als die Schuldforderung bedingt oder betagt ist. In diesem Falle muß das Vermächtnis „ohne Rücksicht auf die . . . Bedingungen und Fristen (der Schuld) längstens in der zur Abführung der übrigen Legate bestimmten Zeitfrist" berichtigt werden (§ 665). Bedingungen und Befristungen der Schuld können also den dies legati veniens legati (vgl. § 685) nicht hinausschieben. Tritt aber der dies der Forderung früher ein, so ist damit auch das Legat fällig (§ 665: „längstens"; somit Aus=nahme von § 685). Wer von diesem Vorteil Gebrauch macht, hat demgemäß die frühere Fälligkeit der Forderung nachzuweisen. Mehr vereinzelt steht die von dieser (herrschenden) Ansicht abweichende, dem Wortlaute des § 665 und § 655 i. f. widersprechende Behauptung: der Legatar müsse sich den Aufschub des § 685 selbst bei früherer Fälligkeit der Schuld gefallen lassen; frühere Zahlung könne er nur als Gläubiger des Erblassers begehren.

Daß das leg. debiti Erbschaftsgläubigern, wie Noterben keinen Nachteil bringen könne (vgl. § 665 i. f.), ergiebt sich aus dem Range der Vermächtnisansprüche. Im Zweifel ist ein Vermächtnis an den Gläubiger nicht als Schuldvermächtnis zu behandeln (§ 667), mag auch eine der geschuldeten gleichkommende Geldsumme vermacht worden sein. Das Vermächtnis einer geschuldeten species an den Gläubiger ist dagegen im Zweifel als leg. debiti anzusehen. Ein doppeltes leg. debiti ist im Zweifel vorhanden, wenn dem Gläubiger eines Dritten vermacht wird, was dieser jenem schuldet.

§ 86.　G) Vermächtniskomplexe.

Unger, Erbr., § 74. — Krainz-Pfaff, § 518. — Pfaff-Hofmann, ad § 687. — Stubenrauch, ad § 687. — Ofner, Prot. I. S. 410, 411; II. S. 391.

Das Vermächtnis einer Summe oder Quantität, welche dem Legatar in bestimmten Fristen wiederkehrend geleistet werden soll, heißt **Rentenvermächtnis** (§ 687). Dieses besteht aus so vielen einzelnen Vermächtnissen, als sich Leistungstermine ergeben. Jedes dieser Vermächtnisse hat seinen eigenen dies cedens und veniens. Jener tritt in der Regel mit dem Anfang der betreffenden Frist, beim ersten dieser Legate mit dem Tode des Erblassers, der dies veniens aber mit dem Ablauf der Frist ein. Daher gebührt dem Erben des Legatars jedenfalls noch der ganze auf diese Frist entfallende Betrag, sobald der Erblasser den dies cedens bezw. den Tod des Erblassers erlebt hat. Das Rentenrecht in toto verjährt in 30 Jahren, der Anspruch auf die einzelne Rente in 3 Jahren von ihrer Fälligkeit an (§ 1480). Die Bestimmung der Dauer des Rentenbezuges, der Zahlungsfristen und des Rentenbetrages hängt von der Bestimmung des Erblassers ab. Im Zweifel endigt das Rentenrecht mit dem Tode des Legatars bezw. mit dem Wegfall der bedachten juristischen Person und ist die Rente in Jahresterminen zu zahlen und der Rentenbetrag nach § 673 zu bemessen. Ist die Rente den Einkünften eines bestimmten Grundstückes zu entnehmen und auf diese zu beschränken, so ist in concreto zu entscheiden, ob ein persön= licher Rentenanspruch oder eine Reallast vermacht sei. — Kein Rentenvermächtnis ist das sog. Ratenvermächtnis, nämlich das Vermächtnis einer Summe, welche in zu ver= schiedenen Zeiten fälligen Teilbeträgen (ratenweise) entrichtet werden soll. Hier ist nur ein Vermächtnis, daher auch nur ein dies cedens vorhanden, so daß der Erbe des nach dessen Eintritt verstorbenen Legatars sämtliche noch nicht gezahlten Raten, sobald sie fällig sind, einfordern kann. § 1480 gilt nicht für Ratenvermächtnisse.

Ein Vermächtniskomplex ist auch das Alternativlegat; vgl. oben § 82.

§ 87.   H) Versorgungsvermächtnisse.

Unger, Erbr., § 74. — Krainz=Pfaff, § 520. — Pfaff=Hofmann, ad §§ 672, 673. — Stubenrauch, ad §§ 672, 673. — Ofner, Prot. I. S. 401, 402.

Von besonderen dem Ehegüterrechte angehörenden, eine Versorgung des Legatars bezweckenden Vermächtnissen abgesehen (vgl. das Ehegüterrecht), normiert das a. b. G.B. (§§ 672, 673) nur das Vermächtnis des „Unterhaltes", der „Erziehung" und der „Kost". Unterhalt und Erziehung decken sich inhaltlich (§ 672), Unterhalt und Kost aber in der regelmäßigen, zunächst vom Willen des Erblassers abhängenden Dauer. Denn die „Erziehung" endigt mit der Erreichung des Volljährigkeitsalters, während „Unterhalt" und „Kost" mit dem Tode des Legatars aufhören. Der Onerierte kann nach seiner Wahl seine Verpflichtung durch Naturalleistung, wie durch Zahlung einer Rente erfüllen. Im letzteren Falle ist das Vermächtnis als Rentenlegat zu behandeln (§ 687) und kann einmonatliche Vorauszahlung begehrt werden (§ 1418). In Ermangelung einer ausdrücklichen Ver= fügung des Erblassers über das Maß der Verpflegung ist letzteres nach der konkreten Sach= lage, insbesondere nach dem wahrscheinlichen Willen des Erblassers vom Richter zu bestimmen; Anhaltspunkte enthält § 673. Die Fälligkeit aller drei erörterten Legate tritt mit dem dies cedens derselben ein. Im Falle der Überschwerung des Nachlasses mit Vermächtnissen sind erstere abzugsfrei zu entrichten (§ 691).

Über das im a. b. G.B. nicht ausdrücklich normierte Vermächtnis der Dienstes= belassung vgl. Pfaff=Hofmann II. S. 465, 466.

(Über die Vermächtnisse ehegüterrechtlichen Inhaltes, insbes. das Vermächtnis der dos, vgl. das Ehegüterrecht. Über das Vermächtnis eines Vermögensganzen vgl. Unger, Erbrecht, § 73.)

§ 88.   I) Schenkungen auf den Todesfall (donationes mortis causa)
(§§ 956, 603).

Unger, Erbr., § 77 u. d. Litt. daf. — Krainz=Pfaff, § 526. — Stubenrauch, ad § 956 u. d. Litt. daf. — Schiffner, Vermächtnisvertrag, § 2, 7, 10. — Frankl, Formerfordernisse der Schenkung (1883), S. 153 ff. — Ofner, Prot. I. S. 435—437; II. S. 27, 29, 30, 396, 406, 561; vgl. auch II. S. 725, 739, 763, 765.

Im röm. R. tritt uns die Schenkung auf den Todesfall, d. i. eine Schenkung, die für den Fall gemacht wird, daß der Beschenkte den Tod des Schenkers erlebt, als ein eigentümliches, dem Vermächtnis verwandtes Rechtsinstitut entgegen. Im gemeinen R. kommt zum einseitigen Vermächtnis noch der dem Schenkungsvertrage in manchen Beziehungen ähnliche Vermächtnisvertrag hinzu. Nach röm. R. sind Schenkungen a. d. T., die für den Fall des Todes des Schenkers in einer bestimmten Todesgefahr oder ohne Beschränkung auf eine solche gemacht werden konnten, in der Regel frei widerrufliche Rechtsgeschäfte unter Lebenden, die jedoch erst durch den früheren oder doch gleichzeitigen Tod des Schenkers zur Perfektion gelangen, somit in ihrem beabsichtigten praktischen Erfolge sich dem Vermächtnis nähern. Schenkungen a. d. T., welche durch die gleichen Akte wie Schenkungen unter Lebenden erfolgen konnten, wurden daher, vom (zulässigen) Widerrufe oder dem Überleben der Todesgefahr abgesehen, begrifflich durch den früheren Tod des Beschenkten hinfällig. Hiemit entfiel somit der Erfüllungsanspruch aus dem Schenkungsversprechen a. d. T., und bei vollzogenen Schenkungen a. d. T. konnte der Schenker seinen Restitutionsanspruch, wenigstens im späteren röm. R, nach freier Wahl durch condictio oder vindicatio geltend machen. Ihrem Wesen nach erscheint daher die Schenkung a. d. T. als ein Zwittergebilde: sie soll die Lücke ausfüllen zwischen der Schenkung unter Lebenden und dem Vermächtnis und wurde namentlich im späteren röm. R. in umfassendem Maße dem Rechte der Legate unterworfen.

In der modernen Gesetzgebung tritt uns, entsprechend dem Streben nach Vereinfachung des Rechtes, die entschiedene Tendenz entgegen, eine specifische Schenkung a. d. T. zu beseitigen (vgl. insbes. das dtsch. B.G.B. § 2301). Den Redaktoren des a. b. G.B. galt, wie die Redaktionsgeschichte beweist, die donatio m. c. des röm. R. als ein „obskurer juridischer Zwitter“, und sie waren daher bestrebt, alle „Subtilitäten“ zu beseitigen und das Recht einfacher zu gestalten. Dieses Ziel glaubte man am besten dadurch zu erreichen, indem man die beiden in der Schenkung a. d. T. hervortretenden Institute, Vermächtnis und Schenkung unter Lebenden, dazu verwertete, um die Schenkung a. d. T. ihres specifischen Charakters zu entkleiden. Von diesem Gedanken ausgehend, konnte es sich nur mehr darum handeln, ob die Schenkung a. d. T. als Vermächtnis oder als Schenkungsvertrag unter Lebenden zu behandeln sei. Von der irrigen Meinung beherrscht, das röm. R. habe Schenkungen a. d. T. in durchgreifender Weise Vermächtnissen gleichgestellt (vgl. l. 37 pr. D. h. t. 39, 6), gelangte man zur Aufstellung der Regel: eine solche Schenkung ist als Vermächtnis zu betrachten und zu behandeln. Da man nun von dem Begriffe des Vermächtnisses als einer letztwilligen und daher frei widerruflichen Verfügung ausging, andererseits alles Gewicht auf die grundsätzliche Unwiderruflichkeit von Verträgen unter Lebenden legte, so gelangte man zu dem Rechtssatz: eine Schenkung a. d. T. ist im Falle vertragsmäßigen Ausschlusses der freien Widerruflichkeit als gewöhnliche Schenkung unter Lebenden zu betrachten. Dieses Ergebnis, welches somit keinen Raum läßt für eine specifische Schenkung a. d. T., hat jedoch in § 956 einen vielfach verfehlten, zu Streitfragen Anlaß gebenden Ausdruck gefunden. Die Redaktoren vermochten, wie die Beratungsprotokolle beweisen, Schenkungen auf den Todesfall von bloßen Schenkungen auf die Todeszeit (bloß betagte Schenkungen) nicht zu trennen; eine Verwechselung, die im § 956 1. S. hervortritt und nötigt, manche bloß auf die Todeszeit gestellte Schenkung als Schenkung auf den Todesfall zu behandeln. Außerdem normiert § 956 ausdrücklich nur das Schenkungsversprechen a. d. T., daher die Frage offen bleibt, wie andere Schenkungen a. d. T. zu behandeln seien.

Weil nach öst. R. die Schenkung a. d. T. grundsätzlich als Vermächtnis zu behandeln ist, so finden auf dieselbe die Bestimmungen des Vermächtnisrechtes in materieller wie in formeller Beziehung Anwendung. Gewiß bedarf es der Vermächtnisform selbst dann, wenn die Schenkung kein Schenkungsversprechen ist, da in der vollzogenen Schenkung bloß eine das Wesen des Geschäftes nicht ändernde „Vorausgewährung aus dem Nachlaß, eine Anticipation des Legates“ liegt. Auch die frei widerrufliche Schenkung a. d. T. bedarf der Annahme durch den Beschenkten, da ja sonst ein wesentliches Merkmal des Schenkungsbegriffes fehlen würde. Aber die Annahme vermag das Geschäft, das trotz derselben frei widerruflich bleibt, nicht in einen bindenden Vertrag zu verwandeln. Unterbleibt die Annahme oder kommt dieselbe juristisch nicht in Betracht, so kann man nur von einem Vermächtnis, nicht aber von einer als Vermächtnis behandelten Schenkung sprechen. Wird durch frei widerrufliche Schenkung a. d. T. das ganze Vermögen oder ein aliquoter Teil desselben zugewendet, so ist das Geschäft im Zweifel als Testament zu betrachten.

Die als S c h e n k u n g u n t e r L e b e n d e n zu behandelnde donatio m. c. ist in materieller Beziehung, daher auch rücksichtlich ihrer Widerruflichkeit (vgl. § 946 ff.), sowie in erbrechtlicher Hinsicht (vgl. insbes. §§ 951, 692, 785) den Schenkungen unter Lebenden in durchgreifender Weise gleichgestellt. Dies gilt selbst dann, wenn der frühere Tod des Schenkers zur Bedingung der Schenkung gemacht wird. Defiziert diese Bedingung, so wird dadurch die Schenkung allerdings hinfällig. Allein besondere Rechtssätze gelten auch für eine solche Schenkung a. d. T. nicht.

Nur wenn folgende Voraussetzungen vorliegen, ist eine Schenkung a. d. T. als Schenkungsvertrag unter Lebenden zu behandeln:

1. muß außer der selbstverständlichen Annahmeerklärung des Beschenkten, die auch still= schweigend erfolgen kann, der Schenker auf das Recht des freien Widerrufes a u s d r ü c k l i c h verzichtet haben;

2. bedarf das Schenkungsv e r s p r e c h e n der n o t a r i e l l e n Form (Ges. v. 25. Juli 1871 R.G.B. 76). Wo dieses Gesetz noch nicht gilt, genügt eine schriftliche Privaturkunde (§ 956), welche, sowie die notarielle Urkunde, das Schenkungsversprechen und den aus= drücklichen Widerrufsverzicht, nicht auch die Annahmeerklärung enthalten muß. Endlich ist die Schenkungsurkunde, bezw. eine Ausfertigung des Notariatsaktes dem Beschenkten ein= zuhändigen. Ist die Schenkung kein bloßes Schenkungsversprechen, so bedarf es zwar der notariellen Errichtung nicht (Ges. v. 1871). Im Hinblick aber auf die große Bedeutung, welche bei Schenkungen a. d. T. dem ausdrücklichen Widerrufsverzicht und demgemäß auch seiner Feststellung zukommt, wird man auch bei solchen Schenkungen die Errichtung und Einhändigung der in § 956 bezeichneten Privaturkunde verlangen müssen.

Kommt eine Schenkung a. d. T. aus formellen Gründen nicht als unwiderrufliche Schenkung zustande, so kann sie, wenn die Erfordernisse eines Vermächtnisses vorliegen und der Parteiwille nicht entgegensteht, durch Konversion als widerrufliche Schenkung a. d. T. (Vermächtnis) aufrecht erhalten werden.

III. Teil. Das Pflichtteilsrecht.

Unger, Erbr., S. 333—377. — Krainz=Pfaff, System, 2. Aufl., II. S. 593—604. — Stubenrauch, Kommentar, ad §§ 762—796, 727, 729; vgl. auch die Kommentare von Zeiller, Nippel, Winiwarter, Kirchstetter. — Ofner, Prot. I. S. 447, 463—493; 364—366; II. S. 396—399; 537, 540, 551—553; 277—279; 39—43.

§ 89. I. Einleitung. Rechtliche Natur des Pflichtteilsrechtes.

Unger, Erbr., §§ 78, 82, 85 u. d. Litt. das. — Krainz=Pfaff, § 527 u. d. Litt. das. — Stubenrauch, ad §§ 609, 727, 729, 762—764, 774—776, 786 u. d. Litt. das. — Pfaff=Hofmann, Komm. u. Exkurse, ad § 609; Komm. ad §§ 720, 729. — Schiffner, Gesetzl. Vermächtn., § 41. — Pfaff (Gutachten über d. Anerbengef. v. 1889) in d. Beilagen zu d. Protokollen des (öst.) Abgeord= netenh., X. Seff., II. Bd. 1886, Beil. 70. — Schuster v. Bonnott, Komm., S. 293. — Ofner, Prot. I. S. 447, 463—467, 488—492; II. S. 388, 389; I. S. 478—481, 483—485; 364—366; II. S. 540.

Das Pflichtteilsrecht wird, wie seine geschichtliche Entwicklung beweist, von zwei einander widerstreitenden Grundsätzen beherrscht: der Wahrung der Testierfreiheit und dem Festhalten am Gedanken des Familienerbrechtes. Das Überwiegen des einen oder des anderen Princips ist daher entscheidend für die Gestaltung des Pflichtteilsrechtes. Das ältere deutsche Recht beruht auf dem auch von der neueren Rechtsphilosophie gebilligten Grundsatze des Familienerbrechtes, welches der Testierfreiheit nur sehr enge Schranken zieht. Pflichtteil ist hier der der Familie vorbehaltene, somit der freien Verfügung des Erblassers entzogene

Nachlaßteil. Wo dagegen, wie im röm. R., das Princip der möglichsten Wahrung der Testierfreiheit den Sieg davonträgt, da erscheint das Pflichtteilsrecht als die gesetzliche Schranke der grundsätzlich unbeschränkten Testierfreiheit zu Gunsten gewisser, durch die nächsten Familienbande mit dem Erblasser verknüpften Personen. Diesen gebührt eine bestimmte, nicht willkürlich entziehbare Quote der Verlassenschaft, zu deren Hinterlassung der über seinen Nachlaß verfügende Erblasser verpflichtet ist (daher Pflichtteil, Noterben § 762, 764). Diese letztere Gestaltung ist dem modernen Rechte eigen (vgl. z. B. das preuß. L.R. u. das dtsch. B.G.B. §§ 2303 ff.), und sie tritt uns auch im öst. R. entgegen, wo ja der Grundsatz der unbeschränkten Testierfreiheit frühzeitig zum Durchbruche gelangte. So erklärt es sich, daß schon das ältere öst. Recht dem Pflichtteilsrechte enge Schranken zog und daß die Redaktoren des a. b. G.B. der gleichen Tendenz huldigten. Unbestritten war unter ihnen nur das Pflichtteilsrecht der Descendenten, während jenes des überlebenden Ehegatten, welches mit Recht das westgal. G.B. (II. §§ 562, 568) aufgenommen hatte (vgl. auch das röm. R. u. dtsch. B.G.B. § 2303), aus ungenügenden Gründen durch einen unzureichenden gesetzlichen Alimentationsanspruch ersetzt wurde (§ 796, vgl. das Familienrecht § 51). Ein Pflichtteilsrecht der Ascendenten aber, welches dem Rechte mehrerer Provinzen ganz fremd war, wurde erst nach langem Streite infolge eines gründlichen Gutachtens von Sonnenfels beschlossen. Geschwistern des Erblassers wurde mit Recht ein Pflichtteilsrecht nicht zuerkannt (ebenso das moderne R. überhaupt, anders zum Teil das röm. R.).

Der Noterbe hat nach öst. R. (ebenso dtsch. B.G.B. §§ 2303 ff.) keinen Anspruch auf Erbeinsetzung, sondern nur auf eine bestimmte Wertquote der Verlassenschaft. Das öst. R. kennt also, u. zw. mit Recht, nur ein materielles, kein formelles Noterbenrecht (im Sinne des röm. R.). Der Erblasser genügt somit seiner Pflicht durch Zuwendung dieser Wertquote, in der Regel jedoch nur durch Rechtsgeschäft von Todeswegen (vgl. unten §§ 93, 94). Daher kann ein Noterbe seinen Pflichtteil, mag auch der Erblasser auf denselben nicht Bezug genommen haben, durch Erbeinsetzung, Vermächtnis, widerrufliche Schenkung a. d. T., auch teils auf die eine, teils auf die andere Weise erhalten (§ 774). In solchen Fällen tritt die Eigentümlichkeit des Pflichtteilsanspruches nicht hervor. Denn der Noterbe hat dann die Rechtsstellung eines Erben oder Vermächtnisnehmers, mag auch die Erbeinsetzung oder das Vermächtnis ausdrücklich nur auf den Pflichtteil lauten. Insbesondere könnte der Noterbe im ersten Falle wider Willen nicht mit Geld abgefunden werden. Als Legatar aber wäre sein Anspruch sofort fällig (arg. § 774; vgl. oben § 76). Im Zweifel ist eine Wortwendung des Erblassers, welche die Beschränkung auf den Pflichtteil ausspricht, als Vermächtnis des Pflichtteilsbetrages zu behandeln (vgl. hiemit dtsch. B.G.B. § 2304).

Rein tritt die Natur des Pflichtteilsanspruchs hervor, wenn der eingesetzte Noterbe die Erbschaft mit Vorbehalt seines Pflichtteils ausschlägt (§ 808), oder wenn der Noterbe vom Erblasser wissentlich übergangen (präteriert), widerrechtlich enterbt oder verkürzt worden ist (§§ 729, 775, 776, 780, 781). In solchen Fällen hat nämlich der Noterbe nur ein vererbliches und veräußerliches, dem Zugriffe seiner Gläubiger nicht entzogenes Forderungsrecht auf Zahlung des dem Pflichtteil, also der gebührenden Wertquote des Nachlasses entsprechenden Geldbetrages. Mit Recht hat somit die Theorie des Pflichtteils-Forderungsrechtes, nicht jene des Pflichtteils-Erbrechtes (Noterben-Theorie), in das geltende öst. R. (wie in das dtsch. B.G.B., vgl. insbes. §§ 2303, 2305, 2317) Eingang gefunden. Trotz einiger irreführender Ausdrücke („Noterbe", „Erbteil", „Erbfolge", „Haupterbe" als Gegensatz zum Noterben, vgl. §§ 727, 729, 762, 764, 786) und Bestimmungen (vgl. §§ 727, 729) ist der Pflichtteilsberechtigte als solcher zweifellos nicht Erbe, daher ihm auch nicht die Rechtsstellung eines Erben zukommt. Der Noterbe gehört vielmehr zu den Erbschaftsgläubigern im w. S. (vgl. §§ 812, 692, 784, 785, 786 1. S. u. a.). Die Pflichtteilsschuld ist eine Erbschaftsschuld minderen Ranges, der Pflichtteilsanspruch ein qualifizierter „rein persönlicher Geldanspruch". Der Noterbe als solcher hat daher, wie schon die Redaktoren des a. b. G.B. in bewußter Abweichung vom westgal. G.B. II. § 571 mit Entschiedenheit erklärt haben und auch die neueste Praxis annimmt, keinen Anspruch auf einen Anteil an den Sachen und Rechten des Nachlasses selbst (Hfd. v. 31. Januar 1844 J.G.S. 781);

anderfeits kann ihm ein folcher Anteil (ftatt des Geldbetrages) auch nicht aufgedrungen werden. Die ältere, irrige, noch im weftgal. G.B. 1. c. hervortretende, im erwähnten Hfd. abgelehnte Auffaffung hat jedoch noch in der bedenklichen Beftimmung nachgewirkt, daß der Noterbe bis zur Entrichtung des Pflichtteils an den Vermehrungen und Verminderungen der Verlaffenfchaft teilnimmt, fo daß der Pflichtteilsberechnung der Stand der Erbmaffe zur Todeszeit und jener zur Zeit der Auszahlung des Pflichtteils zu Grunde zu legen ift (§ 786; anders dtfch. B.G.B. § 2311). Daher wird dem Noterben auch das Recht ein= geräumt, über die Veränderungen des Erbvermögens in diefer Zwifchenzeit vom verwaltenden Erben Rechnungslegung zu begehren (Hfd. v. 27. März 1847 J.G.S. 1051).

Aus Natur und Zweck des Pflichtteils ergiebt fich der Grundfatz: die dem Noterben gebührende Wertquote der Verlaffenfchaft muß demfelben **vollständig** und **frei von jeder Befchränkung** (Bedingung, Befriftung, Belaftung insbefondere mit Auflagen, Vermächtniffen u. f. w.) gewährt werden (§ 774; den gleichen Grundfatz enthält das dtfch. B.G.B., vgl. §§ 2305, 2306 u. a.). Daher ift auch die Verweifung des Pflichtteils auf die künftigen Erträgniffe, fowie deffen Befchränkung durch fideikommiffarifche Subftitution ungültig (vgl. § 613) und nur das dem teftierunfähigen Noterben auferlegte fideicommiffum eius quod supererit (vgl. S. 63), da es erfteren nicht befchränkt, gültig. Vermächtniffe müffen fomit, foweit fie den Pflichtteil treffen, von den übrigen Erben getragen werden; und es kann der Alleinerbe die Vermächtniffe foweit kürzen, daß der ihm gebührende Pflicht= teil entlaftet wird. Aus dem erwähnten Grundfatz folgt, daß dem Noterben gefetzte Be= fchränkungen, insbefondere Vermächtniffe, fideikommiffarifche Subftitutionen, nur hinfichtlich des demfelben zugewendeten, den Pflichtteil überfteigenden Betrages gültig find (§ 774). Zuläffig ift aber die als kaffatorifche Klaufel (vgl. § 720) erfcheinende fog. Cautela Socini. Es kann nämlich der Erblaffer gültig verfügen, daß der Noterbe den ihm zugewendeten Mehrbetrag nur unter der Bedingung erhalten folle, daß er fich eine die ganze Zuwendung betreffende Befchränkung gefallen läßt (vgl. hiemit dtfch. B.G.B. § 2306). Eine Be= fchränkung des Pflichtteilsrechtes durch das Anerbenrecht wird vom R.G. v. 1. April 1889 R.G.B. 52 grundfätzlich ausgefchloffen (§ 13 Abf. 3; vgl. daher auch § 11 b. Gef.). Doch ift diefer Grundfatz nicht rein durchgeführt, weil das Gefetz in Wahrheit Befchränkungen des Pflichtteilsrechtes enthält (vgl. § 13 Z. 1, der gegen § 774 a. b. G.B. verftößt, fodann § 13 Z. 2), welche allerdings zum Teil durch Vorteile aufgewogen werden (vgl. insbef. § 13 Z. 2).

§ 90. II. Die pflichtteilsberechtigten Perfonen.

Unger, Erbr., § 79 u. d. Litt. daf. — Krainz-Pfaff, § 528. — Stubenrauch, ad §§ 762—764, 767, 780 u. d. Litt. daf. — Pfaff-Hofmann, Komm. u. Exkurfe, ad § 551. — Ofner, Prot. I. S. 463—467, 471—473, 488—492; II. S. 398—399; 396, 551; 537, 552.

Ohne Unterfchied des Grades und Gefchlechtes find nach geltendem öft. R. nur **Kinder** und **Eltern** pflichtteilsberechtigt. Der Pflichtteil ift aber ftets **ein Teil des gefetz= lichen Erbteils.** Ohne gefetzliches Erbrecht daher kein Pflichtteilsrecht. Somit können nur jene Defcendenten und Afcendenten Noterben fein, welche ein **Recht zur gefetzlichen Erbfolge** haben (§§ 762, 763; vgl. daher die gefetzliche Erbfolge). Auch Adoptivkinder machen hievon keine Ausnahme (Hfd. v. 10. Mai 1833 J.G.S. 2610; vgl. aber auch §§ 183, 184). In concreto find jedoch nur jene gefetzlich erbberechtigten Defcendenten und Afcendenten pflichtteilsberechtigt, welche nach der **Ordnung der Verwandtenerbfolge** (vgl. dafelbft) die nächften gefetzlichen Erben wären (§ 763). (Weniger einfach und zu Zweifeln und Bedenken Anlaß gebend ift der Grundfatz des dtfch. B.G.B. § 2309.) Somit find die Eltern des Erblaffers ftets nur fubfidiär, falls nämlich keine Kinder vorhanden find oder die vorhandenen erbrechtlich nicht in Betracht kommen, pflichtteilsberechtigt, und es können Großeltern keinen Pflichtteil begehren, falls auch nur Seitenverwandte der zweiten Linie zur Erbfchaft gelangen. Wer durch Erbunfähigkeit, Erbunwürdigkeit oder negatives Teftament von der gefetzlichen Erbfolge ausgefchloffen ift, hat eben darum auch keinen Pflichtteilsanfpruch; ebenfowenig der rechtmäßig Enterbte und wer auf fein gefetzliches

Erbrecht oder sein Pflichtteilsrecht rechtsgültig verzichtet hat (§ 767). Auch die Descendenten des vom gesetzlichen Erbrecht ausgeschlossenen Noterben haben kein Pflichtteilsrecht (vgl. insbes. § 551 i. f.). Nur die Descendenten des v o r dem Erblasser verstorbenen erb= unwürdigen oder (rechtmäßig) enterbten Noterben erhalten den Pflichtteil (§§ 541, 780; vgl. S. 36).

§ 91. III. Größe des Pflichtteils. Ermittelung desselben.

Unger, Erbr., §§ 80, 81 u. d. Litt. daf. — Krainz=Pfaff, § 530 u. d. Litt. daf. — Stubenrauch, ad §§ 765—767, 784—789, 791, 793, 794, 803, 804 u. d. Litt. daf. — Schuster v. Bonnott, Komm., ad §§ 103, 162. — Ofner, Prot. I. S. 467—473; II. S. 396, 551; 288—289; I. S. 483—485; 448—453, 485—487, 493; II. S. 553.

1. Das geltende öst. R. hat (im Gegensatze zum früheren öst. und zum späteren röm. R.) in zu billigender Weise hinsichtlich der Größe des Pflichtteils mit einer einfachen Norm durchgegriffen: der Pflichtteil der Descendenten beträgt, ohne Rücksicht auf ihre Zahl, die H ä l f t e, jener der Ascendenten ein D r i t t e l ihres gesetzlichen Erbteils (§§ 765, 766; noch einfacher ist die durchgreifende Norm des dtsch. B.G.B. § 2303). Somit ist, um die Größe der Pflichtteilsquoten in concreto zu ermitteln, vor allem der gesetzliche Erbteil jedes Noterben festzustellen (sog. Distributivberechnung) (ebenso das dtsch. B.G.B.). Es müssen demgemäß alle wenngleich nicht selbst pflichtteilsberechtigte Personen mitgezählt werden, welche bei eintretender gesetzlicher Erbfolge als gesetzliche Erben mit dem Noterben kon= kurrieren würden (zum Teil abweichend das dtsch. B.G.B. § 2310). Nicht mitzuzählen ist somit, wer für die gesetzliche Erbfolge nicht in Betracht käme, namentlich auch der recht= mäßig Enterbte und (ebenso dtsch. B.G.B. § 2310) der infolge Erbverzichtes von der Intestaterbfolge, nicht etwa bloß vom Pflichtteil Ausgeschlossene (§ 767). Der mit Ascen= denten konkurrierende Ehegatte des Erblassers vermindert somit den Pflichtteil der ersteren. Konkurriert der Ehegatte mit Kindern des Erblassers, so vermindert er deren Pflichtteil, falls man den Ehegatten in diesem Falle als (Fiduciar=)Erben betrachtet (vgl. oben § 41). Faßt man aber das Recht des Gatten als bloßen ususfructus auf, so behaupten die einen, der Ehegatte sei, da er ja nicht Erbe ist, nicht mitzuzählen und sein Fruchtgenuß belaste nur die Anteile der Kinder, während andere der Ansicht huldigen, jener Fruchtgenuß sei bei Bemessung des Pflichtteils der Kinder allerdings in Anschlag zu bringen (vgl. auch die Praxis).

2. Die Ermittelung des Pflichtteilsbetrages setzt die Feststellung des reinen Nachlasses und seines Geldwertes voraus. Zu diesem Zwecke ist vor allem der Stand des Erbvermögens zur Zeit des Todes des Erblassers gerichtlich zu erheben (vgl. Pat. v. 1854 § 97 ff.). Der Noterbe kann zu seiner Sicherstellung die Inventarisierung des Nachlasses begehren (§ 804); ein Recht, welches dem Noterben in keiner Weise entzogen oder beschränkt werden kann (arg. § 803). Der Gesamtwert des ermittelten Erbvermögens zur Todeszeit des Erblassers ist durch ordnungsmäßige Schätzung festzustellen. (Über die Schätzung von dem Anerbenrecht unterliegenden „Höfen" vgl. das R.G. v. 1. April 1889 R.G.B. 52, § 7, auch § 10.) Die Noterben, für welche eine etwaige Wertangabe des Erblassers nicht bindend ist, sind von der Schätzung zu verständigen und können bei derselben ihre Erinne= rungen vorbringen. Auf die Feilbietung der Nachlaßobjekte zur Ermittelung ihres Ver= kaufswertes können dagegen die Noterben nicht bringen, da ja die Rechte noch anderer Nachlaßinteressenten in Betracht kommen (§ 784; ähnliche Normen enthält das dtsch. B.G.B. §§ 2311, 2314). Doch ist ein noch vor Entrichtung des Pflichtteils durch Veräußerung erzielter, den Schätzungswert übersteigender Erlös bei Berechnung des Pflichtteilsbetrages in Anschlag zu bringen (arg. § 786 i. f.). Den Reinnachlaß bezw. dessen Geldwert erhält man durch Subtraktion der Passiven von den Aktiven. Der Aktivstand wird gebildet durch die zum (frei vererblichen) Nachlaßvermögen gehörenden Sachen und Vermögensrechte, wozu auch dem Erblasser angefallene Erbschaften und von ihm erworbene aber noch nicht angenommene Vermächtnisse, Urheberrechte, ja selbst Forderungen des Erblassers gegen Erben oder Legatare zu zählen sind (§ 784). Betagte Forderungen sind ohne Abzug des inter=

usurium anzusetzen. Streitige und suspensiv bedingte Ansprüche bleiben einstweilen außer Ansatz (vgl. dtsch. B.G.B. § 2313). Lebenslängliche Prästationen sind nach der mut=maßlichen Lebensdauer kapitalisiert in Anschlag zu bringen. Den Passivstand bilden alle dem Pflichtteilsanspruch im Range vorgehenden Erbschaftsschulden und Lasten, welche den Noterben, wenn er als gesetzlicher Erbe in Betracht käme, treffen würden. Zum Passivstande gehören daher: die (vererblichen) Schulden des Erblassers, auch jene an ein=gesetzte Erben, Schulden und Lasten des Nachlasses, auch solche familienrechtlichen Ursprungs (§§ 796, 1243, 171, 795), somit auch Begräbniskosten (§ 549), die Kosten der Inventari=sierung (§ 802, Pat. v. 1854 § 111) und Liquidierung des Nachlasses, gewisse Staats=abgaben (§ 818) und die „gesetzlichen Beiträge" des § 694 (§ 785). Lasten, die aus dem „letzten Willen" (Rechtsgeschäft von Todeswegen) entspringen, namentlich Vermächtnisse (vgl. daher auch § 1255), frei widerrufliche Schenkungen auf den Todesfall (die jedoch, wenn schon erfüllt, zu den Nachlaßaktiven gehören, vgl. § 956) und Auflagen, kommen dagegen bei Berechnung des Pflichtteils grundsätzlich nicht in Betracht (§ 786).

3. Der Noterbe hat nur Anspruch auf die gesetzlich bestimmte Wertquote des Nach=lasses. Er muß sich daher auf den nach den dargelegten Grundsätzen ermittelten Pflichtteil anrechnen, d. i. von demselben in Abzug bringen lassen, was er durch Zuwendung des Erblassers auf den Todesfall (insbes. Vermächtnis, frei widerrufliche Schenkung von Todes=wegen, conditionis implendae causa) „unmittelbar oder mittelbar", wenn auch erst in der Folge durch Substitution oder Anwachsung, aus dessen Nachlaß erhält (§§ 787, 774; vgl. auch westgal. G.B. II. § 572). Auslegungsfrage ist, ob der „auf den Pflichtteil gesetzte" Noterbe ein ihm zugewendetes Vermächtnis als Pflichtteil oder außer diesem erhalten solle.

Der Anrechnung unterliegen außer den erwähnten Zuwendungen, u. zw. selbst bei testamentarischer Zuweisung des Pflichtteils, auch die vom Erblasser dem Noterben selbst oder dessen vorverstorbenen Parens inter vivos zugewendeten Gaben, welche sich der Not=erbe als gesetzlicher Erbe anrechnen lassen müßte (§§ 788, 790); endlich alle Gaben des Erblassers, welche der Noterbe mit Einrechnungspflicht, somit als Pflichtteilsvorschuß, nicht bloß als Vorschuß auf den gesetzlichen Erbteil erhalten hat (§ 789; ebenso dtsch. B.G.B. § 2315; eine Anrechnung von Vorempfängen schon kraft Rechtsvorschrift ist jedoch dem B.G.B. unbekannt, was sich wohl nur billigen läßt). Die Anrechnung von Vorempfängen auf den Pflichtteil hat einen wesentlich anderen Zweck als die Kollation bei der Descendentenerbfolge. Denn letztere strebt nur eine dem wahrscheinlichen Willen des Erblassers entsprechende Ausgleichung zwischen mehreren erbenden Descendenten desselben an, während es sich im ersteren Falle nur um die Frage handelt, ob gewisse Vorempfänge als Abschlagszahlungen auf den Pflichtteil zu betrachten seien, über welchen Teil des Nachlasses der Erblasser somit frei verfügen könne. Daher findet die Anrechnung von Vorempfängen auch bei Vorhandensein eines einzigen Noterben statt und ist schon aus diesem Grunde die An=rechnungsvorschrift des § 793 nicht buchstäblich anwendbar. Für die Art der Anrechnung ist der Gedanke entscheidend: der anrechnungspflichtige Vorempfang erscheint als Abschlags=zahlung auf den Pflichtteil und demgemäß als ein Bestandteil des Erbvermögens, weil der Pflichtteil ein Teil des gesetzlichen Erbteils ist. Die Anrechnung geschieht daher durch Hinzu=rechnung des Wertbetrages der Vorempfänge (§ 794) zu dem reinen Nachlasse, Berechnung des Pflichtteils der Noterben von diesem Gesamtvermögen und Abrechnung jenes Wertbetrages von dem ermittelten Pflichtteilsbetrage des begünstigten Noterben. Der hienach sich ergebende Restbetrag des Pflichtteils ist dem Noterben auszufolgen. Diese im gemeinen Rechte unbestrittene Anrechnungsmethode ist heutzutage in Theorie und Praxis die herrschende (vgl. auch dtsch. B.G.B. § 2315 Abs. 2). Übersteigt der Vorempfang den in der bezeichneten Weise berechneten Pflichtteil, so hat der vorausbegünstigte Noterbe als solcher keinen Anspruch, ist aber auch zur Herausgabe des Überschusses nicht verpflichtet (§ 793). Die Erstattung des letzteren würde zu einem Widerspruche mit dem Grundsatze führen, daß der Pflichtteil die Hälfte oder ein Dritteil des gesetzlichen Erbteils beträgt. Wäre der Vorausempfang eines nach § 793 nicht in Betracht kommenden Noterben so groß, daß der Nachlaß zur Deckung der Pflichtteilsansprüche nicht genügt, welche sich aus dem um den Betrag des Vorempfanges vermehrten Nachlaß ergeben, so ist der Pflichtteil der übrigen Noterben verhältnismäßig herabzumindern. Wenn ein vorausbegünstigter Noterbe aus was immer für einem Grunde vom Pflichtteil ausgeschlossen ist (vgl. § 767), so bleibt auch der Vorempfang eines solchen Noterben bei Berechnung des Pflichtteils der übrigen Noterben außer Ansatz. Daraus erwächst aber den letzteren ein Nachteil, weil sich das Gesamtvermögen um den Betrag des Vorempfanges niedriger stellt. Im allgemeinen ist die Anrechnung von Vorempfängen auf den Pflichtteil nach öst. R. einfacher und ihrem Zwecke entsprechender gestaltet als nach den vielfach sehr komplizierten, teilweise bedenklichen Normen des dtsch. B.G.B.; vgl. insbef. § 2315 3. Abs., § 2316.

§ 92. IV. Ausschließung von Noterben durch Enterbung.

Unger, Erbr., §§ 83, 84 u. d. Litt. daf. — Krainz-Pfaff, §§ 529, 532. — Stubenrauch, ad § 768—773, 782, 795 u. d. Litt. daf. — Schiffner, Gesetzl. Vermächtnisse, § 42. — Hussarek, in Grünhuts Ztschr. Bd. 20 (1893). — Ofner, Prot. I. S. 473—483; II. S. 399, 551.

Enterbung im w. S. ist die durch den Erblasser verfügte Ausschließung einer Delation, welche ohne jene Verfügung erfolgen würde. (Vgl. insbef. über das sog. „enterbende" oder negative Testament S. 40.) Im engeren S. ist Enterbung die vom Erblasser verfügte Ausschließung eines Noterben vom Pflichtteil. Eine solche Enterbung ist nur dann wirksam, wenn sie eine rechtmäßige ist, nämlich auf einem Enterbungsgrunde beruht, welcher kraft gesetzlicher Bestimmung dem Erblasser das Recht zur Entziehung des Pflichtteils giebt (§§ 768—771, 773). Die Enterbungsgründe sind im G.B. (mit Recht) streng taxativ aufgezählt (ebenso dtsch. B.G.B. § 2333 ff.); doch ist extensive Interpretation der einzelnen Gründe zulässig (arg. § 771 i. f.). Der Enterbungsgrund muß zur Zeit der vorgenommenen Enterbung schon und noch vorhanden sein (ebenso dtsch. B.G.B. § 2336). Doch ist auch anticipative Enterbung für den Fall zulässig, als bis zum Tode des Erblassers ein Enterbungsgrund existent werden sollte. Juristisch kommt ein entstandener Enterbungsgrund nicht mehr in Betracht, wenn der Erblasser auf sein durch denselben begründetes Enterbungsrecht ausdrücklich oder stillschweigend verzichtet hat. Insbesondere beseitigt (vom § 773 abgesehen) Verzeihung des Erblassers den Enterbungsgrund (ebenso dtsch. B.G.B. § 2337). Die Enterbung kann auch eine bedingte, eine gänzliche oder nur teilweise sein. Letztere kann auch in einer bloßen Belastung des Pflichtteils bestehen (vgl. § 774). Die Enterbung muß, um gültig zu sein, in einer Testamentsform erklärt werden (vgl. dtsch. B.G.B. § 2336), braucht aber nicht in einem Testamente enthalten zu sein, kann vielmehr selbst ohne Testament erfolgen (anders das röm. R.). Die Enterbung ist entweder eine ausdrückliche oder eine stillschweigende. Erstere geschieht durch ausdrückliche Erklärung des Ausschließungswillens, wenngleich ohne Angabe des Enterbungsgrundes (§ 771; anders noch das spätere röm. R. und das westgal. G.B. II. § 582, sowie das dtsch. B.G.B. § 2336). Stillschweigende Enterbung liegt vor, wenn der Erblasser den Noterben im Testamente übergeht und die Übergehung als Äußerung des Enterbungswillens erscheint (§ 782). Letzteres setzt aber voraus, daß dem Erblasser zur Zeit der Testamentserrichtung der Enterbungsgrund und das Dasein des Noterben bekannt war und er über den ganzen Nachlaß durch Erbeinsetzung verfügt habe. Unwirksam ist die Enterbung, wenn der Erbe den Enterbungsgrund nicht zu erweisen vermag (§ 771, 782; vgl. dtsch. B.G.B. § 2336). Angabe einer falschen Enterbungsursache berührt die Enterbung nicht, wenn nicht § 572 i. f. Anwendung findet.

Die ausdrückliche wie die stillschweigende Enterbung kann nicht etwa durch Wegfall des Enterbungsgrundes, sondern nur durch einen solchen Widerruf aufgehoben werden, welcher geeignet ist, eine letztwillige Verfügung zu entkräften (§ 772; vgl. daher §§ 713, 717—719, 721—723). Andere Widerrufsakte kommen nicht in Betracht (anders dtsch. B.G.B. § 2337).

Die Wirkung der rechtmäßigen, ausdrücklichen wie stillschweigenden Enterbung besteht im Verluste des Pflichtteilsanspruchs, soweit die Ausschließung reicht. Der Enterbte ist aber auch, weil der Pflichtteil ein Teil des gesetzlichen Erbteils ist, von der etwa eintretenden gesetzlichen Erbfolge ausgeschlossen, da nach dem wahrscheinlichen Willen des Erblassers ein Noterbe, der nicht einmal einen Teil des gesetzlichen Erbteils erhalten soll, umsoweniger die ganze Intestatportion bekommen soll. Ist die Enterbung nur eine teilweise, so gebührt dem Noterben als Intestaterben ein dem belassenen Teil des Pflichtteils entsprechender Teil der Intestatportion. Dem rechtmäßig enterbten Noterben steht ein gesetzlicher (dem Anspruch des § 796 juristisch vielfach ähnlicher) Anspruch auf den notwendigen, jedoch den Pflichtteil nicht übersteigenden Unterhalt zu (§ 795), zu dessen Deckung, dem wahrscheinlichen Willen des Erblassers gemäß, Erben und Vermächtnisnehmer verhältnismäßig beizutragen haben.

Die Enterbung ist entweder 1. Enterbung zur **Strafe** oder 2. in **guter Absicht** (ebenso dtsch. B.G.B. §§ 2333 ff.).

1. Die Enterbungsgründe können in einem pietätwidrigen Verhalten gegen den Erblasser oder in einer rechts= oder sittenwidrigen Handlungsweise bestehen, welche der Familie zur Schande gereicht (ebenso dtsch. B.G.B. §§ 2333—2335, dessen Enterbungsgründe sich jedoch größtenteils mit jenen des öst. R. nicht decken). Unter diesen Gesichtspunkt fallen folgende Enterbungsgründe: a) wenn der Noterbe den Erblasser im „Notstande", d. i. im Zustande der Bedrängnis, kulpos ohne Hilfe gelassen hat; b) Verurteilung des Noterben wegen eines Verbrechens zur Todesstrafe oder mindestens zwanzigjährigen Kerkerstrafe. Zweifelhaft ist, ob § 6 des Ges. v. 15. November 1867 R.G.B. 131 diesen Enterbungsgrund modifiziert habe, was die Praxis (die Theorie nur zum Teil) verneint; c) wenn der Noterbe einen nach den herrschenden Moralitätsbegriffen die öffentliche Sittlichkeit verletzenden, nicht notwendig strafrechtlich verpönten Lebenswandel beharrlich führt (§§ 768, 769). (Aufgehoben durch Art. 7 des Ges. v. 25. Mai 1868 R.G.B. 49 ist der Enterbungsgrund des § 768 Z. 1); d) die Erbunwürdigkeitsgründe der §§ 540 u. 542 sind zugleich Enterbungsgründe (§ 770). Da in solchen Fällen der Erbunwürdige schon als solcher von der Erbfolge ausgeschlossen ist, so zeigt sich — was auch die Redaktoren erkannt haben — die praktische Bedeutung dieser Enterbungsgründe nur darin, daß die Verzeihung allein zwar die Erbunwürdigkeit, nicht aber die vorgenommene Enterbung zu beseitigen vermag. Denn letztere kann „nur" durch gesetzesgemäßen Widerruf entkräftet werden (§ 772); e) Ascendenten können außerdem wegen gänzlicher Vernachlässigung der Erziehung eines Descendenten von diesem enterbt werden (§ 769).

2. **Enterbung in guter Absicht** (exheredatio bona mente facta) (§ 773). Diese bereits dem röm. R. eigene Enterbung ist in teilweise veränderter Gestalt in das öst. R. (u. zw. schon in die älteren Entwürfe des a. b. G.B.) übergegangen (teilweise abweichend vom öst. R. das dtsch. B.G.B. § 2338). Der Erblasser ist nämlich berechtigt, seinem „sehr verschuldeten oder verschwenderischen" (vgl. § 273) Noterben, Descendent wie Ascendent, den Pflichtteil ganz oder teilweise zu entziehen, falls gegründete Besorgnis besteht, daß derselbe wenigstens größtenteils den Kindern des Noterben entgehen würde. Die Enterbung kann aber nur zum Besten seiner Descendenten, denen Wahlkinder gleichzustellen sind (vgl. § 763), stattfinden. Daher ist sie nur gültig, wenn der entzogene Pflichtteil seinen zur Zeit des Todes des Erblassers vorhandenen (§ 22) Kindern zugewendet wird. Wird der Pflichtteil nicht allen Kindern zugewiesen, so gebührt der auf die übergangenen Kinder entfallende Teil des Pflichtteils dem enterbten Noterben. Dabei ist aber davon auszugehen, daß der Pflichtteil den Kindern des enterbten Noterben zu gleichen Teilen gebührt. Denn sie sollen hinsichtlich des Pflichtteils so behandelt werden, als wäre der ausgeschlossene Noterbe gar nicht vorhanden. Nur die Teilungsvorschrift ist ungültig, wenn der Pflichtteil den Kindern des Noterben nicht zu gleichen Teilen zugewendet ist. Prodigalitätserklärung ist keine Voraussetzung der erörterten Enterbung, macht vielmehr die letztere im Hinblick auf ihren Zweck, wenn nicht etwa Überschuldung vorliegt, entbehrlich. § 771 ist auch auf eine solche Enterbung anzuwenden, die jedoch nicht stillschweigend erfolgen kann (arg. § 782). Die Enterbung in guter Absicht gilt dem Erwähnten gemäß nur unter der conditio juris, daß zur Todeszeit des Erblassers erbberechtigte Kinder des enterbten Noterben vorhanden sind. In Ermangelung solcher Kinder in jenem Zeitpunkte behält daher der Noterbe seinen Pflichtteil.

V. Rechtsschutz des Noterben im Falle der Verletzung des Pflichtteilsrechtes.

§ 93. 1. Die Pflichtteilsforderungsklage im allgemeinen.

Unger, Erbr., § 85 u. d. daf. Anm. 4 cit. Litt. — Krainz-Pfaff, § 531. — Stubenrauch, ad §§ 775, 776, 771, 783, 1487 u. d. Litt. daf. (vgl. auch ad § 812). — Unger, Verlaffenschaftsabhandl., S. 413. — Schuster v. Bonnott, Komm., ad §§ 278–282. — Ofner, Prot. I. S. 337, 478–482; II. S. 277–279, 552.

Mit jener Klage begehrt der Noterbe die Auszahlung des seinem Pflichtteil entsprechenden Geldbetrages, wenn und soweit der Erblasser den Noterben durch Rechtsgeschäft von Todeswegen vom Pflichtteil widerrechtlich ausgeschlossen hat. (Über die Pflichtteilsklage bei pflichtwidrigen Schenkungen vgl. sub. 2.) Die Klage ist daher bald auf Entrichtung des vollen Pflichtteils, bald bloß auf Ergänzung wegen Schmälerung desselben (vgl. § 774) gerichtet (querela inofficiosi testamenti und actio ad supplendam legitimam). Diese Klagen, welche dem widerrechtlich enterbten, wie dem wissentlich übergangenen (präterierten) Noterben zustehen (§§ 729, 775, 776, 781, vgl. auch § 1254) und nicht etwa die Umstoßung des Testamentes bezwecken (anders die querela inofficiosi des röm. R.), gehen gegen den Erben, soweit er nicht selbst pflichtteilsberechtigt ist, gegen Miterben grundsätzlich pro rata. Zur Befriedigung des Noterben haben jedoch auch die Legatare (soweit sie nicht pflichtteilsberechtigt sind) beizutragen, u. zw. nicht bloß dann, wenn der dem Erben verbleibende Nachlaßrest zur Deckung der Legate nicht hinreicht, also subsidiär, sondern zugleich und verhältnismäßig mit dem Erben, welcher daher das Recht hat, den Legataren nach Verhältnis ihrer Legate den erforderlichen Abzug zu machen (§ 783). Diese gleichzeitige Beitragspflicht der Legatare entspricht nicht nur dem wahrscheinlichen Willen des Erblassers, sondern folgt auch aus dem Wortlaute des § 783, namentlich des westgal. G.B. II. § 586, und findet in den Red.-Protokollen ihre volle Bestätigung (ebenso die Praxis; vgl. auch das dtsch. B.G.B. § 2318). Die Pflichtteilsklage verjährt in drei Jahren vom Tage der Testamentseröffnung (§ 1487; so auch die Praxis; nach anderen von der Zeit des Erbschaftsantrittes; teilweise abweichend dtsch. B.G.B. § 2332). In der Anerkennung des Testamentes oder der Annahme des darin Hinterlassenen liegt an sich noch kein Verzicht auf die Klage.

Zum Schutze des Pflichtteilsanspruches steht dem Noterben wie einem Erbschaftsgläubiger das beneficium separationis zu (§ 812). Befindet sich ein Noterbe unter väterlicher oder vormundschaftlicher Gewalt (bezw. unter Kuratel), so hat das Abhandlungsgericht, falls es eine Verletzung des Pflichtteils befürchtet, auf Vorlegung eines sog. Pflichtteilsausweises zu bringen (Pat. v. 1854 § 162) und darf erst nach erfolgter Auszahlung oder pupillarmäßiger Sicherstellung des einem solchen Noterben gebührenden Pflichtteils den Nachlaß einantworten (vgl. daf. § 160).

§ 94. 2. Verletzung des Pflichtteils durch übermäßige Schenkung
(§§ 951, 952).

Unger, Erbr., § 86 u. d. Litt. daf. — Krainz-Pfaff, § 531. — Stubenrauch, ad §§ 951, 952, 1487 u. d. Litt. daf. — Ofner, Prot. II. S. 39–43.

Der Pflichtteilsanspruch ist ein erst mit dem Tode des Erblassers entstehender Anspruch auf eine Wertquote des Nachlasses. Das Pflichtteilsrecht schließt daher begrifflich eine Beschränkung der Verfügungsfreiheit des Erblassers inter vivos nicht in sich. Jede solche Beschränkung ist daher rein positivrechtlicher Natur. Der schon dem röm. R. eigene, unzweifelhaft notwendige Schutz des Noterben gegen Schenkungen des Erblassers unter Lebenden hat jedoch im wesentlichen auch in der modernen Gesetzgebung, so auch im öst. R. (ebenso im dtsch. B.G.B. §§ 2325—2331) Aufnahme gefunden. Nur die zur Zeit der anfechtbaren Schenkung schon vorhandenen (§ 22), zur Zeit des Erbfalles pflichtteilsberechtigten Descendenten des Erblassers, mit Einschluß der Wahlkinder, genießen

7*

ben zu erörternden Rechtsschutz, somit nicht auch Ascendenten (anders mit Recht noch das westgal. G.B. III. § 68 u. das dtsch. B.G.B. § 2325). Leitender Gesichtspunkt ist: die erwähnten Descendenten haben Schenkungen unter Lebenden jeder Art (anders dtsch. B.G.B. § 2330) (und den diesen gleichgestellten Schenkungen auf den Todesfall) gegenüber grund=sätzlich den gleichen Rechtsschutz wie gegen beeinträchtigende Verfügungen von Todeswegen, so daß letztere und jene Schenkungen in der hier in Betracht kommenden Beziehung der gleichen Behandlung unterliegen. Daher ist auch die Frage nach der Pflichtwidrigkeit einer Schenkung nach dem Vermögensstande zur Zeit ihrer Vornahme zu beurteilen, da es so anzusehen ist, als sei das Geschenkte infolge einer Verfügung von Todeswegen aus dem zur Zeit der Schenkung vorhandenen Vermögen als Nachlaß herausgegangen. Da nun der Pflichtteil der Descendenten (zusammen) die Hälfte des Nachlasses beträgt, so ist jede Schenkung pflichtwidrig (inoffiziös), welche für sich allein oder in Verbindung mit anderen gleichzeitigen Schenkungen die Hälfte des zur Zeit der Schenkung vorhandenen Vermögens überschreitet. Aufeinanderfolgende Schenkungen sind, da sie wie letztwillige Verfügungen behandelt werden, von jener Schenkung an inoffiziös, welche die Hälfte des zur Zeit der ersten Schenkung vorhandenen Vermögens (die „disponible Vermögenshälfte") übersteigt. Auf Beeinträchtigungsabsicht des Erblassers kommt es in keinem Falle an.

Pflichtwidrige Schenkungen können vom beeinträchtigten Noterben als solchen und seinen Erben, nicht auch vom Schenker selbst, nach dessen Tode angefochten werden, falls der reine Nachlaß des Schenkers die Hälfte des zur Zeit einer solchen Schenkung vorhandenen Vermögens nicht erreicht, so daß der nach diesem letzteren bemessene Pflichtteil größer wäre als der aus dem Nachlaß erlangte Betrag. Diese Differenz bezeichnet den Umfang der Pflichtwidrigkeit der Schenkung. Und darum ist die Rückforderungsklage (querela inofficiosae donationis), welche gegen den Beschenkten als solchen und dessen Erben, nicht auch gegen Dritte zusteht, bloß auf die Ausfolgung jener Differenz, also des pflichtwidrigen Übermaßes der Schenkung, u. zw. in Geld gerichtet (vgl. dtsch. B.G.B. § 2325). Bei Berechnung des Pflichtteils aus dem Nachlasse sind jedoch auch die dem anfechtenden Noterben vom Erblasser gemachten Schenkungen (inter vivos) in den Pflichtteil einzurechnen, da ja dieselben in diesem Falle wie Zuwendungen aus dem Erbvermögen zu behandeln sind (teilweise anders dtsch. B.G.B. § 2327). Mehrere gleichzeitige Schenkungen unterliegen einem ver=hältnismäßigen Abzuge. Erfolgte die Verletzung durch aufeinanderfolgende Schenkungen, so sind nur jene späteren Schenkungen, welche die disponible Vermögenshälfte überschritten haben und nur soweit dies der Fall ist, der Anfechtung unterworfen (vgl. dtsch. B.G.B. § 2329). Der Beweis einer behaupteten pflichtwidrigen Schenkung und des Umfangs der Pflichtwidrigkeit obliegt dem anfechtenden Noterben. Die Pflichtwidrigkeit und damit das Anfechtungsrecht wird beseitigt, wenn der Noterbe durch letztwillige Verfügung des Erb=lassers den ihm nach dem Vermögensstande zur Zeit der Schenkung gebührenden Pflichtteil erhält; oder wenn in der Folge eine solche, wenngleich zur Todeszeit des Erblassers nicht mehr vorhandene Vermögensvermehrung eintritt, daß das Vermögen mindestens wieder die Hälfte des Vermögens zur Zeit der Schenkung erreicht. Der Beweis solcher das Anfechtungs=recht aufhebenden Thatsachen obliegt dem Beklagten. Dieser haftet nur, soweit er zur Zeit der Klagezustellung noch bereichert ist; wenn und sobald er aber von der Pflichtwidrigkeit Kenntnis erlangt, wie ein redlicher Besitzer nach Zustellung der Klage (vgl. §§ 338 u. 378; vgl. dtsch. B.G.B. § 2329). Als Klage auf Ergänzung des Pflichtteils verjährt die Rück=forderungsklage in drei Jahren vom Todestage des Erblassers an (§ 1487; so auch die Praxis u. dtsch. B.G.B. § 2332). Eine besondere querela inofficiosae dotis (vgl. das röm. R.) kennt das öst. R. nicht. Die obigen Ausführungen finden größtenteils in den Red.=Protokollen ihre Bestätigung.

§ 95.   3. Rechtsschutz des aus Irrtum übergangenen Noterben
(§§ 777—781).

Unger, Erbr., §§ 78, 87 u. d. Litt. das. — Krainz=Pfaff, ad §§ 494, 495, 505. — Stubenrauch, ad §§ 776—781 u. d. Litt. das. — Pfaff=Hofmann, Komm. II. S. 120, 316. — Ofner, Prot. I. S. 337, 480—482, 494; II. S. 399, 552, 537.

Übergehung eines Noterben aus Irrtum, deſſen Beweis (§ 777) demjenigen obliegt, der aus dem Irrtum Anſprüche ableitet, iſt vorhanden, wenn der Erblaſſer zur Zeit ſeiner Verfügung (Teſtament, Kodizill, Erb- oder Vermächtnisvertrag, vgl. § 1254) von der phyſiſchen Exiſtenz (vgl. § 22) des Noterben oder ſeiner Noterbenqualität keine Kenntnis hat. In Bezug auf die Aſcendenten des Erblaſſers ſteht die Präterition aus Irrtum der wiſſentlichen Übergehung gleich; in beiden Fällen iſt der Erbanſpruch ſolcher Noterben auf den Pflichtteil beſchränkt (§ 781; anders mit Recht dtſch. B.G.B. § 2079), mögen auch übergangene entferntere Aſcendenten erſt nach getroffener Verfügung des Erblaſſers Noterben in concreto geworden ſein (§ 779 gilt nur für Deſcendenten). Aus Irrtum übergangenen pflichtteilsberechtigten Deſcendenten dagegen ſteht grundſätzlich ein den Pflichtteil über-ſchreitender Erbanſpruch zu (§§ 777, 778). Der leitende Geſichtspunkt iſt eben hier der **wahrſcheinliche Wille des Erblaſſers**; und das Geſetz ſucht daher Anhaltspunkte für die Beantwortung der Frage zu gewinnen, welche Verfügung der Erblaſſer ohne jenen Irrtum getroffen hätte. Nach der Rechtsſtellung der übergangenen Deſcendenten ſcheiden ſich letztere zunächſt in **zwei Gruppen**. Die **eine** wird gebildet durch jene Deſcendenten, welche ſchon zur Zeit der Verfügung des Erblaſſers Noterben in concreto ſind oder die ſpäter ſolche unmittelbare Noterben werden durch Zeugung (Geburt), Legitimation, Adoption. Die Rechtsſtellung ſolcher Noterben wird durch **§§ 777 und 778** geregelt. Die Gleichſtellung eines nach errichtetem letzten Willen erhaltenen Noterben, für welchen der Erblaſſer nicht vorgeſorgt hat, mit den zur Zeit der Errichtung vorhandenen Noterben findet in der Er-wägung ihre Rechtfertigung, daß der Erblaſſer den ſpäter erhaltenen Noterben, wenn er zu jener Zeit vorhanden geweſen wäre, wahrſcheinlich ebenſo bedacht hätte wie einen ſchon vor-handenen, irrtümlich übergangenen Noterben (ebenſo dtſch. B.G.B. § 2079). Dieſe in § 778 ausgeſprochene Gleichſtellung gilt daher auch im Falle des § 777. Die **zweite Gruppe** wird gebildet durch die nachrückenden, nämlich jene Deſcendenten, welche zur Zeit der Errichtung des letzten Willens noch nicht unmittelbare Noterben ſind, aber noch bei Lebzeiten des Erblaſſers Noterben in concreto werden durch Wegfall des Zwiſchenparens. Die Rechtsſtellung ſolcher nicht bedachter Noterben wird durch **§§ 779 u. 780** normiert.

Erſte Gruppe. Dem wahrſcheinlichen Willen des Erblaſſers gemäß werden hier zwei Hauptfälle unterſchieden (anders dtſch. B.G.B. § 2079, welches nicht unterſcheidet):

a) der Fall des **§ 777**, welcher vorliegt, wenn außer dem übergangenen mindeſtens **ein** bedachter Deſcendent vorhanden iſt. Als Anhaltspunkt für die Beſtimmung des wahr-ſcheinlichen Willens des Erblaſſers erſcheint hier die **Honorierung des bedachten Noterben.** Iſt nur ein ſolcher vorhanden, ſo gebührt dem Übergangenen ein gleich großer Anteil, aber mindeſtens in der Höhe des Pflichtteils. Sind mehrere nicht im gleichen Maße honorierte Noterben vorhanden, ſo hat der Übergangene einen Anſpruch auf einen mit dem Erbteil des am „mindeſten begünſtigten Noterben" gleichen Anteil (anders das röm. R. und das dtſch. B.G.B. § 2079). Gleichgültig iſt, ob die bedachten Deſcendenten Erben oder Ver-mächtnisnehmer ſind, da es nur auf Gleichſtellung dem Werte nach ankommt. Auch bezieht ſich die Gleichbehandlung dem wahrſcheinlichen Willen des Erblaſſers gemäß nur auf Deſcendenten gleichen Grades. Treffen bedachte und nicht bedachte Deſcendenten verſchiedenen Grades zuſammen, ſo ſind bei Berechnung des auf die Übergangenen entfallenden Anteils die für die Verteilung der Erbſchaft bei der geſetzlichen Erbfolge der Deſcendenten geltenden Grundſätze in Anwendung zu bringen (vgl. auch § 559). Jene Berechnung geſchieht wie im Falle des § 558 (vgl. S. 19). Zweifelhaft iſt, ob ſich der Übergangene mit dem Pflichtteil begnügen müſſe, wenn einer der Bedachten auf den Pflichtteil beſchränkt wurde; oder kommen bei Feſtſtellung des dem Übergangenen gebührenden Anteils nur die Anteile der mit mehr als dem Pflichtteil Bedachten in Betracht? Für die Entſcheidung im letzteren Sinne beruft man ſich auf den Wortlaut des § 777: der Übergangene brauche ſich „mit dem Pflichtteil nicht zu begnügen", und ein „Begünſtigter" ſei kein bloß auf den Pflichtteil geſetzter Noterbe. Hienach wäre die Inteſtaterbfolge zu eröffnen, wenn alle Bedachten auf den Pflichtteil beſchränkt ſind, ſo daß dieſe nur den Pflichtteil, die Übergangenen aber die ganze Inteſtatportion erhielten. Die andere Anſicht betrachtet den § 777 im Zuſammen-hang mit § 776: der wiſſentlich Präterierte muß ſich ausnahmslos mit dem Pflichtteil begnügen; der irrtümlich Übergangene dagegen braucht sich hiemit in der Regel nicht zu begnügen. Ein „mindest Begünstigter" d. i. Bedachter ist auch der auf den Pflichtteil gesetzte Noterbe. Und wenn z. B. alle bedachten Noterben auf den Pflichtteil beschränkt sind, wer sagt uns, daß der Erblasser gerade dem Übergangenen mehr hinterlassen hätte? Diese letztere Auffassung gilt zweifellos für das hier als Vorbild erscheinende preuß. L.R. Endlich wäre, dem wahrscheinlichen Willen des Erblassers entgegen, der Übergangene besser daran, wenn alle Bedachten auf den Pflichtteil gesetzt sind, als wenn einer von ihnen mit mehr als dem Pflichtteil, aber mit weniger als der Intestatportion honoriert ist. Denn im letzteren Falle müßte sich der Übergangene mit diesem kleineren Erbteil begnügen, während er im ersteren Falle die gesetzliche Erbfolge herbeiführen könnte und dann die volle Intestat= portion bekäme. Streitig ist auch die juristische Natur des dem Übergangenen nach § 777 zustehenden Anspruches. Die einen betrachten den letzteren nur als eine quantitativ, nicht auch qualitativ verschiedene Erweiterung des Anspruchs des wissentlich Präterierten, so daß der Übergangene nur einen in drei Jahren verjährenden (§ 1487) Forderungsanspruch auf Entrichtung des entsprechenden Geldbetrages hat (anders dtsch. B.G.B. §§ 2079, 2082). Andere dagegen gehen davon aus, dem wahrscheinlichen Willen des Erblassers entspreche nicht nur eine quantitative, sondern auch eine qualitative Gleichstellung mit dem „mindest begünstigten" Noterben. Bloß ein Forderungsrecht steht daher dem Übergangenen nur zu, wenn der maßgebende Noterbe mit einem Vermächtnis bedacht wurde. Ist dagegen letzterer Erbe, so gilt ein gleiches vom irrtümlich Übergangenen. Hiefür spricht namentlich die Wort= wendung des § 783: „Erb= oder Pflichtteil". Zur Deckung des dem Übergangenen gebührenden Anteils haben in der Regel alle mit mehr als dem Pflichtteil honorierten Descendenten — Erben und Vermächtnisnehmer — zugleich und verhältnismäßig beizutragen (§ 783).

b) Der Fall des § 778. Hat der Erblasser nur Dritte (nicht Descendenten) honoriert, so besteht die Annahme, daß der Erblasser das irrtümlich übergangene Kind den Dritten vorgezogen hätte. § 778 gilt daher auch dann, wenn alle Kinder aus Irrtum übergangen sind oder außer dem irrtümlich übergangenen Kinde nur dem Erblasser bekannte Kinder vorhanden sind, die aber erbrechtlich nicht in Betracht kommen, z. B. wegen Erbunfähigkeit, Enterbung, Erbverzicht. War aber ein bedachter, erst später weggefallener Descendent vorhanden, so bildet die Zuwendung an diesen, falls sie den Pflichtteil übersteigt oder (nach anderen) denselben auch nur erreicht, nach der ratio des § 777 den Maßstab für den Anteil des irrtümlich Übergangenen auch dann, wenn zur Todeszeit des Erblassers nur solche Noterben vorhanden sind (§ 778 gilt somit hier nicht). Liegt der Thatbestand des § 778 vor, so ist der irrtümlich Übergangene (und sein Erbe), u. zw. nur dieser (vgl. dtsch. B.G.B. § 2080 i. f.), aber auch bei Vorhandensein eines Enterbungsgrundes, berechtigt, mittelst einer in drei Jahren verjährenden Nullitätsklage die Nichtigerklärung der Anordnung des Erb= lassers (Testament, Kodizill, Erb= oder Vermächtnisvertrag) ihrem ganzen vermögensrechtlichen Inhalte nach zu begehren (vgl. dtsch. B.G.B. §§ 2079, 2082). Die Anfechtungsfrist läuft von der Antretung des (gewillkürten) Erben oder dem Ablaufe der Erklärungsfrist, bezw. von der Publikation der anfechtbaren Vermächtnisverfügung. Die rechtsgültige Anfechtung bewirkt somit, falls nicht ausschließlich Vermächtnisanordnungen vorliegen, den Eintritt der gesetzlichen Erbfolge, bei welcher der Übergangene den vollen gesetzlichen Erbteil erhält. Die wenngleich selbständig angeordneten Vermächtnisse werden hinfällig. Nur die in § 778 taxativ aufgezählten Vermächtnisse, nämlich die Legate zu „frommen, gemeinnützigen oder remuneratorischen Zwecken", bleiben bestehen und werden nur (eventuell) verhältnismäßig derart herabgemindert, daß sie den vierten Teil der reinen Verlassenschaft nicht übersteigen. Unterbleibt die (rechtzeitige) Anfechtung oder kommt der irrtümlich Übergangene erbrechtlich nicht in Betracht, so ist der Bestand der anfechtbaren Verfügung gesichert. (Unrichtig § 778: „erlangen . . . wieder ihre Kraft".)

Die Ansprüche des aus Irrtum übergangenen Kindes werden dadurch allein nicht geändert, daß der Erblasser später von dessen Dasein Kenntnis erlangt. Hat aber der Erb= lasser sodann formgerecht erklärt, daß er seine Verfügung fortbestehen lasse, so kann der Übergangene, da nun eine wissentliche Präterition im Sinne des § 776 vorliegt, nur den Pflichtteil fordern.

Zweite Gruppe. Für die Ansprüche der in dieselbe gehörenden Descendenten bildet die Annahme den Ausgangspunkt, es entspreche dem Willen des Erblassers, daß diese nachrückenden Noterben dieselben Erbansprüche haben sollen, wie ihr unmittelbarer (vorverstorbener) Parens (§ 779); falls dieser aber rechtmäßig enterbt wurde, beschränkt sich der Anspruch nur auf den Pflichtteil (§ 780). Ist somit der Zwischenparens mindestens mit dem Pflichtteil bedacht, so gebührt ein gleicher Anteil den nachrückenden Noterben, der Erblasser mag von ihrem Dasein Kenntnis gehabt haben oder nicht; eine Bestimmung, die dem preuß. L.R. (II. 2. § 443) entstammt, mit der römischrechtlichen transmissio Theodosiana aber nur in entferntem Zusammenhange steht, da ja ein Transmissionsfall nicht vorliegt. Ist der Zwischenparens wissentlich aber ohne gesetzlichen Enterbungsgrund übergangen oder widerrechtlich enterbt, so gebührt dem nachrückenden Noterben der Pflichtteil (§§ 775, 776). Das Gleiche gilt, wenn der Zwischenparens rechtmäßig enterbt ist (§ 780), es mag die Enterbung eine ausdrückliche oder stillschweigende (§ 782) sein, da kein Grund vorliegt, zwischen diesen beiden Arten der Enterbung hier einen Unterschied zu machen. Ist der Zwischenparens im Pflichtteilsbetrage widerrechtlich verkürzt, so steht dem nachrückenden Noterben die Ergänzungsklage zu (§ 775).

Die Anwendbarkeit der Dispositivbestimmung des § 779 kann ausgeschlossen sein, wenn der Zwischenparens in Unkenntnis seines Daseins übergangen wurde. Denn hier stehen den nachrückenden Noterben, dem wahrscheinlichen Willen des Erblassers gemäß, infolge des § 779 die Ansprüche der §§ 777 oder 778 nur dann zu, wenn der Erblasser auch von dem Dasein der nachrückenden Noterben keine Kenntnis hatte. War ihm aber deren Dasein bekannt, so daß er dieselben irrtümlich für Noterben in concreto hielt, so erscheint deren Übergehung als wissentliche Präterition, daher den Übergangenen nur der Pflichtteil gebührt (§ 776).